원화
스테이블
코인이 바꾸는
돈의 판

원화 스테이블 코인이 바꾸는 돈의 판

김동환 지음

옐로우바스켓

미래의 돈,
원화스테이블 코인이 몰려온다

미래의 디지털 머니, 원화스테이블 코인이 우리 가까이에 성큼 다가왔다. 2025년 7월 17일, 스테이블 코인을 제도권 안에 들여놓기 위한 '지니어스 법안GENIUS Act'이 미국 하원을 통과했다. 미국이 스테이블 코인을 세계 최초로 규제 안으로 들이기 위한 법안이 탄생하는 역사적인 순간이었다. 실제 암호화폐 시장에서 달러 기반의 스테이블 코인이 가지는 시가총액의 의미는 크다. 거래에도 활용되고, 디파이에도 사용되기 때문이다. 달러보다 송금 및 결제에 더 빠르고 저렴하기 때문에 무역이나 송금에도 직접적으로 많이 활용되고 있다.

하지만 달러가 아니기 때문에 시장에서는 달러 대비 리스크를 고려하면서 활용되는 자산이었다. 미국에서 지니어스 법안을 통과시킴으로써 이제는 스테이블 코인의 지위가 달러를 위협하는 것이 아니라, 달러를 활용하고 미국 중심의 글로벌 금융패권을 더욱 강화할 수 있는 계기가 되었다.

　국내도 새롭게 정권이 바뀌면서 원화스테이블 코인에 대한 높은 관심이 주식시장에 반영되고 있다. 아직 원화스테이블 코인은 존재하지 않고 구체적인 법안도 없다. 하지만 시장은 원화스테이블 코인 출시 가능성으로 인하여 국내 주식시장에서 관련 주 중심으로 먼저 움직임을 보여주고 있다. 달러 스테이블 코인에 대한 대중의 인식도 부족하지만 원화스테이블 코인은 더욱더 다양한 의견이 시장을 지배한다. 전문가들도 여러 가지 의견을 내놓는다. 원화스테이블 코인을 적극적으로 찬성하는 입장도 있으며, 가능성이 없는 스테이블 코인이므로 적극적으로 반대하기도 한다.

　아직 원화스테이블 코인이 시장에 있지 않는 상황에서 다양한 의견과 함께 오래전부터 원화스테이블 코인을 준비하고 있는 업계 관계자들도 많으며, 단순히 돈을 벌기 위한 수단으로 원화스테이블 코인의 트렌드를 활용하려는 경우도 있다. 이러한 틈을 타서 사기도 시장에 많이 등장할 수 있다.

사실 아직 있지 않는 원화스테이블 코인에 대해서 책을 쓰는 것은 쉬운 일이 아니다. 그래서 이 책은 현존하는 스테이블 코인 시장에 대해서 중점적으로 다룬다. 더불어 현 시장에서 원화스테이블 코인의 가능성과 리스크를 최대한 객관적으로 살펴보기 위해서 노력했다. 실제로 거래소를 포함해서 다양한 디파이 서비스에서 달러 기반의 스테이블 코인을 사용하고 있으며, 달러스테이블 코인과 연동된 실물 카드로 국내에서 결제를 활용해 본 경험이 있다. 디파이 시장과 결제 시장에서 달러 기반 스테이블 코인을 활용하고 투자를 진행해 보면서 원화스테이블 코인 시장의 가능성도 엿볼 수 있었다. 아직은 있지 않는 원화스테이블 코인 시장이지만, 한국의 잠재력과 암호화폐 시장이 초기임을 고려한다면 섣부른 부정적인 의견보다는 긍정적으로 펼쳐질 원화스테이블 코인 시장의 가능성을 타개해 보는 게 더 나은 선택일 것이다.

원화스테이블 코인은 정부와 기업도 기본적으로 이해하고 개척해 나가야 하는 영역이지만 일반 투자자들도 반드시 알아야 한다. 원화스테이블 코인 시장을 포함한 스테이블 코인 시장, 전체 암호화폐 시장이 현재 금융 시장을 어떻게 변화시키고 있는지를 알지 못하면 다가오는 디지털 경제 시대에서 살아남기가 힘들다. 단순히 코인에 투자하는 개념보다는 미래가 어떻게 변화할지를 예측하고 준비할 수 있는 기반이 현재 많이 마련되어 있다. 미국의 암호화폐 친 정책과 실제 스테이블 코인이 시장에서 활용되고 있는 부분을 살펴보면, 조금 더 가까이 원화스테이블 코인의 필요성과 더불어 시장에 출시되었을 때 어떻게 투자 기회로 활용할 수 있을지, 나의 사업이나 일에 어떻게 연결시킬 수 있을지 이해하게 될 것이다.

스테이블 코인 시장은 단순히 시장이 변화되는 것만을 의미하지는 않으며, 지금도 다양한 투자기회가 넘쳐난다. 스테이블 코인 시장의 현황을 정확히 이해하게 되면 지속적인 복리로 자금을 늘릴 수 있는 투자 기회를 얻게 된다. 이 책에서 스테이블 코인의 현황과 이를 활용한 다양한 투자 방법도 소개되어 있으니 시장을 이해하고 새로운 투자 기회에 관해 배울 수 있을 것이다.

원화스테이블 코인의 무한 가능성

스테이블 코인은 금융의 미래를 변화시킬 것이다. 비트코인이 이미 디지털 시대의 기축통화로 자리 잡아가고 있으며, 가장 좋은 디지털 자산이지만 활용에 한계가 있다. 전통 금융이 디지털 중심의 금융으로 변화하기 위해서는 변동성이 없는 스테이블한 기축통화가 필요하다. 안정적인 기축통화가 현재는 달러 기반의 스테이블 코인이지만 미래에는 변화가 생길 수 있다. 중요한 건 블록체인 기반의 변화되는 금융시장에서 안정적인 다양한 스테이블 코인이 필수적으로 필요하다는 점이다.

달러 기반의 스테이블 코인은 금융 시장을 크게 변화시킬 것이다. 모든 국가들은 달러 기반의 스테이블 코인으로 각 국가의 기축통화에 더욱 더 큰 위협을 느끼는 시대로 변화하고 있다. 이를 미리 준비하지 않으면 금방 세계 경제에서 뒤처지는 국가로 전락할 것이다.

원화스테이블 코인이 암호화폐 시장의 기축통화가 되는 일은 없다. 하지만 원화스테이블 코인이 활성화되면 디지털 중심의 암호화폐 시장에서 한국의 역할은 분명히 생긴다. 따라서 원화스테이블 코인의 필요성과 시장성, 그리고 리스크 등을 함께 고려하여 설명했다. 스테이블 코인 시장의 현황을 분석하면서 원화스테이블 코인의 가능성을 기술하였으며 필요성과 나아갈 방향에 대해서도 다루었다.

한국은 산업의 다양한 분야에서 혁신적인 업적을 이루어 냈다. 정보통신 산업도 많이 발전시켰으나 미국과 같은 IT의 핵심 기술을 만들고 표준을 구현하는 데까지 나아가지는 못했다. 이제는 암호화폐 시장에서 새로운 금융혁신이 이루어지고 있다. 아직은 초기 시장이므로 그동안 발전했던 기술력과 한국 및 전 세계에서 활약하고 있는 한국인들의 잠재적인 능력을 활용하면 암호화폐 시장에서도 충분히 의미 있는 역할을 할 수 있다. 단지 아직은 부분적으로는 한국이 암호화폐 시장에서 영향력을 끼치고 있지만 주도적인 영향은 주지 못한다.

실제 암호화폐를 투자하는 투자 환경과 투자자는 한국이 글로벌 순위권에 든다. 하지만 투자가 아니라 실제 암호화폐 산업을 이끌고 발전시키는 부분에서는 기존의 제도의 한계와 사회적인 분위기 속에서 발전하지 못했다. 하지만 이제는 많은 변화가 있기 때문에 충분히 암호화폐 시장에서 글로벌 리더로 역할을 할 수 있는 환경이 조성된 상황이다.

원화스테이블 코인 시장은 단순히 원화스테이블 코인에 한정되지 않고 관련 인프라 및 글로벌 업계 리더들과 협력해서 만들어야 하는 중요한 역할이 포함되어 있다. 달러 기반 스테이블 코인과 원화 기반 스테이블 코인은 별개로 생각하는 것이 아니라 협력의 부분과 기술을 공유해야 한다. 조금 더 쉽게 설명하자면 달러 기반 스테이블 코인이 활성화되어서 달러스테이블 코인을 한국에서 사용할 때 원화스테이블 코인으로 교환해야 하는데, 원화스테이블 코인이 존재하지 않는다면 다양한 불편함이 초래할 수밖에 없다. 달러를 원화로 교환은 가능하지만 달러 스테이블 코인은 교환하고자 하는 원화스테이블 코인이 없기 때문이다.

이 책에서는 원화스테이블 코인이 왜 필요한지, 스테이블 코인의 개

넘부터 역사 및 현재 활용되고 있는 달러스테이블 코인의 종류에 관해 구체적으로 다루었다. 원화스테이블 코인 시장을 이해하기 위해서는 현재 달러 스테이블 코인 시장을 먼저 이해해야 하기 때문이다. 결국 원화 스테이블 코인 시장이 형성될 텐데, 그 성공 가능성은 현존하는 달러 스테이블 코인 시장을 얼마나 깊이 있게 이해하는지에 따라 성패가 결정될 것이다.

이 책을 통해 이제 시작하는 원화스테이블 코인에서 활용 가능한 플랫폼 코인의 투자 기회도 확인할 수 있다. 특히 원화스테이블 코인의 수혜를 받을 가능성 있는 플랫폼 코인도 소개한다. 아직은 초기 시장이지만 성장 가능성 높은 코인들과 스테이블 코인과 연관된 코인을 이해하고 투자에 활용할 수 있는 인사이트를 얻을 수 있을 것이다.

스테이블 코인으로 시작하는 스마트 투자

스테이블 코인은 변동성 없이 안정적으로 시드를 늘려가기에 매력적인 투자 방법의 하나다. 원화 예금 이자보다 높으면서 다양한 에어드랍을 통해서 부가적인 수익을 낼 수 있다. 손실이 없으므로 지속해서 시드를 늘려가기에 필수적으로 가지고 있어야 하는 자산 중 하나다.

파트 1에서는 스테이블 코인 종류 및 역사와 특징에 대해서 살펴보고 원화스테이블 코인의 가능성 및 미래에 대해서 다룬다. 주요 스테이블 코인에 대한 분석을 통해서 어떤 스테이블 코인을 선택해서 투자할 수 있는지를 배울 수 있다. 더불어 실제 거래소 및 디파이 시장에서 어떻게 스테이블 코인으로 추가적인 이익을 낼 수 있는지도 알 수 있다.

파트 2에서는 에어드랍으로 0원에서 1억 원까지 벌 수 있는 구체적인 방법에 관해 이야기했다. 에어드랍 파트는 실제 암호화폐 시장에 대한 이해를 높일 수 있고 디파이 서비스를 무료로 경험해 볼 수 있는 좋은 방법이다. 일반적으로 국내 거래소에서 투자하는 경우가 많지만 조금 더 다양한 기회를 노리는 투자자는 국외 거래소도 활용한다. 여기서 더 나아가 디파이를 활용할 수도 있는데, 이는 초보자가 디파이 서비스를 활용하면 각종 해킹이나 러그풀 등으로 투자 손실로 크게 잃는 일이 많다. 제대로 디파이 서비스 시장을 이해하기 위해서는 시간과 노력의 시간이 필요하다.

파트 2에서 다루고 있는 에어드랍과 디파이 서비스를 정확히 이해하고 실제 경험을 하면 스테이블 코인이 디파이 시장에서 어떻게 활용되는지 더 구체적으로 알 수 있다. 스테이블 코인을 활용한 기본적인 투자부터 조금 더 발전적이면서 수익률을 최대한 높일 수 있는 전략들도 배울 수 있다.

　원화스테이블 코인 시장을 단순히 결제 시장으로 오해하기도 한다. 결제 시장 역시 큰 시장이지만 결제 시장과 새로운 금융 인프라가 결합한 것이 바로 원화스테이블 코인 시장이다. 미래는 지금과는 전혀 다른 모습으로 변화해 있을 것이다. AI 에이전트에 활용되는 결제 수단은 스테이블 코인이 될 것이고, 금융 인프라의 핵심 역시 스테이블 코인이 그 중심에 있을 것이다. 달러스테이블 코인과 원화스테이블 코인이 탈중앙화된 금융시장에 충분한 유동성으로 제공되고 활용되어서 지금과는 다른 형태의 환율 시장이 형성될 것이다. 블록체인과 AI가 결합한 혁신적인 금융 플랫폼의 등장으로 미래는 지금과는 다른 형태로 발전하게 된다.

　비트코인은 디지털 화폐의 혁신으로 등장했다. 비트코인에 이어 이더리움이라는 디지털 화폐 혁신 플랫폼이 탄생해서 디파이 시장이라는 새로운 금융시장의 가능성을 열었다. 시장의 필요는 스테이블 코인으로 인하여 조금 더 안정적인 블록체인 기반의 디지털 금융 인프라로 발전했다. 미국이 지금까지 변화했던 암호화폐 시장에 적극적으로 제도를 마련하고 개혁함으로써 스테이블 코인을 중심으로 한 시장이 조금 더 안정적이고 발전할 수 있는 토대를 마련하게 되었다.

미국이 주도한 시장에서 최소한 시장에서 도태되지 않기 위해서 더욱 적극적으로 시장에 진입해야 할 시기인 것은 분명하다. 투자자 역시 스테이블 코인 시장의 변화를 빠르게 인지하고 스테이블 코인 시장의 성장과 함께 플랫폼 코인들과 관련 암호화폐 프로젝트를 다시 선별하고 포트폴리오를 새롭게 편성할 시기로 전환된 것이다. 이 책이 스테이블 코인의 변화를 읽고 투자에 좋은 인사이트를 얻는 데 도움이 되기를 진심으로 바란다.

김동환

CONTENTS

PART 1

스테이블 코인으로 여는 새로운 금융

CHAPTER 1 스테이블 코인, 조용한 금융혁명

CHAPTER 2 원화스테이블 코인, 지금 왜 주목받는가

PART 2

0원으로 시작하는 시드 만들기, 에어드랍과 디파이

PART 1

스테이블
코인으로 여는
새로운 금융

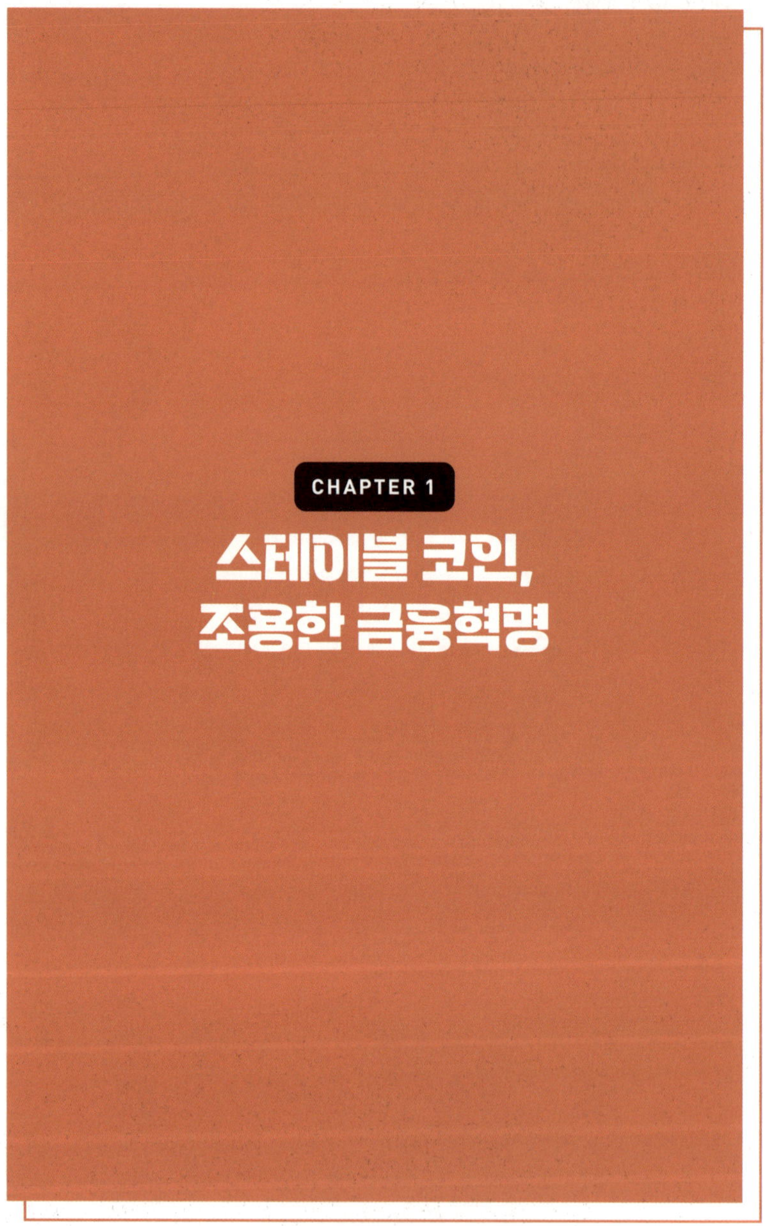
CHAPTER 1
스테이블 코인,
조용한 금융혁명

돈의 판을 바꾸는 기술, 스테이블 코인

스테이블 코인 혁명은 이제 시작되었다. 비트코인 ETF 승인 이후 시장은 급변하고 있다. 단순히 비트코인 가격만 오른 것이 아니라 주식시장까지 영향을 미치는 중이다. 가장 큰 변화는 스테이블 코인 시장이다. 스테이블 코인을 발행하는 서클Circle 인터넷 그룹NYS:CRCL은 2025년 6월 5일 뉴욕증권거래소에 상장했다. 스테이블 코인 발행사 중 최초로 미국증권거래소에 상장한 역사적인 날이다. 상장 이후 17일 만에 8배 가까이 오르면서 시장에서 큰 주목을 받았다. 2025년 6월 22일 기준, 서클의 시가총액은 약 582억 달러(원화로 79조 9천억 원)로 국내 주식 시가총액 3위인 삼성바이오로직스 72조 원보다 더 많다. 이는 왜 스테이블 코인에 주목해야 하는지 분명히 알려주는 신호로 볼 수 있다.

아마도 주식 투자자 중 암호화폐에 대한 이해가 높은 투자자는 서클사의 상장 이후 좋은 기회를 분명히 높은 수익으로 보상받았을 것이다.

반면에 암호화폐에 대한 지식이 부족했다면, 그 기회를 놓쳤을 것이다. 더불어 이제는 암호화폐가 기존 암호화폐 투자자의 영역이 아님을 알게 되는 좋은 시장의 신호이기도 하다.

변화는 갑작스럽게 찾아오지만, '그것은 오랫동안 준비되어 온 것'이라는 사실을 많은 사람들은 쉽게 간과한다. 이를 아는 자들은 기회와 변화가 왔을 때 절대 놓치지 않는다. 하지만 알지 못하면 변화가 보이고 수익의 기회가 눈앞에 펼쳐지지만 이를 가만히 보기만 한다. 서클 사의 상장 이후 많은 투자자들이 비슷한 감정을 느꼈을 것이다. 하지만 이제는 그 기회를 놓쳐선 안 된다. 시장에서 스테이블 코인을 이해하는 자들은 다양한 투자 기회가 생기고 정보의 비대칭으로 인하여 일반 투자자보다 높으면서도 안정적인 수익을 확보할 수 있다.

그렇다면 스테이블 코인이란 무엇인가? 명칭에서도 알 수 있듯이 항상 동일한 가격을 유지하는 코인이다. 이러한 코인의 탄생은 비트코인에서 시작했다. 비트코인은 탄생 이후 지금까지 지속해서 우상향하고 있으며 디지털 화폐의 기축통화로 자리 잡아가고 있다. 비트코인은 디지털 화폐라는 목적을 가지고 탄생하였는데, 실제 화폐로써 자리 잡기 위해서는 변동성이 심하면 사용성에 제한이 생긴다. 물론 비트코인은 화폐의 기능을 포함하여 디지털 자산이라는 새로운 시장을 만들었다. 누구나 쉽고 편리하게 디지털 방식으로 자산을 축적하고 빠르게 이동할 수 있으면서 규제로부터 자유로운 통화 시장을 새롭게 열었다. 이 비트코인을 거래하고 싶어 하는 시장의 수요로 인하여 거래소가 등장했다.

이 거래소는 인터넷에서 누구나 이용할 수 있기 때문에 기존 주식시장과 차이가 있다. 암호화폐가 탈중앙화되어 있으면서 인터넷만 연결되면 누구나 거래할 수 있는 특징이 있다. 하지만 일반적으로 거래소에서 거래하기 위해서는 법정화폐가 필요하다. 일반적으로 각 나라에 법정화폐가 있고, 이 법정화폐와 연계된 거래소에서 비트코인을 구매할 수 있다. 그런데 이 거래소가 글로벌에서 활용될 때 법정화폐로 거래하는 데에는 한계가 있다. 이를 해결하기 위해서 탄생한 최초의 스테이블 코인이 테더 사에서 발행한 USDT다. 처음 스테이블 코인이 탄생한 이유는 비트코인을 국가 제한 없이 다양하게 거래할 수 있도록 만들어진 통화 교환 수단으로 삼기 위함이었다. 테더 사는 달러를 담보로 하여 동일한 가치로 1 USDT를 발행하고, 이 USDT는 항상 달러와 동일한 가치를 유지하도록 설계하고 발행 및 관리했다. 이 관리의 플랫폼은 블록체인 시스템이라는 특징이 구현되었다.

이더리움 기반에서 ERC20 토큰 형태로 USDT가 발행되었기 때문에 블록체인에서 누구나 투명하게 발행 내역과 유통 내역을 볼 수 있었다. 쉽고 빠르게 원하는 곳으로 자유롭게 전달할 수 있는 최초의 스테이블 코인이 되었다.

이더리움이 탄생한 이후 누구나 쉽게 토큰을 발행할 수 있는 이더리움 기반의 ERC20 토큰 시스템으로 인한 혜택을 스테이블 코인이라는 아이디어로 활용했던 것이다. 스테이블 코인의 아이디어를 거래소에 적용하여 거래소는 빠르고 쉽게 비트코인과 이더리움 등의 암호화폐를 매수, 매도할 수 있는 좋은 방안을 제시할 수 있었다.

원래 최초에는 비트코인 이외에 다른 알트코인을 거래하기 위해서 비트코인이 사용되었다. 비트코인 가격을 기준으로 다른 알트코인을 거래했는데, 이 비트코인 가격 기준이 변동성이 있어서 직관적으로 가격을 이해하기 어렵고 비트코인도 변동하기 때문에 투자자들은 그 부분을 감수하고 처음에는 알트코인 거래를 했었다. 그런데 스테이블 코인이 탄생하고 나니 1달러 기준으로 자신이 코인을 매수 및 매도하고 상황을 확인할 수 있기 때문에, 기존 비트코인 가격 기준보다 더 직관적이고 투자 수익률 계산하기에도 효율적이어서 시장이 변하게 된 것이다.

이더리움 디파이 시장이 확대되면서 디파이 시장에서 핵심 기축 통화 역할을 하게 된 것이 바로 스테이블 코인이다. 특히 예금, 대출 시장이 생기면서 스테이블 코인을 활용한 예금 상품이 개발되었다. 그러면서 기축통화가 비트코인에서 스테이블 코인으로 점진적으로 변하기 시작했다.

2025년 12월 현재, 암호화폐 시장에서 스테이블 코인 없이는 더 이상 시장이 존재하기 어려운 상황까지 발전했다. 왜 스테이블 코인이 이렇게 발전했는지, 스테이블 코인이 시장에서 어떻게 활용되는지, 스테이블 코인이 확장되어서 주식시장에까지 영향을 미치는 이유에 대해서는 지금부터 살펴볼 예정이다. 나아가서는 한국 시장에서도 스테이블 코인이 왜 필요하며, 투자자가 대비해야 하는 스테이블 코인의 잠재 성장성에 대해서도 다룰 것이다. 실제로 투자자가 스테이블 코인을 어떤 방식으로 투자할 수 있는지와 더불어, 리스크 없이 안정적으로 스테이블 코인으로 지속적으로 수익을 늘려가는 실전 투자도 소개한다. 미국 시장뿐 아니라 국내 시장과 암호화폐 시장 전체에서 어떻게 스테이블 코인을 이해하고 투자에 활용할 수 있을지, 주식투자자들도 인사이트를 얻을 수 있을 것이다.

어떤게 다를까?
주요 스테이블 코인 세 가지 유형

시가총액 100위권의 코인을 살펴보면 스테이블 코인이 상당수를 차지하고 있다. 대표적인 스테이블 코인인 테더 사의 USDT와 서클 사의 USDC는 시가총액 3위, 7위를 차지한다. 시가총액 1위가 비트코인이고 2위가 이더리움, 3위를 스테이블 코인이다. 10위권 안에 USDC 스테이블 코인이 있으니 그 비중이 매우 큰 편이다. 시가총액 100위권에 있는 스테이블 코인은 10종류가 넘는다. 스테이블 코인은 직접적인 투자 목적의 코인이 아니다. 그럼에도 시가총액 100위권에 다양한 스테이블 코인이 있다는 것은 암호화폐 시장에서 스테이블 코인이 얼마나 중요한지를 알 수 있는 중요한 지표 중 하나다.

스테이블 코인은 종류가 많지만 모두 같은 방법으로 설계되지는 않았다. 이를 발행하는 주체도 다양하고 규제 역시 스테이블 코인 발행사마다 다르다. 모든 스테이블 코인은 발행사가 있으므로 이곳이 투명하

▲ #	Coin		Price	1h	24h	7d	24h Volume	Market Cap
3	Tether USDT		$1.00	▼ 0.0%	▼ 0.0%	▼ 0.0%	$54,301,534,203	$186,283,984,826
6	USDC USDC		$0.9997	▼ 0.0%	▼ 0.0%	▼ 0.0%	$7,237,747,505	$78,359,883,409
18	USDS USDS		$0.9998	▲ 0.0%	▼ 0.0%	▲ 0.0%	$15,051,518	$9,860,328,034
28	Ethena USDe USDE		$0.9993	▲ 0.0%	▲ 0.0%	▼ 0.0%	$68,893,326	$6,511,689,044
37	Dai DAI	Buy	$1.00	▲ 0.0%	▲ 0.1%	▲ 0.0%	$63,004,147	$4,359,713,702
39	PayPal USD PYUSD		$0.9999	▲ 0.0%	▲ 0.0%	▲ 0.0%	$47,245,078	$3,869,155,761
48	USD1 USD1		$0.9994	▲ 0.0%	▲ 0.0%	▲ 0.0%	$273,516,806	$2,744,425,136
54	Tether Gold XAUT	Buy	$4,322.78	▲ 0.1%	▲ 0.2%	▲ 2.9%	$205,976,158	$2,248,933,322
55	Falcon USD USDF		$0.9996	▲ 0.0%	▲ 0.2%	▲ 0.1%	$998,888	$2,218,934,237
72	PAX Gold PAXG	Buy	$4,340.88	▲ 0.1%	▲ 0.6%	▲ 3.1%	$78,315,234	$1,479,729,376
74	Global Dollar USDG		$0.9997	▼ 0.0%	▼ 0.0%	▼ 0.0%	$17,527,569	$1,420,045,458
80	BFUSD BFUSD		$0.9994	▼ 0.0%	▼ 0.0%	▲ 0.0%	$3,402,828	$1,319,179,373
81	Ripple USD RLUSD		$0.9997	▼ 0.0%	▲ 0.0%	▲ 0.0%	$28,489,644	$1,317,197,465

시가총액 100위 권 스테이블 코인(출처:코인게코)

지 않으면 잠재적인 리스크가 있다. 스테이블 코인은 기본적으로 1달러와 같은 가격을 유지하지만, 리스크가 발생할 때 이 가격이 무너질 수도 있다. 일반적으로 스테이블 코인 가격이 깨지는 것을 디페깅**Depegging**이라고 한다. 스테이블 코인이 목표로 하는 가치, 페깅된 자산의 가치에서 벗어나는 현상을 의미한다. 대부분의 스테이블 코인은 1달러와 가치를 연동하도록 되어 있지만, 스테이블 코인이 달러와 가치를 연동할 필요는 없다. 금이나 유로화 혹은 다양한 자산과도 연동할 수 있다. 변동성이 적은 자산을 목표로 하는 스테이블 코인이 가능하므로 모든 변동성 적은 자산과 연계된 스테이블 코인이 가능하다. 현재는 달러를 기준으로 대부분의 스테이블 코인이 설계되고 발행되어 있다.

스테이블 코인은 크게 담보형 스테이블 코인과 알고리즘 기반 스테이블 코인으로 나뉜다. 더불어 담보형 알고리즘 기반이 섞인 혼합형 스테이블 코인으로도 분류할 수 있다. 담보형 스테이블 코인은 달러나 유로 등의 법정화폐를 담보로 하여 같은 가치로 스테이블 코인을 발행하는 일이 있으며, 혹은 담보로 국채를 활용하기도 한다. 기본적으로 달러 혹은 국채를 담보로 하여 스테이블 코인을 발행한다고 이해할 수 있다. 테더 사에서 발행한 USDT와 서클 사에서 발행한 USDC가 이 경우에 속한다.

담보 자산을 국채나 달러가 아닌 암호화폐를 담보로 활용할 때도 있다. USDS가 암호화폐를 담보로 발행한 첫 스테이블 코인이다. 원래는 DAI였는데, 2024년 10월 이후 USDS로 리브랜딩 하였다. DAI와 USDS는 동일한 스테이블 코인이다. 최초의 DAI는 이더리움을 담보로 하여 DAI가 1달러와 동일한 가치를 유지하도록 설계되었다. 최초의 암호화폐 담보기반의 스테이블 코인이지만 한 번도 패깅이 깨지지 않고 현재까지 유지되는 중이다. 시간이 지나면서 담보물을 이더리움이 아니라 비트코인, 국채나 달러, 채권 등 다양한 담보물로 채택하고 있다. USDT, USDC와 달리 USDS는 최초로 암호화폐를 담보물로 활용한 스테이블 코인이라는 특징으로 인해서 주목해야 할 것 중 하나다.

전통 금융자산을 담보로 발행한 스테이블 코인이 더 안정적이지만 암호화폐를 담보로 스테이블 코인 발행 가능성을 실제로 증명했기 때문에 전체 스테이블 코인 시가총액 중 3위에 해당하여 USDT, USDC에 못 미친다. 하지만 태생이 암호화폐 기반이므로 다른 관점으로 USDS를 살펴보는 것이 좋다.

담보자산과 알고리즘이 섞여 있는 혼합형 스테이블 코인은 대표적으로 FRAX와 트론 기반의 USDD가 있다. 이러한 혼합형 스테이블 코인은 일부는 담보자산을 활용하고 일부는 알고리즘으로 운영한다. 담보 비율을 조절함으로써 알고리즘 스테이블 코인의 취약점을 개선한다. 효율적인 측면은 알고리즘 스테이블 코인이 유리하지만 리스크가 있으므로, 이 리스크를 담보자산으로 활용하여 시장 상황에 따라서 적절하게 비율을 조정하여 스테이블 코인을 1달러로 유지하는 메커니즘이다. FRAX와 USDD 모두 시가총액 200위 권에 있기 때문에 아직까지 어느 정도 위험성이 존재한다. 모든 스테이블 코인이 리스크가 있지만 시가총액이 낮을수록 그 리스크는 더 증대할 수 있으므로, 투자자는 스테이블 코인을 보유한다면 이러한 리스크를 고려해야 한다.

테라 붕괴가 남긴 값비싼 교훈

최초의 스테이블 코인은 BitUSD이다. 2014년에 발행되었고 비트셰어 **BitShares**가 개발하였다. 블록체인 내 암호화폐 담보 시스템으로 만들어 졌으나 USD에 가치 연동에 대한 안정성 확보에 실패하면서 시장에서 사라졌다. 담보가 부족했고 유동성이 낮았으며 복잡한 구조로 인해서 시장에서 주목받지 못했다.

2015년, 테더 사에서 USDT를 발행하면서 스테이블 코인 시장이 본격 적으로 시작되었다. 테더 사에서 발행한 USDT는 2025년 12월 기준, 가 장 시가총액이 높은 스테이블 코인이다. USDT는 미국 달러와 1:1로 연 동하여 USDT를 발행하는 법정화폐를 담보로 하는 스테이블 코인 시장 을 시작하게 되었다. 초기에는 비트코인 옴니 레이어**Bitcoin Omni Layer**에 서 발행되었다. 이후 이더리움 기반의 ERC20, 트론 기반의 TRC-20으로 확장하면서 본격적으로 스테이블 코인이 활성화되었다. 테더 사에서 발행한 USDT는 시장에서 지속적으로 준비금 투명성에 대한 부족으로 지속적으로 논란에 휩싸이며 법적, 규제적 문제를 겪기도 했다. 투명성에 대한 문제가 완전히 해결된 건 아니지만 여전히 시장에서는 USDT의 규모가 가장 크다.

테더 사가 암호화폐 시장에서 스테이블 코인 시장을 키우면서 이더리움 기반의 탈중앙화 담보형 스테이블 코인이 등장했다. 발행 주체는 메이커다오였고, 이는 블록체인 기반의 탈중앙화 기술을 활용하여 출시한 스테이블 코인이었다. 암호화폐 정신을 계승하고 블록체인 기술을 활용하여 담보물을 법정화폐가 아닌 암호화폐를 담보로 발행하는 스테이블 코인이었다. 담보물이 스테이블하지 않기 때문에 리스크가 있었으나 시장에서 이더리움 투자자들을 대상으로 성공적으로 시장에서 안정화되었다.

출시 당시는 이더리움을 담보로 하여 항상 가치가 1달러를 유지하도록 DAI라는 스테이블 코인을 연동시켰다. 중앙화된 시스템이 아닌 스마트 계약을 활용하여 과잉 담보를 기반으로 발행하는 방식을 만들었고, 담보물이 이더리움이라는 변동성이 큰 암호화폐이므로 자동 청산 시스템을 적용했다. 중앙화된 운영주체가 없이 블록체인 기반의 스마트 컨트랙트 기반으로 운영하고, 규제에 조금 더 자율성이 있으면서 블록체인 탈중앙화 정신을 계승하고 있는 특징이 있다.

2020년 3월, 검은 목요일Crypto Black Thursday 사건으로 일시적으로 담보 부족 사태가 발생한 적이 있었고, 이후 USDC 등 중앙화 자산을 담보로 받아들이면서 초기의 순수한 탈중앙화된 담보 시스템을 일부 희생하는 과정을 겪게 된다. 2025년 12월 기준, 다양한 암호화폐 및 실물 자산(채권) 등을 담보로 활용하면서 안정적인 스테이블 코인으로 자리 잡았다. 스테이블 코인 시장 중 3번째로 규모가 크며, 2024년 리브랜딩을 통해서 DAI에서 USDS로 이름을 변경했다.

테더 성공 이후 다양한 스테이블 코인이 시장에 등장했다. 대표적으로 서클 및 코인베이스에서 주도한 USDC가 대표적이다. 2018년에 USDC가 발행되었다. 테더보다 더 높은 투명성과 규제 준수를 강조한 게 특징이다. USDC의 경우는 정기적인 회계 감사와 규제 기관의 협조를 통해서 신뢰를 확보해 나가고 있다. 특히 USDC를 발행한 서클 사는 2025년 6월, 미국 주식시장에도 상장했다. 서클은 상장 후 700퍼센트 이상 폭등하면서 시장에서 스테이블 코인에 대한 관심을 증폭시켰다. 암호화폐 투자자뿐만 아니라 주식 투자시장에서 더 큰 관심을 갖게 되었다. USDC는 규제 준수 중심으로 설계되었기 때문에 정기적인 회계 감사를 받고 있다. 특히 블랙리스트 같은 기능을 통해서 특정 주소에 있는 스테이블 코인을 일시 이동 제한할 수 있는 역할도 한다. 테러나 해킹과 같은 사건 및 범죄 관련 자금 세탁 시 대처할 수 있도록 설계되었다.

스테이블 코인 역사상 가장 시장에서 충격과 교훈을 주었던 사건은 2020년 테라폼랩스에서 발행한 UST 스테이블 코인이다. 이는 LUNA 토

   원화 스테이블 코인이 바꾸는 돈의 판

큰과 UST의 공급량을 조절하는 알고리즘 방식의 스테이블 코인이다. UST 가격이 1달러보다 높으면 LUNA를 소각해서 UST를 발행하여 공급을 증가시키고, UST가 1달러보다 낮으면 UST를 소각해 LUNA를 발행하여 공급을 감소시킨다. 최초의 알고리즘 스테이블 코인은 아니었으나 시장에서 관심을 받으면서 UST 시가총액이 180억 달러를 돌파하면서 세 번째 스테이블 코인으로 시가총액이 커졌다.

LUNA에 대한 수요가 꾸준하면 알고리즘 스테이블 코인은 잘 동작하지만 LUNA 가격이 폭락하게 되면 알고리즘 구조가 붕괴되는 리스크가 있었다. 2022년 5월, 디페깅 사건이 발생하면서 결국 UST 스테이블 코인은 붕괴했고 약 600억 달러 규모의 자산이 순식간에 증발하면서 시장에 큰 충격을 주었다. 시장에서는 이후에 알고리즘 코인에 대한 신뢰가

테라 스테이블 코인 붕괴(출처 : 코인게코)

사라졌고 미국 등 규제당국의 본격적인 개입과 스테이블 코인 법안 논의를 촉진하게 되는 계기가 되었다.

앞 페이지의 이미지는 테라 스테이블 코인이 붕괴할 당시 스테이블 코인의 가격 변화다. 2022년 5월 10일, 1달러가 붕괴하면서 일시적으로 반등을 보이다가 다시금 가격이 떨어져서 5월 11일은 0.4달러가 되었다. 특이한 것은 이렇게 스테이블 코인이 붕괴할 때 한 번에 다 그렇게 되는 것이 아니라 시장에서 여전히 의심과 신뢰 가운데 변동성이 증대되는 모습을 보여준다. 0.4달러까지 떨어졌던 스테이블 코인은 5월 12일, 0.8달러까지 다시 오르면서 루나와 테라가 다시 살아날 것처럼 시장에 희망을 잠시 안겨주었다.

다음 날 5월 13일, 0.1달러까지 떨어지면서 테라 루나 사태는 종결되었다. 거래량을 보면 5월 8일부터 스테이블 코인에 대한 리스크가 커진 것을 확인할 수 있다. 스테이블 코인이 붕괴하는 데는 5일 정도 시간이 소요되었고, 이 기간은 루나 및 UST 스테이블 코인 투자자들에게는 가장 큰 충격과 공포를 안겨준 기간이었다.

스테이블 코인의 탄생부터 변화와 시장에서 충격을 안겨주었던 테라 스테이블 코인까지 살펴봤다. 특히 테라 스테이블 코인을 발행한 테라폼랩스 창업자인 권도형은 한국인이었기 때문에 한국 시장에 다양한 충격과 교훈을 안겨주었다. 2025년 7월 이후 한국 시장에서 스테이블 코인에 대한 다양한 논의가 전개되고 있는 가운데 시장에서 주목을 받았고 스테이블 코인 시가총액이 3위까지 영향력을 발휘했던 스테이블 코인이 시장에서 붕괴하고 다양한 영역으로 시장에 충격을 주면서 스테이블 코인에 대한 다양한 부정적인 시각은 여전히 존재한다.

암호화폐 시장 내 스테이블 코인의 한국 내 위상은 아직 미비하다. 하지만 한때 테라가 붕괴하기 전에는 시장에서 모두 주목하는 프로젝트까지 성장 가능성을 분명히 보여준 사실은 긍정적으로 살펴볼 수 있는 관점이 필요하다. 테라 사태의 아픔을 교훈 삼아서 안정적으로 설계되고 다양한 제도적 장치가 뒷받침된다면, 현재 시장에서 주도권 싸움을 하는 스테이블 코인 시장에 한국도 영향력을 일정 부분 미칠 수 있는 가능성은 충분히 있으리라 판단된다.

앞으로 스테이블 코인 시장이 어떻게 전개될지는 아무도 알 수 없다. 담보 기반의 스테이블 코인이 주도적이겠지만 담보물을 단순히 미국 달러나 미국 국채로 한정 지을 수는 없다. 다양한 담보물 및 다양한 스테이블 코인으로 시장이 확대될 가능성이 크기 때문에 제도적 안정성을 잘 갖추고 뛰어난 인재들로 구성된 안정적인 스테이블 코인 시장에서는 분명히 한국의 역할도 있을 것이라 여겨진다.

투자자들은 지금까지의 스테이블 코인 역사를 통해서 추후에 어떻게 스테이블 시장이 확대되는지를 살펴보면서, 암호화폐 시장의 변화를 읽을 수 있어야 한다. 현재 시장에서 보여지는 것이 전부가 아니라 앞으로 펼쳐질 큰 그림을 읽을 수 있는 투자자가 되는 것이 중요하다.

미국은 왜 스테이블 코인을 밀고 있을까?

트럼프 정부 이후 미국은 친 암호화폐 정책으로 다양한 변화를 시장에 주고 있다. 비트코인을 전략적 자산으로 비축하게 하는 것을 포함하여 눈에 띄는 변화는 바로 '스테이블 코인을 활성화하는 전략'이다. 그렇다면 왜 미국은 스테이블 코인을 활성화하려고 할까? 미국 입장에서는 이를 통해서 세계 금융에서 주도권을 계속 잡고자 하기 때문이다. 시장에서 가장 많이 활용되는 스테이블 코인은 달러와 1:1로 연동되는 것이다.

암호화폐는 디지털 경제에서 누가 주도권을 가져갈 수 있는지에 대한 싸움이다. 이 디지털 경쟁에서 가장 중요한 역할을 하는 건 비트코인이다. 그런데 비트코인은 전략적 자산으로 비축해서 주도권을 가져갈 수는 있지만, 실제 금융 서비스로 활용하기에는 한계가 많이 있다. 현존하는 금융 시스템이 변화된다면 그 중심에는 스테이블 코인 같은 변동성의 한계를 극복하면서 디지털 금융 서비스에서 다양하게 활용할 수 있는 코인이 필요하다. 미국 연준 이사인 크리스토퍼 월러^{Christopher} ^{Waller}는 2025년 4월 연설에서 "스테이블 코인은 소매, 국경 간 결제의 효율을 끌어올릴 수 있는 좋은 일이라며, 적절한 규제가 갖춰질 경우 실물 경제에 긍정적 파급효과를 줄 것이다"라고 언급하기도 했다.

미국에서 주도적으로 스테이블 코인에 대한 법률을 만들어 적절한 규제에서 스테이블 코인 활성화 정책을 본격적으로 시작한 것이다. 미국이 스테이블 코인을 활성화하는 첫 번째 이유는 스테이블 코인을 통해서 디지털 달러의 영향력을 강화하려고 한다. 특히 개발도상국 또는 은행 서비스 접근이 제한적인 국가의 사용자들이 스테이블 코인을 통해 달러에 접근함으로써 달러의 국제 통화 위상 유지에 기여하게 된다. 일반적으로 스테이블 코인 발행사들은 담보로 보유한 자산을 미국 국채에 투자한다. 스테이블 코인 발행사가 지속해서 스테이블 코인 발행을 늘려갈수록 미 국채 매입 증가가 자연스럽게 증가하게 된다. USDT를 발행한 테더 사와 USDC를 발행한 서클 사가 보유한 미국 국채가 늘어날수록 미국 재정 적자의 부담이 줄어들 수 있다. 스테이블 코인 발행을 통해서 미국 달러의 국제적, 디지털 영향력을 강화하면서 미국 국채 매입 구조를 통해서 미국 중심의 경제 구조를 지속해서 강화하기 위한 전략이다.

두 번째는 국제 송금, 결제 시장을 선점하기 위해서다. 기존 국제 송금망인 SWIFT는 느리고 수수료가 비싸다. 반면에 스테이블 코인은 24시간 실시간 결제와 저렴한 수수료가 가능하다. 기술적으로는 스테이블 코인이 더 우위에 있지만 변화를 위해서 다양한 제도적 장치와 개선이 필요하다. 아직은 시장이 변화하기 전이기 때문에 미국은 기존 달러 중심의 국제 결제 기반에서 스테이블 코인 중심의 결제 인프라로 혁신하기 위한 과정에 있다. 특히 기존 금융망으로는 아프리카나 개도국 및 일부 중동 시장에서 혜택을 받지 못했던 시장까지 확대될 수 있는 좋은 계기가 바로 스테이블 코인 결제 시장이다. 스마트폰에 지갑만 설치하면 되기 때문에 기존 금융 인프라에 비하여 금융에서 소외된 지역을 빠르게 흡수할 수 있는 혁신적인 인프라다.

세 번째는 자금 세탁 및 불법 거래 방지 목적이 있다. 현재 시장에서 유통되고 있는 스테이블 코인은 여전히 규제에 미치지 못하는 부분이 많다. 그래서 해커나 불법 자금이 스테이블 코인을 통해서 다양한 경로로 유통된다. 하지만 미국 내 발행 혹은 라이선스를 받은 규제형 스테이블 코인이 발전하게 되면 미국 정부는 거래 추적 및 불법 자금 세탁 등에 조금 더 규제를 강화할 수 있다. 규제 밖에 있는 암호화폐를 규제 안으로 끌어들이는 효과를 가져오게 되고 기존에 있었던 달러 화폐 추적에 어려움이 있었다면 불법 자금 추적과 관리에 더 효율성을 추구할 수 있게 된다. 비트코인의 경우 추적 및 관리가 더 유용하기 때문에 오히려 불법 자금 및 세탁에 대한 빠른 추적과 관리가 가능한 이점도 있다. 하지만 비트코인은 근원적으로 탈중앙화되어 있어 한계가 존재하는 한편, 규제를 갖춘 스테이블 코인은 비트코인에 비하여 조금 더 규제와 관리를 더 효율적으로 할 수 있다.

네 번째는 새로운 디지털 시장에 대한 경쟁력 확보다. 블록체인 및 암호화폐 시장에서 디파이 시장은 새롭게 떠오르는 금융시장이다. 아직은 초기이지만 시간이 지나면서 견고해지고 더 다양하며 안정적인 금융 서비스가 출연될 예정이다. 디파이 시장에서 핵심 자산으로 필요한 것이 스테이블 코인이다. 디파이 시장에서 스테이블 코인 시가총액은 지속해서 증가하고 있다. 결국 새로운 금융 시장에서 미국이 발행하거나 관리하는 스테이블 코인 시가총액을 높이는 것이 중요하다. 그렇게 되면 다음에 디지털 금융 시장의 핵심 생태계가 미국을 중심축으로 움직일 수 있기 때문이다.

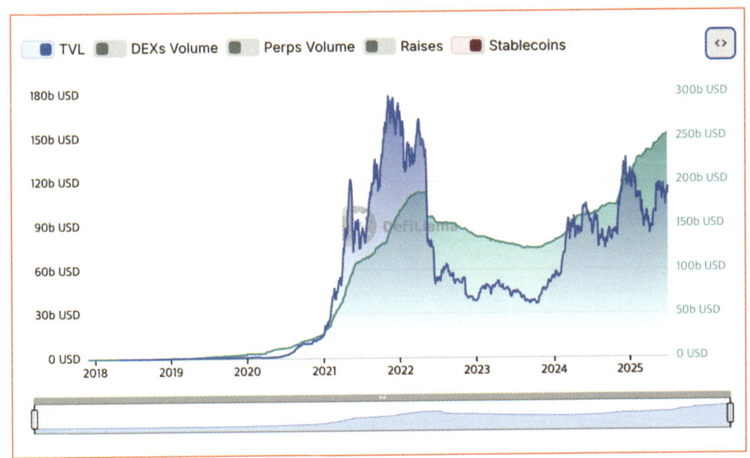

스테이블 코인 및 디파이 TVL 비교(출처 : 디파이라마)

전 페이지 이미지는 스테이블 코인과 디파이 시장 TVL에 대한 수치다. TVL은 디파이 시장에 예치된 총 토큰의 시장가치를 의미한다. 2025년 7월 기준, 디파이 시장 TVL은 1,160억 달러이며 스테이블 코인 시가총액은 2,552억 달러다. 디파이 시장 전체보다 약 2배 높은 가격이다. 디파이 시장이 성장할수록 스테이블 코인에 대한 수요도 높아진다. 시간이 지나면 디파이 시장 중심으로 새로운 금융시장이 열리게 될 텐데, 그 시기에는 더 많은 스테이블 코인에 대한 수요가 증대할 것으로 기대된다.

미국은 트럼프 정부 이후로 비트코인을 포함한 암호화폐 자산에 대한 다양한 정책과 함께 스테이블 코인에 대한 정책을 본격적으로 추진하기 시작했다. 기존 암호화폐 시장에서 스테이블 코인이 활성화되었지만 신뢰 부분에 있어서는 많은 투자자들이 리스크를 고려하면서 스테이블 코인을 보유하는 경우가 많이 있었다. 앞으로 시간이 조금 더 필요하겠지만, 과거와 같이 미국에서 제도권이 인정하는 스테이블 코인에 대한 위험은 기존 암호화폐 시장에서 가졌던 리스크에서 많이 안정적으로 변하고 있다. 이제는 미국을 중심으로 새로운 스테이블 코인 시장이 열리는 그 시작점에 있다. 따라서 암호화폐 투자자는 스테이블 코인의 변화와 흐름을 이해해야 한다.

원화스테이블 코인, 진짜 필요한가?

미국이 스테이블 코인 시장을 적극적으로 키우고 있는 현실에 대해서는 시장이 이미 다양한 경로로 반응하고 있다. 가장 대표적인 증거가 USDC를 발행한 서클 사가 미국 주식 시장에 상장 이후 시장에서 지속적인 관심을 받고 있다는 점이다. 실제 미국에서는 스테이블 코인 관련 법안이 통과되었다.

하지만 한국 시장에서 원화스테이블 코인 발행에 대해서는 다양한 의견이 존재한다. 적극적으로 찬성하는 경우도 있고, 절대 스테이블 코인을 발행하면 안 된다는 반대 의견도 많다. 따라서 투자자는 조금 더 객관적으로 시장을 살펴보고 과연 원화스테이블 코인이 필요한지 근본적인 질문을 먼저 해야 한다. 미래가 어떻게 연출될지 정확히 알 수는 없지만 투자자는 기본적으로 미래에 대해서 미리 준비하거나 대비하는 자세를 항상 갖추어야 한다. 원화스테이블 코인의 필요성에 대해서 투자자 입장에서 다양한 관점을 살펴보고 실제 어떤 투자전략을 가져야 하는지에 대해서 생각해 보는 것이 중요하다.

원화스테이블 코인의 필요성에 대해서 살펴보기 위해서는 암호화폐 시장에 대한 이해가 필요하고, 앞으로 변화될 암호화폐 시장에 대한 예측도 상당히 중요한 요인이 된다. 원화스테이블 코인에 대해서는 현재 상황에서 필요성을 논하기에는 여전히 부족한 부분이 많이 있음을 인정하고 살펴봐야 한다.

현시점에서의 스테이블 코인의 필요성과 앞으로 변화를 이끌 주체적인 시장 주도자로서의 원화스테이블 코인의 필요성에 대한 부분을 같이 다뤄야 한다. 전자는 조금 객관적인 자료를 기준으로 보수적으로 평가할 수 있지만, 후자는 객관적인 자료보다는 개척자 정신과 이를 실현할 수 있는 국내 정세 및 정치 문제와 밀접하게 관련이 있다. 투자자는 이러한 현 상황을 잘 이해하면서 원화스테이블 코인의 가능성과 미래에 대해서 어떤 견해를 가지고 투자 기회를 활용할 수 있을지 고민해 봐야 한다.

현재 암호화폐 시장과 향후 성장성을 고려하면 원화스테이블 코인의 필요성을 조금 더 구체적으로 살펴볼 수 있다. 가장 먼저 현재 스테이블 코인 시장은 암호화폐 거래소에서 거래를 위한 기본 코인으로 사용되고 있다. 중앙화 거래소에서 스테이블 코인 사용성이 현재는 가장 높다.

두 번째로 높은 시장은 디파이 시장이다. 디파이 시장에서는 스테이블 코인을 다양하게 활용할 수 있고 더 높은 기대수익을 높일 수 있다.

마지막으로 결제 시장이 있는데, 현재 스테이블 코인으로 결제가 가능하지만 아직 시장이 크진 않다. 그러나 이 시장이 가장 큰 잠재력이 있다고 하겠다. 결국 암호화폐 거래소에서의 사용성과 디파이 시장, 결제 시장으로 구분해서 현시점에서의 시장의 상황과 앞으로 변화될 시장을 분석하면서 원화로 안정된 코인이 각 시장에 어떤 영향과 가능성이 있는지를 검토하는 과정을 거치면, 원화스테이블 코인의 필요성을 조금 더 구체적으로 확인해 볼 수 있다.

2장부터는 원화스테이블 코인 시장 가능성에 대해서 각 시장별로 분석하여 그 특성과 성장 가능성, 리스크 및 현실성에 대해서 다룬다. 원화스테이블 코인은 아직은 시장 초기이므로 분석에 한계가 있고 가능성 역시 불확실한 부분이 많다. 그런데도 원화스테이블 코인 시장의 가능성과 현실성을 살펴보는 것은 중요하다.

CHAPTER 2
원화스테이블 코인,
지금 왜 주목받는가

거래소에서 살아남는 원화스테이블 코인의 잠재력

국내 대표적인 거래소는 업비트와 빗썸이다. 글로벌 대표적인 거래소는 바이낸스, 바이비트, OKX와 미국의 대표 거래소인 코인베이스가 있다. 글로벌 거래소와 국내 거래소는 많은 차이가 있다. 기본적으로 국내 거래소는 현물 거래만 가능하고 선물 거래가 안 된다. 대부분의 국외 거래소는 기본적으로 선물 거래가 가능하다. 그리고 거래를 위한 기본 통화로 USDT를 사용한다. 간헐적으로 USDC나 BTC 마켓도 있지만 가장 많은 거래 기본 통화는 USDT다.

국내 거래소는 USDT 마켓이 있긴 하지만 거래량은 거의 없다. 원화를 기본으로 한 마켓이 주류다. 국외 거래소와 또 다른 차이가 여기서 발생한다. 원화를 기준으로 한 거래 볼륨이 크기 때문에 외국인이 한국 거래소를 이용하려면 원화를 가지고 있어야 한다. USDT 마켓이나 BTC 마켓은 거래 볼륨이 거의 없기 때문에 거래가 어렵다. 또 하나의 문제는 이렇게 원화 마켓을 사용한다고 하더라도 외국인은 기본적으로 국내 거래소 가입이 제한되어 있다는 점이다. 국외에 거주하는 외국인이 온라인으로 국내 거래소에 가입하여 거래할 수 있는 방법은 없다.

결국 국내 거래소는 국내에 있는 사용자만 대상으로 거래가 가능하고 국외 거래소는 전 세계 모든 사용자들을 대상으로 한다. 물론 일부 거래소는 각 나라의 규제에 따라서 국외 거래소 이용이 제한되어 있는 경우도 있다. 대표적으로 미국은 바이낸스와 OKX, 바이비트 같은 국외 거래소 이용이 제한된다.

KIMPGA 홈 통계/지표 시황/분석 뉴스 내정보   KR 로그인

기준 거래소 "↑" 업비트 KRW 바이낸스 USDT 마켓 해외 거래소 "↑"   암호화폐 총 179개   BTC, 비트코인, 비트

이름	현재가	킴프	전일대비	고가대비(52주)	저가대비(52주)	거래액(일)
질리카	15.23	+6.78%	-0.65%	-71.23%	+16.17%	32억
ZIL	14.26	0.9664	-0.1000	52.93	13.11	9억
비트토렌트	0.0008268	+1.15%	+0.21%	-68.98%	+7.73%	20억
BTT	0.0008174	0.0000094	0.0000017	0.002665	0.0007675	11억
리스크	515.2	+1.12%	-0.19%	-75.40%	+9.62%	6억
LSK	509.5	5.689	-1.000	2,094	470.0	4억
엑시인피니티	2,956	+1.06%	+0.10%	-79.86%	+10.01%	19억
AXS	2,925	31.08	3.000	14,680	2,687	56억
더그래프	113.0	+0.91%	+0.89%	-76.89%	+16.52%	33억
GRT	112.0	1.016	1.000	489.0	96.98	35억

김치 프리미엄(출처 : 김프가)

위의 이미지는 국내 거래소와 글로벌 대표 거래소인 바이낸스와의 가격 차이를 알려주는 지표다. 시장에서 이를 김치 프리미엄이라고 보통 칭하기도 한다. 국내 거래소 특징으로 인해 글로벌 거래소와 가격이

차이가 나는 현상으로, 일반적으로 국내 거래소가 글로벌 거래소에 비하여 가격이 더 비싸다. 시장 상황에 따라서 이 차이는 많을 때도 있고 적을 때도 있다. 전 페이지의 이미지 기준으로 질리카는 김치 프리미엄이 6.78퍼센트이고 나머지 코인은 1퍼센트 대다.

바이낸스에서 질리카를 구매하여 업비트로 보내게 되면 수수료를 제외하고 6.78퍼센트의 이익을 남길 수 있다는 의미다. 이러한 김치 프리미엄을 활용하여 차익 거래를 남기면서 전문적인 거래를 하는 거래팀도 있다. 시장의 변화를 자세히 살피면서 봇을 이용한 차익거래를 활용하면 손실이 거의 없는 상황에서 지속적인 수익을 올릴 수 있는 좋은 전략 중 하나다. 아직은 국내 거래소가 이런 김치 프리미엄이 있기 때문에 시장에서는 차익거래도 활용할 수 있다. 차익거래를 전문적으로 하는 팀에게는 가능성이 큰 시장이지만 일반 거래자는 글로벌 거래 가격보다 비싸게 거래하기 때문에 손실이 클 수밖에 없다.

이러한 김치 프리미엄의 이유 중 하나는 국내 거래소가 국내 거주자들에게만 제한적으로 시장이 열려 있기 때문이다. USDT 중심의 거래가 활발하게 일어나지 않기 때문이기도 하다. 물론 시장에서 다른 숨겨진 요인도 있지만 표면상 드러난 2가지 이유는 국내에 제한된 가입자와 원화 중심의 마켓으로 이러한 김치 프리미엄 현상이 발생한다.

그렇다면 국내 중앙화 거래소에 스테이블 코인이 도입되면 어떤 변화가 있을 수 있을까? 지금과 같이 국내 거주자들만 제한적으로 이용하고 있는 상태에서는 스테이블 코인이 거래소에 도입된다고 하더라도 아무런 변화를 기대할 수 없다. 국내 거래소를 이용하는 경우는 원화로도 충분하기 때문에 사실상 원화스테이블 코인은 필요하지 않다. 그래서 지금과 같은 상황에서는 원화스테이블 코인이 거래소에 도입된다고 하더라도 그 실효성은 거의 없다고 볼 수 있다. 하지만 규제가 변하고 또 다른 시장이 열린다면 조금 이야기는 달라지게 된다.

국내 거래소가 국내 가입자가 아닌 글로벌 거래소로 확장될 수 있도록 제도가 개선된다면 원화스테이블 코인은 조금 더 가능성이 열리게 된다. 기본적으로 글로벌 거래소로 확장될 경우 가장 의미 있는 거래 통화는 USDT나 USDC가 된다. 사실상 글로벌 거래소로 확장되더라도 원화스테이블 코인이 당장 필요하지는 않다. 하지만 유저가 확장되고 거래소에서 다양한 상품이 늘어난다면 원화스테이블 코인이 필요한 영역이 생길 것이다.

예를 들어 국내 거래소가 선물 거래소로 확장된다면 담보물로 사용될 코인이 필요하다. 기본적으로 USDT나 USDC와 같은 스테이블 코인이 필요로 하겠지만, 원화스테이블 코인도 담보물로 사용할 수 있도록 설계가 가능하다. 이자를 달리하게 되면 선물 거래자들은 담보물 중 원화스테이블 코인을 선택할 수 있는 가능성이 열린다.

이뿐 아니라 최근에 거래소에서 늘어나고 있는 예금 및 대출 서비스 역시 원화스테이블 코인을 활용할 수 있다. 원화 대비 조금 더 높은 이자를 줄 수 있는 서비스가 스테이블 코인 시장이다. 대출을 원하는 선물 거래자들이 많기 때문에 이자 구조도 변할 수 있다. 실제 글로벌 거래소들은 시장이 호황일 때 USDT 및 USDC의 이자가 20퍼센트까지 치솟는 경우도 있다. 물론 일시적이긴 하지만 이러한 이자가 가능한 건 높은 레버리지를 활용하는 선물 거래자들이 일시적으로 증가하기 때문이다. 이런 선물 시장과 예금 및 대출 시장이 거래소에 가능하므로 규제가 완화된다면 국내 거래소도 국외 거래소와 유사한 형태의 서비스가 가능해지고 원화 스테이블 코인이 중앙화 거래소에도 필요하게 된다.

원화스테이블 코인은 현재 한국 거래소에서는 필요가 없는 것이 현실이다. 하지만 규제가 변화되고 한국 거래소가 글로벌 거래소의 가능성이 열린다면 다양한 측면에서 원화스테이블 코인의 필요성이 대두된다. 물론 달러스테이블 코인에 비하면 그 활용성이 크지 않다. 하지만 작은 시장이라도 필요성이 있고 시장을 과대 해석하지 않는다면, 조금씩 성장해 나가면서 다양한 가치를 창출할 수 있는 좋은 계기가 될 수 있다.

디파이에서도 통할까?
원화스테이블 코인 가능성

디파이 시장에서 원화스테이블 코인에 대한 시장성을 고려하면 중앙화 거래소보다 더 가능성이 커진다. 현재 시장에서는 달러 기반의 스테이블 코인이 지배적이지만 달러를 제외한 스테이블 코인 시장이 분명히 존재하고 조금씩 성장하고 있다. 2025년 12월 기준, 달러를 제외한 스테이블 코인 시장 시가총액은 13억 8천 4백만 달러다. 원화로 환산하면 대

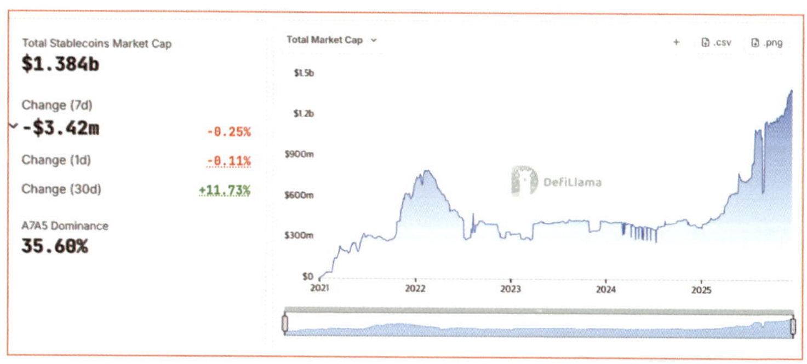

달러를 제외한 스테이블 코인 디파이 시장(출처 : 디파이 라마)

원화스테이블 코인이 바꾸는 돈의 판

략 2조 원 정도의 규모로 결코 작은 시장은 아니다. 디파이 시장이 아직 초기 시장임을 감안하면 원화스테이블 코인 시장의 성장 가능성은 충분히 긍정적으로 기대해 볼 수 있다.

디파이 시장에서 가장 많이 활용되는 분야는 탈중앙화 거래소와 탈중앙화 예금 및 대출 서비스다. 기본적으로 탈중앙화 거래소 및 예금 및 대출 서비스에서 핵심적인 자산 역할은 스테이블 코인이 필요하다. 예금 및 대출 서비스에서 가장 안정적인 자산은 스테이블 코인을 기반으로 한 대출이고 거래소 역시 유동성 제공에서 스테이블 코인의 중요성을 빼놓을 수 없다. 특히 탈중앙화 거래소에서 유동성 공급자들은 일반적으로 두 개의 자산을 공급하게 되는데, 여기서 비영구적 손실이라는 탈중앙화 거래소의 취약점이 있다. 이는 내가 제공한 서로 다른 코인을 유동성으로 제공했을 때 얻는 이익보다 그냥 코인을 홀딩하고 있을 때 얻는 이익이 더 큰 경우를 말한다.

서로 다른 코인을 유동성으로 제공하면 코인 가격 변동에 따라서 시장의 변동성에 따라서 유동성을 제공해서 탈중앙화 거래소의 핵심 역할을 하면서 얻는 이익보다 그냥 코인을 홀딩하고 있을 때 얻는 이익이 더 클 수 있다. 이를 개선한 대표적인 탈중앙화 거래소의 해결책은 서로 다른 스테이블 코인을 유동성으로 제공한 경우다. 대표적으로 USDC, USDT를 유동성으로 제공하면 비영구적 손실 없이 지속적으로 수수료 이익과 탈중앙화 거래소에서 제공해 주는 인센티브 이자를 받을 수 있다.

즉, 스테이블 코인으로 손실 없이 지속적인 수익을 창출하는 구조가 생긴다. 유동성 공급자는 안정적으로 수익을 얻고 거래소의 이용자들은 풍부한 유동성으로 인해서 여러 자산 간에 원활한 교환이 가능하게 된다. 탈중앙화 거래소에서 다양한 스테이블 코인이 있으면 탈중앙화 거래소가 지속 가능하게 발전하는데 중요한 역할을 하는 것이다. 현재는 달러 기반의 스테이블 코인이 중심이지만, 일부 차익거래자들 및 기존 환율 시장 참여자들이 암호화폐 디파이 시장으로 유입될 수 있는 시장이 바로 이 스테이블 코인에 대한 유동성 제공 및 차익거래 시장이기도 하다.

디파이 시장에서 달러 스테이블 코인을 제외한 스테이블 코인 시장에 대한 순위는 다음 페이지의 이미지와 같다. 1위는 EURC이며 유로화를 기반으로 하는 스테이킹 코인이다. 2025년 7월 기준, 2억 천만 달러다. 2위는 A7A5로 러시아 루블화를 기반으로 하는 스테이블 코인이다. 2025년 12월 기준, 시가총액은 1억 4천5백만 달러다. 3위인 FPI는 스테이블 알고리즘 코인으로 미국 CPI-U(도시 소비자 물가지수)와 연동된 스테이블 코인이다. 4위인 AEUR 역시 유로화를 기반으로 하는 스테이킹 코인이다. 유로화를 기반으로 하는 스테이킹 코인은 6~10위까지를 차지하고 있다. 이를 통해 디파이 시장에서 달러를 제외한 스테이블 코인 시가총액 10위는 유료화가 중심임을 알 수 있다.

특히 시가총액이 5억 2천만 달러에 달하는 BRZ는 브라질 헤알에 페깅된 스테이블 코인을 주목할 만하다. 브라질 헤알은 세계 기축통화가 아님에도 불구하고 암호화폐 시장에서 달러 스테이블 코인을 제외한 5위에 시가총액을 가지고 있는 건 의미가 크다고 볼 수 있다. 실제 BRZ는 디파이 시장에서 다른 유료화 대비 가장 많은 체인에서 활용성이 있다. 중앙화 거래소에도 상장되어 있으며 브라질 내 거래소와 연동되어 있다. 브라질 국가 시민이라면 브라질 거래소를 통해서 자국 화폐를 BRZ로 교환하여 디파이 시장에 쉽게 활용할 수 있도록 편의가 제공된 것이다. 국외 거래소 및 디파이 시장에서도 교환이 가능하므로 국외 송금 시에도 다양한 편의를 줄 수 있다. 시가총액이 크지 않기 때문에 금융 시장에서 미치는 영향력은 아직 약하지만 소액 투자자나 크지 않은 국외 송금으로 활용하기에는 부족함이 없다.

Name	% Off Peg	1m % Off Peg	Price	1d Change	7d Change	1m Change	Market Cap
1 A7A5 (A7A5)	+0.88%	-4.72%	$0.013	-0.02%	-2.09%	+3.12%	$492.52m
2 EURC (EURC)	-0.06%	+0.47%	$1.17	-0.56%	+1.42%	+13.90%	$333.38m
3 Frax Price Index (FPI)	-	-	$1.14	-0.26%	-0.33%	-0.52%	$97.01m
4 EUR CoinVertible (EUR...	-0.06%	+0.50%	$1.17	-0.04%	+1.72%	+0.42%	$61.59m
5 Anchored Coins AEUR ...	-1.07%	-3.02%	$1.16	+0.96%	-1.30%	-0.16%	$55.67m
6 Brazilian Digital (BRZ)	-	-	$0.18	+0.02%	+0.40%	-1.94%	$53.08m
7 Eurite (EURI)	-0.08%	+0.46%	$1.17	-0.03%	-3.67%	-	$53.05m
8 EURA (EURA)	-0.03%	+0.50%	$1.17	+0.04%	+1.09%	-3.81%	$29.07m
9 Monerium EUR emone...	+0.29%	+0.82%	$1.18	-0.00%	+10.74%	+13.37%	$28.7m
10 Quantoz EURQ (EURQ)	-	-	-	< 0.0001%	+0.48%	+17178%	$20.03m

달러를 제외한 스테이블 코인 시장(출처 : 디파이라마)

브라질 스테이블 코인인 BRZ를 통해서 원화스테이블 코인 시장의 성장 가능성을 충분히 예상해 볼 수 있다. 아직은 디파이 시장이 초기이므로 큰 수익을 내거나 비즈니스 모델로 적합하진 않지만, 장기적인 관점에서 디파이 시장에서 스테이블 코인의 중요성은 지속적으로 증가할 것이다. 가장 높은 시가총액은 달러 기반의 스테이블 코인이 차지하겠지만 2위, 3위, 4위에 해당하는 시장은 다른 자국 화폐 기반의 스테이블 코인 시장이 확대될 것이다. 유료화가 이미 많은 부분 점유하고 있고, 중국이 진출할 가능성이 있으며 앞으로 시장이 더 커질 가능성이 있다. 러시아 역시 시가 총액에서 높은 위치를 차지하고 있다. 일본은 이미 스테이블 코인을 출시하였지만, 규제 및 활용성에 있어서 시장에서 뚜렷한 두각을 드러내진 못하고 있는 상황이다. 한국은 아직까지 스테이블 코인 관련 법안이 없고 출시된 스테이블 코인도 없다.

디파이 시장은 초기라서 아직 많은 기회가 있는 시장이다. 특히 한국 시장은 암호화폐 투자자가 많고 디파이 투자자도 많기 때문에 원화 스테이블 코인의 시장성은 충분히 존재한다. 규제가 잘 정립되고 리스크가 많이 해소된 원화스테이블 코인이 있다면 시장 참여자들은 충분히 늘어날 수 있다. 시장에는 유동성을 공급하여 안정적으로 수익을 내기 원하는 투자자와 차익거래를 통해서 지속적으로 손실 없이 수익을 내는 투자자들이 있다. 더불어 시장에서 다양한 자산을 교환하여 수익을 내기 원하는 투자자가 있다. 이러한 시장 참여자가 다양하게 활용되고 서로 시너지 효과를 내는 곳이 디파이 시장이다.

디파이 시장은 전통 시장에 비하여 시장의 운용 및 활용에 있어서 비용이 최소화되고 수익은 극대화된다. 아직까지 탈중앙화된 자율적인 운용방식에서 리스크는 있지만 이 시장의 잠재 성장 가능성은 무궁무진하다. 시장의 초기에 안정적인 스테이블 코인 시장에 대한 안정적인 규제와 초기 인프라 시장을 확보하게 된다면 한국이 글로벌 디파이 시장에서 할 수 있는 역량도 커져갈 것이다. 브라질 스테이블 코인이 현재 시장에서 작게나마 활용되고 있는 상황을 고려해 본다면 충분히 원화 스테이블 코인도 가능성이 있다는 것을 알 수 있다.

투자자는 원화스테이블 코인의 시장 가능성과 시장에서 원화 스테이블 코인이 유통되기 시작할 때 어떻게 투자를 결정하고 자금을 활용할지 결정할 수 있을 것이다. 초반에는 다양한 리스크가 있기 때문에 보수적으로 접근하는 것이 필요하지만, 전체 큰 이미지에서 시장의 변화를 읽고 스테이블 코인 시장과 다양한 자산을 활용한 스테이블 코인 시장의 가능성을 염두에 두면서 시장에 대응하는 것이 중요하다.

결제수단으로서의 도전과 기대

결제 시장에서의 원화스테이블 코인은 가능성과 함께 시장 확대 가능성을 고려해 볼 수 있다. 아직까지 달러스테이블 코인 시장은 거래소와 디파이 시장에 국한되어 있다. 일부 국제송금으로 활용되기도 하고 실제 결제에 쓰기도 한다. 하지만 아직까지는 결제에 활용되는 달러스테이블 코인은 대부분 카드와 연계된 결제 시 쓰는 상황이다. 결제 시장이 카드사와 연계된 방법으로 시작은 되었지만, 카드사 없이 스테이블 코인으로 직접 결제할 수 있는 시장까지 확대된다면 스테이블 코인 중심의 새로운 결제 시장으로 확장되게 된다. 아직은 그 시장은 열리지 않았고 조금씩 준비되고 있다.

스테이블 코인이 결제 시장까지 확장되면 시장은 큰 변화를 겪게 된다. 가장 큰 위협은 달러 기반 스테이블 코인이 국내 시장에서 결제에 활용된다는 점이다. 기존 달러 시장은 국제 송금, 자산, 무역으로 활용되었지만, 달러스테이블 코인은 전 세계 모든 국가의 결제 시스템까지 침투하게 된다. 달러의 지배력이 각국의 화폐 결제망까지 침범하게 된다는 것이다. 이 시장에 대한 기본적인 위협이 있지만 시장 자유주의 체제에서 이러한 결제 시장을 법으로 제한하고 막기에는 한계가 있다. 어느 정도는 인정해야 하는 영역이기도 하다. 그런데도 초기에 국내 스테이블 코인 결제 시장이 안정화되어 인프라 및 제도가 완비된다면 어느 정도 달러스테이블 코인이 결제 시장을 독점하는 경우는 막을 수 있다.

암호화폐 투자자는 달러스테이블 코인을 선호한다. 그렇다고 원화스테이블 코인의 비중을 완전히 의미 없게 볼 수는 없다. 앞장에서도 언급했지만, 원화스테이블 코인이 디파이 시장에서 활성화되면, 원화를 단순히 은행에 예치하는 것보다는 원화스테이블 코인을 보유하고 디파이 시장에서 활용하는 것이 조금 더 안정적이면서 높은 수익을 올릴 수 있는 방법 중 하나가 될 수 있다. 이렇게 디파이 시장에서 보유하고 투자하고 있는 원화스테이블 코인이 결제 시장까지 확대된다면 다양한 활용처가 생기게 된다. 디파이 시장에서 예치하고 있는 원화스테이블 코인에서 바로 결제할 수 있는 시스템 인프라까지 확대가 가능하다.

디파이 시장과 중앙화 거래소 시장, 그리고 결제 시장은 결합이 가능해진다. 이 모든 것이 블록체인 기반으로 기존 금융 인프라 대비 저렴하면서도 안정적인 서비스가 가능하다. 물론 초기 단계에는 리스크도 있고 불안정한 요소가 많이 있다. 하지만 시간이 지나면서 제도가 안정화되고 인프라도 발전하게 되면 기존 금융 인프라에서 제한이 많았던 새로운 금융 영역이 탄생한다. 이렇듯 더 많은 기회와 더 많은 혜택이 비로소 가능해지는 게 원화스테이블 결제 시장이다.

비트코인은 디지털 결제를 위해서 탄생한 최초의 디지털 화폐다. 일반적으로 인터넷뱅킹을 활용해서 송금과 결제를 하는 것을 디지털 화폐로 인식한다. 하지만 인터넷 뱅킹은 전통 금융 방식을 디지털 형태로 표현한 것뿐이다.

그래서 디지털의 특징을 활용하는 데 한계가 있다. 블록체인 방식의 디지털 화폐인 비트코인은 디지털 화폐로 탄생했다. 이는 디지털에서 탄생했고 디지털로 존재하고 디지털로 유통된다는 뜻이다. 전통 금융은 전통 금융인프라에서 탄생했고 전통 금융 인프라에 있으면서 디지털 형태로 표시되고 유통과 결제도 이루어진다. 이 둘은 큰 차이가 있다. 전통 금융은 디지털로 표현되고 활용되지만 탄생이 디지털에서 탄생한 것이 아니므로 디지털 화폐로 활용될 때 한계가 있다. 그 한계는 비용과 사용성에 있어서 다양성을 제한한다. 하지만 비트코인과 같은 블록체인 기반의 암호화폐는 이 비용과 사용성에 있어서 디지털 화폐의 특성을 극대화한다.

조금 더 쉽게 설명하자면 기존 전통 화폐인 원화는 결제에 활용이 되고 송금도 할 수 있다. 하지만 전통 화폐인 원화를 블록체인 기반의 디파이 시장에서 활용할 수는 없다. 원화를 블록체인 기반에서 달러로 교환하는 것도 어렵다. 원화를 달러로 교환하기 위해서는 전통 금융 인프라에서의 교환 절차를 거쳐야 하는데 이는 시간과 비용이 많이 발생한다. 디지털 화폐의 특징을 살리지 못하는 것이다.

하지만 블록체인 기반의 스테이블 코인으로 발행하면 이야기는 달라진다. 디파이에서 활용하는데 아무런 문제가 없고 개인이 거의 비용 없이 원화스테이블 코인을 달러 스테이블 코인으로 손쉽게 교환이 가능하다. 교환도 즉시 이루어지면서 비용도 전통 금융 방식보다 저렴하다. 달러스테이블 코인과 원화스테이블 코인을 보유하고 있으면 디파이 금융에서 다양하게 추가적인 이자수익도 낼 수 있다. 원하면 언제든지 인터넷이나 오프라인 마켓에서 원화스테이블 코인을 활용해서 결제가 가능하다. 물론 현재는 이러한 시스템과 인프라가 갖추어지지 않았다. 앞으로 인프라와 제도가 마련된다면 이러한 변화는 급속도로 진행될 수 있다.

일반적으로 원화스테이블 코인을 결제 시장에 활용한다고 이야기하면 단순히 현존하는 결제 시장만을 생각하기 쉽다. 하지만 스테이블 코인은 블록체인 기반의 디지털 화폐라는 특성이 있다. 빠른 결제와 송금 능력은 블록체인 기반의 다양한 서비스에 쉽게 활용될 수 있다. 아직 블록체인 기반의 금융시장은 초기 시장이다. 일부 얼리 어댑터들은 이 시장을 빠르게 파악하고 여러 가지 활동을 하고 있지만 대부분은 이 시장이 있는지는 알지만 경험이 부족하다. 그래서 이 시장에 대한 이해 역시 부족하다. 이 초기 시장에서 활동하는 얼리 어댑터들 역시 시장에 대해서 현재 시점에서만 볼 수 있다.

현재는 원화스테이블 코인이 있지 않으므로 일부는 부정적인 시각도 존재한다. 아직 있지도 않은 미래에 대해서 긍정과 부정적인 시각이 있는 건 어찌 보면 당연한 현실 인식일 수 있다. 하지만 미래에 대해서 조금 적극적이고 긍정적인 자세로 시장을 바라본다면 조금은 원화스테이블 코인 시장의 가능성에 대해서 인정할 수 있다.

원화스테이블 코인 결제 시장은 현재 있는 결제 시장과는 다르다. 현재는 결제 시장은 결제 시장만으로 존재한다. 하지만 블록체인 기반의 디지털 화폐 금융에서는 거래소와 디파이 시장과 결제 시장이 모두 결합한 형태로 있다. 조금 더 발전하면 사용자들이 활용하는 다양한 SNS 및 앱들 역시 이 시장과 결합된다. 이를 일반적으로 WEB3 시장이라고 한다. WEB3 시장 역시 초기 시장이므로 아직은 구체적이고 명확한 이미지가 없다. 초기 시장의 특성만 볼 뿐이다. 이 시장이 대중화되면 이미지는 완전히 달라진다. 금융과 디지털 세상과 거래소 디파이, 일상의 결제 및 다양한 활동까지 모두 결합한 디지털 시장이 열리게 된다. 그 기반 기술은 블록체인 기술이, 핵심 동력이 되는 화폐는 스테이블 코인이 될 것이다. 결국 스테이블 코인의 중요성을 간과하면 이 시장이 달러스테이블 코인 시장으로 완전히 넘어갈 수 있다. 분명한 건 스테이블 코인 시장이 일상 깊숙이 침투하는 것을 누구나 쉽게 예상해 볼 수 있다. 예전에 어려웠던 미국 주식을 지금은 누구나 쉽게 거래하는 현실을 보면 알 수 있다. 게다가 미국 주식 시장과 한국 주식 시장은 공존한다. 이처럼 스테이블 코인 결제 시장 역시 달러스테이블 코인과 원화스테이블 코인이 공존해야 한다. 이러한 상황이 될 때 다양한 기회가 늘어나고 한국은 결제 시장에 있어서 주도권을 미국에 완전히 뺏기지 않게 된다.

원화스테이블 코인 시장에 대한 다양한 의견이 시장에 있다. 하지만 분명한 건 결제 시장은 분명히 존재하고 앞으로 발전할 것이라는 사실이다. 점점 발전하는 시장에 원화스테이블 코인이 잘 정착될 수 있도록 제도와 인프라가 충분히 갖춰지도록 준비해야 할 시기인 것은 분명하다.

인프라가 곧 미래 : 기반 기술과 생태계 현황

원화스테이블 코인 시장은 가능성이 있고 시장성이 있지만 달러 스테이블 코인 시장에 비하여 제한적이다. 달러스테이블 코인이 국내까지 확장되는 건 막을 수 없는 현실이다. 원화스테이블 코인으로 대응하는 것도 한계가 있다.

결국 달러스테이블 코인과 연관된 사업 영역이 확장되는 것이 중요하다. 스테이블 코인을 발행하는 주체는 다양할 수 있지만 기본적으로 스테이블 코인은 블록체인 인프라 위에서 운용되고 관리된다. 결국 스테이블 코인을 운용하기 위한 인프라 기술을 투자하고 발전시키는 것이 중요하다. 모든 것은 인프라 위에서 움직이므로 인프라를 초기에 선점하고 발전시키면 원화스테이블 코인의 한계에도 불구하고 달러스테이블 코인이 대중화되는 시점에서 일정 부분 중요한 위치를 차지할 수 있다.

스테이블 코인 인프라의 가장 대표적인 플랫폼은 이더리움이다. 솔라나를 비롯한 레이어1 생태계에 스테이블 코인이 활용된다. 일부 스테이블 코인은 이더리움 기반의 레이어2 플랫폼에도 많이 사용되고 있다. 결국 이더리움이나 레이어2 혹은 다른 레이어1에서 스테이블 코인이 활용된다. 해당 플랫폼은 스테이블 코인이 많이 사용되면 될수록 부가적인 수익을 얻는 구조다. 아직 암호화폐 시장은 이더리움을 가장 보수적이면서 안정적인 스테이블 코인 플랫폼으로 인정하고 있지만 발전적인 레이어1 플랫폼의 가능성은 늘 열려 있다.

원화스테이블 코인 역시 플랫폼 위에 운용되어야 하고 해당 플랫폼의 선택의 다양성을 고려해야 한다. 가장 보수적이고 안정적인 플랫폼은 이더리움이지만, 사용성에 있어서 수수료나 처리 속도 등에서 고려해야 할 부분이 많이 있다. 솔라나나 다른 플랫폼도 선택할 수 있지만 지속 가능성에서 다양한 사항을 고민해 봐야 한다. 새로운 플랫폼을 만들 수도 있지만 새로운 플랫폼은 보안과 비용, 사용성에 있어서 다양한 리스크가 존재한다. 아쉽게도 한국은 암호화폐 레이어1 플랫폼 시장에서 독자적인 기술과 시장성이 많이 부족하다. 솔라나 다음으로 기술력과 시장성을 갖춘 플랫폼 레이어1을 한국이 주도적으로 개발, 연구하여 시장에서 성공적으로 안정화한다면 달러 기반의 스테이블 코인이 활성화된다고 하더라도 상당 부분을 달러에 지배적이지 않고 협력적인 관계를 유지해 나갈 수 있다.

관련 제도가 완화되고 플랫폼 시장에서 기존 한국에서 선도하던 IT 기업이나 대기업 위주로 플랫폼 시장을 공략한다면 충분히 가능성이 있는 시장이고, 다양한 영역에서 한국 시장이 암호화폐 시장 및 스테이블 코인 시장에서의 영향력을 행사할 수 있을 것이다.

결국 스테이블 코인 시장이 새롭게 떠오르고 있지만 여전히 본질은 동일하다. 스테이블 코인은 블록체인 기반의 암호화폐이므로 반드시 스테이블 코인이 활성화되기 위한 인프라 기술이 중요하다. 따라서 인프라 기술에서 한국이 선도적인 위치를 만들어 낼 수 있다면 달러 중심의 스테이블 코인 시장이 시장에서 우위를 점한다고 하더라도 이 시장에서 한국이 완전히 배제되는 일은 없을 것이다.

원화스테이블 코인 시장도 중요하지만 달러스테이블 코인 시장만큼 시장에서 영향력을 끼칠 수는 없으므로, 원화스테이블 코인과 달러 스테이블 코인 시장이 공존할 수 있도록 시장을 만드는 것이 중요하다. 더 나아가 그 중심에 있는 인프라 기술에 투자와 인력이 집중되어서 다음 시대 떠오르는 크립토 중심의 금융 산업에 선도적인 역할을 할 수 있는 중요한 시기임은 분명하다.

투자자들 역시 이런 변화를 읽을 수 있다면 어떤 암호화폐를 투자해야 하는지에 관한 인사이트를 얻을 수 있을 것이다. 이제는 암호화폐가 전통 금융 및 주식시장과 연계되어서 성장하는 시기로 변하고 있다. 이런 변화의 시기에는 항상 많은 기회가 생겨난다. 물론 기회 이면에는 큰 리스크도 동시에 존재한다. 많은 새로운 시도가 실패할 것이다. 그러나 그

중에서 성공적인 시도가 있을 것이고 그런 성공으로 이끈 프로젝트를 잘 선점한다면 시장의 큰 변화를 좋은 기회로 삼을 수 있을 것이다.

스테이블 코인 시장은 단순히 스테이블 코인 시장으로 그치는 것이 아니라 인프라와 전통 금융과의 연계성, 디지털 중심의 시장 변화가 맞물려 있는 복잡한 경제 구도를 가지고 있다. 이런 복잡한 구도 속에는 항상 새로운 기회와 위기가 맞물려 있으므로 이를 잘 포착하고 리스크를 충분히 감내한다면, 수익이라는 성과를 낼 수 있을 것이다.

원화스테이블 코인 활성화 방안 및 주목할 프로젝트

원화스테이블 코인이 출시되면 관련 규제 준수와 기존 기술 인프라에 대한 이해와 시장에서 활용될 수 있는 방안에 대한 고민이 필요하다. 규제를 제외하고 기존 기술 인프라에 어떻게 원화스테이블 코인이 적용되고 활성화할 수 있을지, 시장에서 원화스테이블 코인이 잘 활용할 수 있는 방안을 충분히 모색하고 시장에서 빠르게 적응해 나가야 한다. 2025년 12월 기준, 시장에서 원화스테이블 코인이 출시되었을 때 어떻게 기존 인프라에 원화스테이블 코인이 적용할 수 있을지 현존하는 시장에서 주목해야 할 프로젝트를 살펴보겠다.

원화스테이블 코인이 한국의 규제 준수 안에 있지만 기술은 글로벌 인프라에 충분히 활용되어야 한다. 스테이블 코인이 발행될 수 있는 가장 대표적인 플랫폼은 이더리움이다. 이더리움을 포함한 다양한 레이어1에서 원화스테이블 코인이 발행되고 관리될 수 있다. 이를 위해서 국내에서 글로벌 기술력을 갖춘 블록체인 기업에서 이 부분을 충분히 큰 어려움 없이 진행할 수 있다. 기존에 이더리움 및 다양한 레이어1 플랫폼에서 이미 서비스를 진행하고 있는 블록체인 관련 기업들이 있으므로, 이러한 블록체인 기업과 전통 금융권이나 조금 더 신뢰할 수 있는 전통 IT 기업들과 협업을 통해서 원화스테이블 코인이 안정적으로 글로벌 기술 표준을 따르면서 활용될 수 있게 구축하고 관리할 수 있다.

글로벌 시장에서 원화스테이블 코인이 사장되지 않고 디파이 영역을 포함한 작은 시장부터 공략해서 의미 있는 사용자와 예치금이나 유동성을 만들어 내야 한다. 이는 원화스테이블 코인이 활성화되는 데 있어서 제일 중요한 부분이다. 결제나 K 콘텐츠 등을 활용할 수 있는 방안도 있지만 이러한 모든 방향이 기존 글로벌 플랫폼 위에서 진행되어서 의미 있는 수치를 만들고, 이러한 수치가 한국 유저뿐만 아니라 글로벌 유저도 참여할 수 있는 통로가 열려야 한다. 여기서 초반에 의미 있는 수치를 달성하면 원화스테이블 코인은 활성화될 수 있는 가능성이 열리고, 디파이 시장이나 새로운 네러티브 시장에서 지속적인 성장 가능성을 보여줄 수 있다. 하지만 이러한 부분이 실패하면 원화스테이블 코인은 글로벌 시장이 아닌 국내에서만 제한적으로 활용되는 어려움에 봉착할 수 있다.

원화스테이블 코인이 시장에서 활성화되기 위해서는 글로벌 프로젝트에서 의미 있는 성과를 보여주는 게 중요하다. 기존에는 클레이튼으로 국내에서 개발한 메인넷 레이어1 프로젝트가 2024년 6월 이후 핀시아와

통합하여 카이아로 리브랜딩했다. 국내 대표 IT기업인 카카오와 네이버 자회사에서 만든 블록체인 서비스이므로 국내 대표 블록체인 메인넷으로 보아도 큰 문제는 없다. 기존에 다양한 규제 때문에 네이버와 카카오가 전면에서 블록체인 메인넷 서비스를 운영하진 못했지만, 새로운 규제 환경이 펼쳐지면 조금 더 개선될 수 있는 여지가 있다. 이러한 카이아 프로젝트가 원화스테이블 코인 발행 시 대표적으로 수혜를 얻는 코인이 될 가능성이 높다.

시장에서 국내 대표 블록체인 서비스는 2025년 12월 기준, 카이아가 메인넷으로 유일하다. 시가총액은 100위권 정도에 있지만 EVM 기반 블록체인 서비스이므로 이더리움 기반의 모든 애플리케이션이 카이아에서도 운영이 가능하다. 하지만 시장에서 국내에 조금 제한적인 유저들이 있고 글로벌 유저는 부족한 게 현실이다. 그럼에도 불구하고 원화스테이블 코인이 시장에서 활성화된다면 카이아 네트워크가 많이 활용될 가능성이 높다. 원화스테이블 코인으로 수혜 받을 수 있는 1순위는 카이아로 시장을 분석해 볼 수 있다.

디파이라마에서 스테이블 코인 플랫폼 중에서 카이아의 순위는 28위다. 메이저 플랫폼은 아니지만 중소형 플랫폼 순위 정도에서 운영되고 있다고 볼 수 있다. 디파이 라마에서 2025년 7월 기준, 카이아에 있는 스테이블 코인은 1억 달러 규모다. 대표적인 스테이블 코인인 USDT를 포함해서 대부분의 스테이블 코인이 카이아에서 운영된다. 이러한 스테이블 코인은 예금 상품부터 탈중앙화 거래소에 이르기까지 다양하게 활용되고 있다. 원화 스테이블 코인이 카이아 네트워크에서 발행된다면 앞으로 카이아는 단기적으로 시장에서 좋은 수익을 낼 수 있는 잠재력 있는 코인 중 하나다. 하지만 긴 관점에서 투자할 때는 시장에서 주도력 있는 플랫폼은 아니므로 보수적으로 접근하면서 포트폴리오의 비중에서 일부를 단기적으로 투자하는 관점이 유용할 수 있다.

추가로 카이아 프로젝트 내에서 다양한 원화스테이블 관련 디앱들이 출시될 가능성이 있다. 세부적인 디앱은 여러 가지 리스크가 있으므로 전문적으로 디파이 투자를 진행하지 않은 투자자는 카이아를 단기적인 관점에서 원화스테이블 코인이 시장에서 주목받을 때 접근하는 것이 좋다. 장기적인 관점에서는 카이아가 충분히 시가총액 상위권으로 진입할

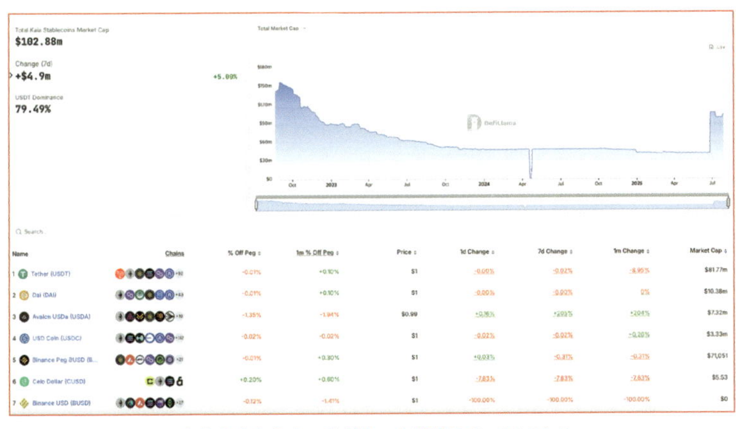

카이아 메인넷의 스테이블 코인 현황(출처 : 디파이라마)

수 있는지와 실제적인 디앱들이 의미 있는 숫자와 글로벌 시장에서도 영향력을 발휘할 수 있는 상황까지 성장해야 할 숙제가 남아 있다.

카이아가 원화스테이블 코인으로 시장에서 주목을 받는다면 투자자는 디파이라마의 카이아 네트워크 내 스테이블 코인 시가총액 변화를 의미있게 살펴봐야 한다. 2025년 12월 기준, 카이아 원화스테이블 코인 시가총액은 1억 달러 규모이지만, 원화스테이블 코인이 실제 카이아 네트워크에서 활용이 되고 다양한 디앱이 발전한다면 스테이블 코인 시가총액은 우상향의 그래프를 보여줄 것이다. 원화스테이블 코인 관련해서 2025년 8월 기준, 주목할 프로젝트는 카이아이지만 추후에 국내에서 다양한 글로벌 프로젝트가 출시된다면 관련 프로젝트도 관심있게 지켜보고 분석해 볼 필요가 있다. 단, 단기적으로 관심을 가지되 장기적인 관점에서는 플랫폼 프로젝트가 글로벌 시장에서 다양한 활용처에 사용이 되고 시가총액도 의미 있는 숫자까지 성장해야 한다. 원화스테이블 코인의 성장과 더불어 실제 글로벌 시장에서 의미 있는 프로젝트로 성장해야 한다. 따라서 리스크를 충분히 고려하면서 디파이 라마에서 스테이블 코인 시가총액 지표를 지속적으로 확인하면서 보수적으로 접근하는 것이 바람직하다.

원화 스테이블 코인
네 가지 잠재 리스크

원화스테이블 코인의 필요성과 가능성은 분명하지만 리스크도 있다. 가장 큰 리스크는 기대와는 달리 달러 스테이블 코인만 시장에서 활용되고 원화스테이블 코인은 있지만 실제 활용도가 낮거나 사용성이 거의 없는 상태가 될 가능성도 충분히 존재한다. 실제 현 상황을 보면 그 리스크 범위를 이해할 수 있다. 암호화폐 생태계에서 스테이블 코인 발행이 가능한 한국 주도의 플랫폼은 없다.

물론 시가총액이 낮고 활용성도 낮은 플랫폼으로 원화스테이블 코인 발행이 가능하지만, 시장에서 관심이 낮은 플랫폼에서 발행된 원화스테이블 코인은 활용 가능성이 지극히 낮다.

법과 정책 리스크도 있다. 스테이블 코인 및 대부분의 암호화폐 정책은 미국이 주도적으로 시행하고 있다. 미국이 시행한 법안을 참고하여 한국은 따라갈 수밖에 없는 현실이다. 그런데 이 같은 어려운 현실에서도 법과 제도 시행에 있어서는 다양한 제약과 한계가 있다. 아직까지 한국은 스테이블 코인에 대한 명확한 규제 체제가 없다. 따라서 원화스테이블 코인 발행에 대한 책임 부분을 충분히 고려해야 한다. 특히 원화는 자본 통제가 있는 통화이므로 외환 거래법 위반이나 자금세탁방지 규제와 충돌이 일어날 수 있는 여지가 많이 있다.

원화스테이블 코인은 결국 블록체인 기반에서 발행되고 관리되어야 하는데 블록체인 관련 기술적 리스크 역시 있다. 가장 대표적인 이더리움 기반에서 원화스테이블 코인이 발행되더라도 이를 위해서는 스마트 컨트랙트로 발행하고 관리해야 한다. 그런데 해당 부분에서 전문가가 여전히 부족하고 해킹이나 버그 등으로 인한 담보 손실과 시스템 오작동 가능성 발생 가능성이 있다. 새로운 레이어1을 개발한다면 더 많은 시스템 버그와 해킹 등의 위험에 노출되게 된다. 단순히 정책만으로 해결할 수 있는 분야가 아니다. 관련 전문가들이 많이 필요하나 한국은 전문가들이 부족한 현황이고 아직 이 기술은 초기 기술이므로 다양한 한계와 리스크가 있다는 것도 인식해야 한다.

원화스테이블 코인 시장이 열린다는 기대로 인하여 다양한 사기 사건이 자주 발생할 수 있다. 원화스테이블 코인과 상관없는 기업이 관련 기대주로 시장에서 혼란을 일으킨다든지, 실제 관련 기술과 제도를 충족하지 못하는데도 스테이블 코인을 발행하는 기업들이 우후죽순으로 생길 수 있다. 실제 원화스테이블 코인의 발행사는 까다로운 규제와 법적 관리를 받아야 하고 기술력과 시장에서 영향력 등을 충분히 확보한 상태에서 발행되어야 한다. 하지만 이렇게 발행되는 스테이블 코인 발행사는 소수에 불과할 것이므로 다양한 사기 원화스테이블 코인 사업자들이 많이 등장할 것으로 보인다. 기존에도 한국은 다양한 사기 코인과 사기가 많이 일어나지만 실제 사기와 사기를 방지할 구체적인 법안이 부족한 현실이다. 따라서 충분히 보호할 수 있는 법과 제도적 장치도 마련되어야 한다.

원화스테이블 코인은 분명히 필요와 시장성이 있지만 위에 나열한 시장성, 법과 제도의 불확실성, 원화스테이블 코인을 발행하고 관리할 수 있는 기업의 한계 및 기술력에 대해서 알아보았다. 이제 막 시작한 시장이므로 이러한 한계와 취약점을 충분히 인지하면서 법과 제도를 정비하고 관련 기업들을 육성해 나간다면 원화스테이블 코인이 시장에서 충분히 자리 잡을 수 있는 좋은 기회가 열릴 것이다. 투자자들은 원화스테이블 코인 시장 초기에 리스크를 충분히 고려하고 시장에서 제대로 성장 가능성이 있고 현실성 있는 스테이블 코인이 발행되고 관리되는지를 유심히 지켜봐야 한다. 실제 법과 제도가 실행되었을 때 다양한 방법으로 스테이블 코인 시장을 활용한 사기나 스캠 등도 생겨날 것을 유의하고 투자해야 한다.

CHAPTER 3

주요 스테이블 코인 뜯어보기

왜 시장은 테더(USDT)를 선택했는가?

USDT는 스테이블 코인 시장 중 시가총액 1위인 스테이블 코인이다. 스테이블 코인 전체 시가총액이 2025년 12월 기준, 3,100억 달러다. 이중 USDT는 1,861억 달러다. 아래 이미지를 보면 스테이블 코인 전체 시가

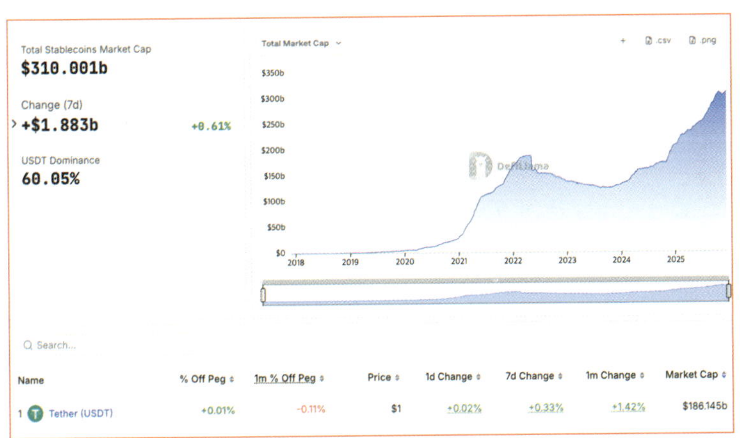

달러 스테이블 코인 시가총액 및 USDT 스테이블 코인 순위(출처 : 디파이라)

총액이 나온다. 그래프로 확인해 보면 꾸준히 우상향하는 모습을 확인할 수 있다. 왼쪽에 USDT Dominance도미넌스라는 항목에 USDT가 60퍼센트로 표시되어 있다. 비트코인 도미넌스는 암호화폐 시장에서 비트코인이 차지하는 비율을 의미하는데, USDT 도미넌스는 스테이블 코인 시장에서 USDT가 차지하는 비율을 의미한다. 2025년 12월 기준, USDT의 스테이블 코인 시장 지배력은 60퍼센트다. 시장에서 가장 선호하는 달러 스테이블 코인은 USDT라는 것을 확인할 수 있다.

USDT는 Tether테더 USD의 줄임말이다. 미국 달러와 1:1로 고정된 스테이블 코인이고 테더 사Tether Limited에서 USDT를 발행하고 관리한다. 2014년도에 출시되었고 최초의 스테이블 코인 발행사다. 가장 대표적인 달러 기반의 스테이블 코인이지만 시장에서 오랫동안 투명성에 논란이 이어져 왔다. 스테이블 코인은 준비금이 중요하다. 기본적으로 1달러 상당의 준비금을 보유하고 있다. 현금이나 예금도 있으며, 미국 국채나 상업어음이나 기타 디지털 자산 등 포괄적으로 준비금을 보유하고 있다. 테더 사는 이 준비금을 활용해서 부가적인 수익을 창출한다.

USDT를 발행한 테더 사는 2021년까지 감사Audit 대신 보증Assurance 보고서만 공개했다. 2021년도에는 미국 상품선물거래위원회CFTC에서 테더가 일부 기간 준비금을 100퍼센트 보유하지 않았다고 벌금을 부과한 사례도 있다. 투명성과 일부 이슈는 있지만, 여전히 시장에서는 가장 시가총액이 크고 많이 활용되는 스테이블 코인이다.

주요 사용처는 거래소에서 기본 거래 쌍으로 제일 많이 활용된다. 거래소 간 자금을 이체할 때도 많이 쓰인다. 수수료가 적고 가격을 유지한 체 거래소 간 코인 이동이 가능하기 때문에 대부분의 이용자들은 다양한 거래소 간 이전 시 테더 사에서 발행한 USDT를 활용하고 있다. USDT는 가장 많은 체인에서 활용되고 있고, 제일 안정적인 볼륨을 가지고 있기 때문에 시장에서 가장 지배력이 많은 스테이블 코인이다.

아래 이미지를 보면 테더 사에서 발행한 USDT가 체인별로 가지고 있는 시가총액을 확인할 수 있다. 트론과 이더리움 체인에 가장 큰 비중의 테더가 활용되고 있다. BSC, 솔라나, 폴리곤이 다음 순위로 테더 사의 스테이블 코인 USDT를 활용한다. 이더리움에 비하여 트론에서 많이 활용되고 있는 이유는 저렴한 수수료와 빠른 전송 속도 때문이다.

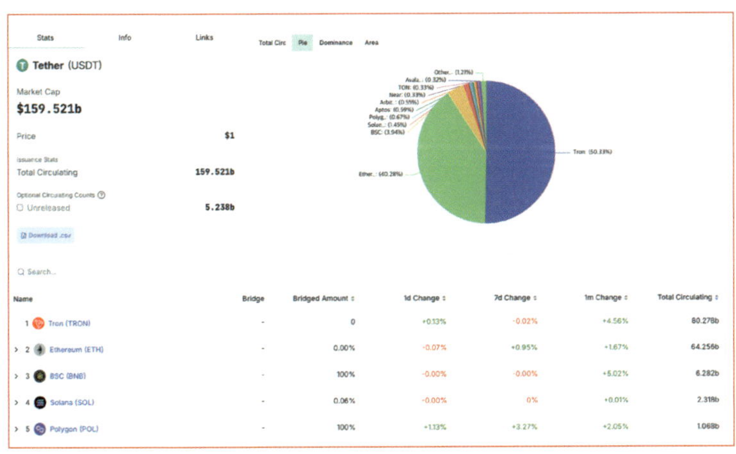

테더 USDT 체인별 시가총액 순위(출처 : 디파이라마)

USDT는 시장 지배력이 가장 높고 다양한 유동성 환경에 노출되어 있다. 미국에서 스테이블 코인 법안에 따른 리스크가 있지만, 지속적으로 준비금 투명성에 대한 움직임이 있으므로 시장 지배력을 쉽게 잃을 것으로 예상되지는 않는다. 다양한 스테이블 코인이 성장하고 있는 상황에서 2025년 12월 현재, 가장 안정적이면서 활용처가 많은 스테이블 코인이다. 만약 테더 사에서 발행한 스테이블 코인인 USDT가 디패깅 사태가 발생한다면, 전체 암호화폐 시장에 큰 충격을 줄 것이므로 투자자는 스테이블 코인의 건전성에 대해서도 지속해서 살펴보고 분석하는 자세가 필요하다.

가장 안정적으로 비트코인만 투자하더라도 만약에 가장 시가총액이 높은 테더 사의 USDT에서 이슈가 발생하여 디패깅 등이 실제로 발생한다면 비트코인을 포함한 모든 암호화폐 시장에 큰 충격을 줄 수밖에 없는 게 현재 스테이블 코인 시장이다. 스테이블 코인 시가총액 1위인 테더 사의 USDT의 투명성과 시장의 지배력을 지속해서 살펴보면서 투자자는 암호화폐 시장에서 스테이블 코인으로 인한 시장의 활성화 혹은 리스크를 충분히 대비하는 전략을 가지고 있어야 한다.

USDT가 2025년 12월 기준, 시장에서 가장 지배력이 높지만 추후에 다양한 스테이블 코인이 시장 점유율을 높여서 USDT 도미넌스가 상대적으로 많이 낮아질 가능성도 있다. 거시적인 관점에서 보면 USDT 도미넌스가 빠지고 다양한 스테이블 코인이 시장에서 안정적으로 있는 것이 암호화폐 투자자 입장에서는 유리하다. 스테이블 코인은 달러가 아니므로 여전히 디페깅에 대한 리스크가 존재한다. 스테이블 코인 발행사에 숨겨진 잠재적인 리스크도 가지고 있다. 이러한 리스크가 하나의 발행사에 집중된다면 시장에서 관련 발행사가 문제에 직면했을 때 시장 전체로 퍼지는 충격이 크다. 그러므로 투자자 입장에서는 다양한 스테이블 코인 발행사에 의해서 다양한 스테이블 코인을 보유하고 시장의 유동성을 다양화하는 것이 좋다. 테라 사태 때 루나와 스테이블 코인인 UST 디페깅 사건이 단순히 루나와 UST 투자자들에게만 손실을 입힌 것이 아니라 암호화폐 시장 전체로 영향을 끼친 사건을 반면교사反面敎師로 삼을 수 있다.

신뢰를 무기로, USDC의 규제 준수 전략

스테이블 코인 중 시가총액 2위는 서클Circle사에서 발행한 USDC다. 620억 달러 규모의 시가총액을 가지고 있으며 USDT와 동일하게 법정화폐를 입금하면 서클 사에서 해당 금액만큼 USDC를 온체인에 발행한다. 반대로 USDC를 온체인에서 소각Burn하면 USD를 출금할 수 있다. 준비금은 현금과 단기 미국 국채 기반이며 미국 규제의 준수를 받고 있다. 월간 준비금 및 감사보고서를 공개하고 있으며 USDC를 발행한 서클 사는 미국 주식시장에도 상장되어 있다. 미국 주식시장에 상장된 스테이블코인 발행사로는 최초다. 테더 사의 USDT와는 달리 미국의 금융 규제를 가장 적극적으로 수용하면서 반영하는 스테이블 코인 발행사다. 시가총액은 USDT에 비해서 아직 부족하지만 시장의 신뢰도는 더 높다.

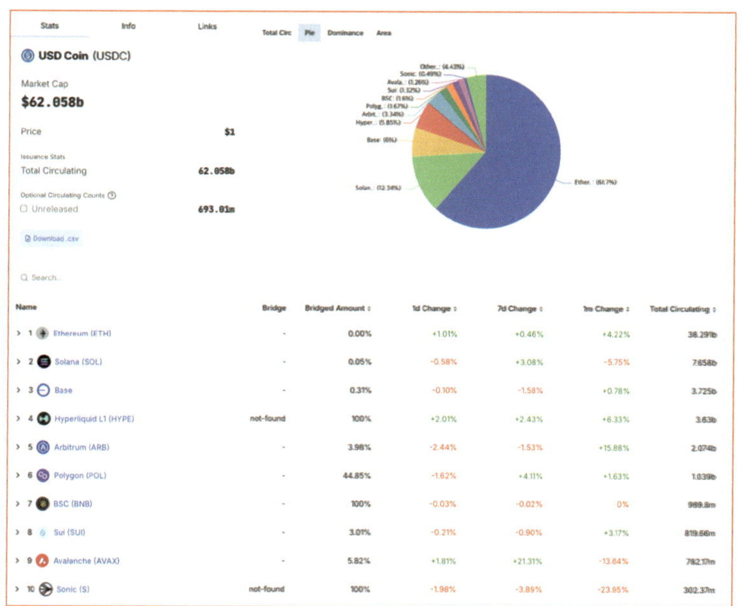

Name	Bridge	Bridged Amount	1d Change	7d Change	1m Change	Total Circulating
> 1 Ethereum (ETH)	-	0.00%	+1.01%	+0.46%	+4.22%	38.291b
> 2 Solana (SOL)	-	0.05%	-0.58%	+3.08%	-5.75%	7.658b
> 3 Base	-	0.31%	-0.10%	-1.58%	+0.78%	3.725b
> 4 Hyperliquid L1 (HYPE)	not-found	100%	+2.01%	+2.43%	+6.33%	3.63b
> 5 Arbitrum (ARB)	-	3.98%	-2.44%	-1.53%	+15.88%	2.074b
> 6 Polygon (POL)	-	44.85%	-1.62%	+4.11%	+1.63%	1.039b
> 7 BSC (BNB)	-	100%	-0.03%	-0.02%	0%	989.8m
> 8 Sui (SUI)	-	3.01%	-0.21%	-0.90%	+3.17%	819.56m
> 9 Avalanche (AVAX)	-	5.82%	+1.81%	+21.31%	-13.84%	782.17m
> 10 Sonic (S)	not-found	100%	-1.98%	-3.89%	-23.95%	302.37m

USDC 시가총액 및 디파이 체인별 사용 순위

위의 이미지는 USDC가 활용되고 있는 레이어1 메인넷들이다. USDT
는 이더리움과 트론에 비중이 가장 높다. 반면에 USDC는 이더리움, 솔
라나, 베이스, 하이퍼리퀴드, 아비트럼, 폴리곤 등 USDT에 비하여 디파
이 시장에서 활용되고 있는 범위가 더 넓은 것을 확인할 수 있다. 특히
솔라나와 베이스에서 많이 쓰이고 있는 모습은 USDC가 미국 규제 중
심의 스테이블 코인이라는 점을 좀 더 부각시켜준다. 솔라나는 미국 규
제에 조금 더 친화적이고 USDT 보다 USDC를 조금 더 적극적으로 체인
에서 활용하고 있는 모습을 확인할 수 있다. 베이스는 미국의 대표 거

래소인 코인베이스에서 주도하고 있는 레이어2 프로젝트다. 이는 이더리움 기반의 레이어2이지만 코인베이스 기반의 메인넷이기도 하다. 베이스에서 USDC가 많이 활용되고 있는 것은 코인베이스와 서클 사의 USDC가 연관관계가 많다는 것을 알 수 있다. 미국은 서클 사에서 발행한 USDC를 중심으로 암호화폐 시장에서 점유율을 높여가고 있다. 아직은 USDC에 비하여 유동성 및 활용도가 조금 낮지만 시간이 지나면서 점유율을 크게 높여갈 것으로 예상된다.

USDC는 규제 친화적이면서 투명성이 높아서 기관 투자자의 선호도가 높다. USDC는 범죄나 해킹 시 정부 요청에 따라서 자산 동결 및 블랙리스트 처리가 가능하다. 이러한 특징으로 인해서 기관 투자자가 더 선호하는 편이다. USDT도 유사한 기능이 존재하나 법적 정당성이 약한 측면이 있다. 비자나 블랙록 등 전통 금융권과 파트너십을 맺는 스테이블 코인도 USDC다. 비자는 USDC를 실제 결제 정산에 사용하고 있다. 2025년 이후 실물 카드를 연계한 스테이블 코인 결제에 USDC가 많이 활용되는 이유도 이와 같다.

USDT가 시가총액도 높고 사용도 광범위하면서 규제에서 조금 중립적인 측면으로 일부 개인 투자자들이나 규제를 회피할 목적으로 달러 스테이블 코인을 보유하는 투자자들에게는 여전히 USDC보다 선호도가 높다. 하지만 시간이 지나면서 규제를 완전히 벗어나기는 어려우므로 USDC가 시장에서 차지하는 비율은 지속해서 높아질 것이다.

스테이블 코인을 보유하거나 디파이나 거래소에서 활용하기 원하는 투자자는 USDT 및 USDC와 같이 다양한 스테이블 코인이 있는 것이 좋다. 단일 스테이블 코인은 리스크가 크기 때문에 조금 더 규제가 발전하고 투명성이 확보되면서 기술적 제도적 리스크가 완화되면 암호화폐 시장 전체에도 긍정적인 영향을 줄 수 있다.

과거 테라 사태 때 루나 기반의 스테이블 코인이 페깅이 깨지면서 비트코인을 포함한 전체 암호화폐 시장은 얼어붙었다. 단순히 스테이블 코인의 페깅으로 일어난 사건이라고 일축하기는 어렵지만 트리거로 작동한 것은 분명하다. 그러므로 비트코인을 포함한 암호화폐 투자자들에게는 스테이블 코인이 시장에서 자리 잡고, 달러와 다른 화폐 또는 스테이블 자산과 연동성에 문제가 없는 정도로 안정되는 게 필요하다.

그 안정화 과정에서 USDC의 위치는 매우 중요하다. 미국의 규제 발전과 함께하고 있으며 미국 주식시장에 상장된 회사이면서 시장에서 초기에 다양한 기술적 인프라 및 법적인 문제에서 하나씩 해결해 가고 있기 때문이다. 스테이블 코인은 법적인 이슈도 있지만 기술적 이슈 역시 존재한다. 해킹이나 일부 관리 부실로 인한 문제 혹은 코드 결함으로 인한 리스크 등 다방면에 걸쳐서 리스크가 있다. 이러한 다양한 리스크는 지금 당장 해결할 수는 없고 시간이 지나면서 조금씩 해결할 수 있다. 그러기 위해서는 시장이 조금 더 확장되어야 하고 법적인 문제도 전통 금융시장과 어떻게 연결고리를 찾는지도 해결해야 할 숙제다.

한 가지 긍정적인 측면은 비트코인을 포함한 암호화폐 투자자들에게 스테이블 코인이 제도권 안으로 들어가고 조금은 안전장치가 생긴다는 것이다. 결국 서클 사에서 발행한 USDC의 발전과 암호화폐 시장의 발전은 그 흐름을 비슷하게 한다고 봐야 한다. 스테이블 코인이 암호화폐 시장에 미치는 영향과 그 반대까지 함께 엮여 있으므로 암호화폐 투자자는 스테이블 코인 역사의 발전을 지속적으로 살펴보고 그 변화에 빠르게 대응해야 한다.

탈중앙화 대표주자, USDS(DAI)의 매력과 한계

USDS는 최초의 이더리움 기반 탈중앙화 스테이블 코인이다. DAI^{다이}로
많이 알려져 있으나 2024년 9월 이후 DAI에서 USDS로 리브랜딩했다.
DAI를 발행한 메이커다오는 SKY로 리브랜딩했다. 기존의 메이커^{MKR}는
스카이^{SKY}로 토큰이 리브랜딩 되었으며, DAI 스테이블 코인은 USDS로
리브랜딩 되었다. 2025년 12월 기준으로 4위, 5위에 있는 USDS와 DAI는
동일한 코인이다. DAI 보유자는 USDS로 1:1 교환이 가능하고 MKR 보
유자 역시 SKY로 1:1 교환이 가능하다. 시가총액 4위, 5위에 있는 USDS
와 DAI를 동일하게 봐야 하기 때문에 2025년 12월 현재, USDS의 시가
총액은 스테이블 코인 시가총액 3위이며 약 110억 달러 규모다. 1위인
USDT는 1,861억 달러이고 USDC는 785억 달러인 것에 비하여 규모가
크지는 않다. 그런데도 기존 법정화폐 담보로 한 스테이블 코인과 달리
암호화폐를 담보로 성장한 스테이블 코인이라는 특징이 있다. 암호화폐

담보 기반의 스테이블 코인이고 탈중앙화된 방식의 스테이블 코인이라는 카테고리에서는 1위다.

Name	% Off Peg	1m % Off Peg	Price	1d Change	7d Change	1m Change	Market Cap
1 Tether (USDT)	+0.01%	-0.11%	$1	+0.02%	+0.33%	+1.42%	$186.145b
2 USD Coin (USDC)	-0.00%	-0.12%	$1	+0.42%	+1.23%	+4.07%	$78.56b
3 Ethena USDe (USDe)	-0.06%	+0.41%	$1	-0.06%	-4.14%	-21.86%	$6.554b
4 Sky Dollar (USDS)	-0.06%	-0.09%	$1	+3.41%	+5.95%	+14.15%	$6.444b
5 Dai (DAI)	+0.08%	-0.17%	$1	-0.37%	-0.36%	-5.48%	$4.627b

스테이블 코인 시가총액 순위(출처 : 디파이라마)

USDS는 이더리움을 담보로 스마트 컨트랙트에 의해서 자동으로 청산 시스템을 갖춘 스테이블 코인으로 출발하였다. 담보물이 법정화폐나 국채 같은 안전자산이 아니라 이더리움을 기반으로 한 변동성이 큰 암호화폐 기반의 스테이블 코인이라는 특징이 있다. 2017년에 출시되어서 이더리움만 담보로 하여 DAI의 시장가격을 1달러로 지금까지 유지했다. 시간이 지나면서 2019년에는 WBTC 등과 같은 다양한 암호화폐로 담보자산을 늘려갔다. 2020년에는 코로나19의 충격으로 페그가 일시적으로 붕괴하면서 DAI가 1.1달러 이상까지 상승하기도 하였으나 경매 시스템을 보완해서 다시 가격은 안정을 찾았다.

2021년에는 USDC와 DAI를 1:1로 교환 가능하게 하면서 페그 안정화를 하였고 RWA**Real World Assets**를 도입하여 미국 국채, 기업 채권, 부동산 등 전통 자산을 담보로 도입하였다. 다양한 담보에 변화를 주면서 DAI 의 탈중앙성을 유지하면서 신뢰를 강화하는 전략으로 변화를 주었다.

2025년 7월 기준으로 ETH, WBTC를 포함한 암호화폐 담보는 21퍼센트 정도가, 나머지 78퍼센트는 USDC 같은 스테이블 코인과 RWA 자산으로 담보물을 가지고 있다. 기존 암호화폐가 시장의 충격을 받을 때 큰 가격 변동을 안정화하는 방향으로 발전하는 중이다.

스테이블 코인 시장에서 시가총액 3위이면서 다양한 디파이에 많이 활용되고 있는 스테이블 코인이다. 이더리움 기반의 탈중앙화된 스마트컨트랙트 기반 스테이블 코인이라는 것이 가장 큰 특징이다. 이는 블록체인 기반의 다양한 방식의 스테이블 코인 시장의 가능성을 이야기해 주고 있다. 시작은 100퍼센트 암호화폐 담보로 시작하였지만 시간이 지나면서 스테이블 코인 담보물과 실제 RWA 자산으로 확대되는 모습을 통해서 블록체인 기반의 스테이블 코인의 다양성과 안정성에서 어떻게 조화를 이루어야 하는지를 반면교사 삼을 수 있는 좋은 예이기도 하다.

USDS는 운영 및 방식이 탈중앙화되어 있으므로 규제가 발전함에 따라서 변화를 요구하기도 한다. 블록체인 기반의 DAO(탈중앙화된 자율조직)의 시장 가능성과 현실 사이에서 어떤 변화가 시장에서 받아들여지고 발전하는지를 살펴볼 수 있는 좋은 계기이기도 하다. 반면에 규제의 변화에 따른 리스크도 존재하는 게 USDS다.

다오DAO의 운영 방식과 법적인 한계에 있어서 시장에서 발생하는 다양한 문제를 어떻게 풀어가고 해결하는지를 중요하게 살펴봐야 한다. 시장은 아직은 규제를 준수하면서 100퍼센트 달러 기반 담보의 스테이블 코인을 선호하고 있다. 암호화폐는 변동성이 심하고 여전히 시장에서 다양한 리스크를 가지고 있으므로 실험적인 USDS는 일부 초기 투자자들과 디파이 투자자들, 그리고 암호화폐에 적극적인 투자자들 사이에서는 선호 대상이지만 일반 투자자까지 영역이 확대되기에는 조금 이른 감이 있다.

오랜 역사와 안정적인 스테이블 코인 역사를 만들고 있는 USDS 역시 시장에서 다양한 불확실성에 노출되어 있는 게 스테이블 코인 시장의 현실이다. 이제 막 새롭게 시작하는 스테이블 코인을 발행하는 발행사나 신규로 떠오르는 스테이블 코인에 투자한다면 스테이블 코인의 리스크를 충분히 고려한 다음 보유하거나 활용해야 한다.

새롭게 부상하는 합성달러, USDE의 실험

스테이블 코인 시가총액 3위는 USDC이지만 시가총액 순위에 보여지는 3위는 USDE다. 이는 USDS가 DAI에서 리브랜딩 하면서 USDS의 전체 시가총액이 합산되지 않아서 보여지는 수치다. 스테이블 코인 시장에서 시가총액 3위는 USDS(구 DAI)이며, 시가총액 4위는 USDE라는 새로운 스테이블 코인이다. USDE는 기존 스테이블과 달리 고위험 고수익형 스테이블 코인이고 새로운 도전을 하고 있는 스테이블 코인이다. 수익 및

Name	Chains	% Off Peg	1m % Off Peg	Price	1d Change	7d Change	1m Change	Market Cap
1 Tether (USDT)	+91	0%	+0.10%	$1	< 0.0001%	+0.59%	+2.61%	$160.394b
2 USD Coin (USDC)	+111	-0.01%	-0.03%	$1	+0.22%	+2.46%	+3.39%	$63.423b
3 Ethena USDe (USDe)	+10	+0.10%	+0.10%	$1	0%	+0.45%	-9.57%	$5.33b
4 Sky Dollar (USDS)		-0.01%	-0.04%	$1	+0.12%	-4.66%	+12.07%	$4.37b
5 Dai (DAI)	+42	0%	-0.06%	$1	+0.34%	-0.04%	-1.20%	$4.322b

스테이블 코인 시가총액 순위(출처 : 디파이라마)

활용성이 다른 스테이블 코인에 비하여 높지만 아직 잠재되어 있는 리스크도 많이 존재하므로, 리스크를 충분히 고려하고 스테이블 코인 시장이 초기 발전 단계에 있다는 것을 확인해야 한다.

USDE 에데나랩스Ethena Labs에서 발행한 탈중앙화 스테이블 코인이다. 기존의 담보 기반 스테이블 코인이 아니라 합성 달러Synthetic Dollar 구조를 사용하여 달러 페깅을 유지하는 비 담보형 스테이블 코인이다. 합성 달러란 여러 금융상품을 '합성'하여 달러의 가치를 만들어 내는 디지털 자산이다. 실제 실물 달러나 전통 금융 자산과 직접 연동되지 않고 온체인(블록체인 위) 자산과 파생상품 조합을 통해서 달러 가치를 복제한다. 전통 금융자산이 아니라 100퍼센트 블록체인 기반의 자산을 활용해서 1달러의 가치를 만들어 내는 특징이 있다. USDSDAI와 유사하지만 방식이 조금 더 급진적이면서 암호화폐 선물시장과 이더리움 자산의 특징에 조금 더 밀접한 관계가 있다.

USDE는 사용자가 이더리움과 같은 암호자산을 에데나 스마트 컨트랙트에 예치할 때 새롭게 발행된다. 암호 자산을 담보로 하여 1달러 가치에 준하는 USDE가 발행된다. 담보물은 현물 자산으로 스마트 컨트랙트상에 보관이 된다. 이렇게 스마트 컨트랙트에 보관된 이더리움과 같은 자산에 대해서 선물 포지션 공매도Short를 오픈한다.

에데나 스마트 컨트랙트는 사용자가 담보로 맡긴 암호 자산에 대해서 현물과 함께 선물 포지션을 동시에 오픈하면서 시장에서 많이 활용되는 델타 중립 포지션이 형성된다. 일반적으로 델타 중립 포지션은 수익은 크지 않지만, 지속해서 수익을 낼 수 있는 전략으로 알려져 있다. 선물 포지션에는 포지션이 Long(롱), Short(숏)에 따라서 펀딩 수수료가 발생하게 된다. 이 펀딩 수수료를 에테나 스마트 컨트랙트에서 추가로 수익을 가져가게 되고 이 수익의 일부를 USDE 보유자에게 분배하는 구조다.

조금 더 쉽게 설명하자면 담보로 맡긴 암호화폐를 기반으로 스테이블 코인을 발행하고, 맡겨진 암호화폐를 선물시장에서 활용해서 발생한 수익으로 USDE 스테이블 코인 홀더들에게 수익을 배분하는 구조를 가지고 있다. 암호화폐 시장은 변동성이 크고 지속적인 성장세에 있기 때문에 선물시장에서 발생하는 다양한 수익 구조가 있다. 이러한 구조를 기반으로 USDE는 스테이블 코인을 유지하는 메커니즘이다.

일반적으로 USDT나 USDC는 담보물로 맡겨진 달러는 국채 매입에 활용되고 국채의 수익이 USDT나 USDC를 운용하는 운용사의 수익으로 스테이블 코인 발행 및 유지 관리를 할 수 있다. 에테나에서 발행한 USDE는 수익 구조가 국채 매입이 아니라 선물시장에서 발생하는 수익 구조를 활용하고, 모든 것을 스마트 컨트랙트로 자동화하기 때문에 운용비용이 기존 전통 스테이블 코인 운용사에 비하여 더 적게 생긴다. 이러한 특징으로 USDE는 기존 스테이블 코인 대비 고수익 기회가 발생하고 이런 고수익이 스테이블 코인 유저에게 공유되는 개념이다.

특히 USDE는 리스테이킹된 이더를 담보로 스테이블 코인을 발행한다. 기본적으로 리스테이킹된 이더자산의 연 수익률이 2~4퍼센트 정도 발생한다. 이 수익도 에테나 스테이블 코인의 수익으로 발생되고 USDE 보유자에게 공유된다. USDE가 2025년 12월 현재, 운용되는 수익구조는 담보로 맡겨진 스테이블 코인의 이자와 선물시장에서 생기는 펀딩비를 포함한 다양한 수익구조를 기반으로 운용 유지되는 스테이블 코인이다.

기존 담보 기반한 스테이블 코인 운영사에 비하여 가지는 장점으로는 전통 자산에 대한 담보가 불필요하므로 조금 더 블록체인 및 온체인에 특화되어 있는 특징이 있다. 달러를 담보로 하고 있지 않기 때문에 다양한 스테이블 코인 규제에도 조금 더 자유롭다. 전통 금융 방식의 금융 규제에서 조금 더 자유로우면서 탈중앙화 성격이 강하다. 시장에서 온체인 상으로 모든 게 투명하고 관리되므로 소액 유저들의 참여도 조금 더 활발하다. 더불어 다양한 파생상품 수익으로 스테이블 코인으로 고이율을 얻고자 하는 유저들의 참여가 많다. 신규 디파이나 신생 프로젝트에 USDE가 많이 활용되기도 한다.

하지만 다양한 리스크에 노출되어 있기도 하다. 아직은 신생 스테이블 코인이고 이러한 형태의 스테이블 코인이 시장에서 어떤 테스트를 거쳤는지에 대한 검증 자료가 부족하다. 그러므로 리스크를 충분히 고려하고 시장에서 어떤 성장을 이끌어내는지 살펴봐야 한다. 기본적으로 USDE의 유지는 선물시장의 펀딩 수익이다. 선물시장의 펀딩 수익은 일반적으론 델타중립 전략으로 유효하지만, 장기간 하락장이 지속되거나 시장의 급작스러운 변동성으로 시스템 지속 가능성에 리스크가 존재한다. 헤지 포지션이 강제 청산되거나 시장의 다양한 변동성에 헤지 전략이 무효가 될 수 있다. 또한 시장에서 충분하지 못한 유동성은 갑자기 유동성 고갈이 생기면 리스크가 발생한다.

시장에서 USDE가 1달러에서 벗어나도록 디패깅 공격을 시도하게 되면 다른 담보 자산 스테이블 코인에 비하여 취약점이 존재한다. 또한 스마트 컨트랙트 기반 자동화된 스테이블 코인이므로 스마트 컨트랙트 코드 취약성이나 해킹에 대한 리스크도 있다. 새로운 형태의 스마트 컨트랙트는 다양한 보안점검을 거치더라도 발견하지 못한 리스크가 존재할 수 있다. 이러한 리스크는 시간이 지나고 다양한 외부 공격을 견뎌내야 하는 시간이 필수적이다.

테라 루나와 같은 알고리즘 스테이블 코인과는 차이가 있지만 USDE 역시 시장에서 다양한 리스크에 대해서 충분히 테스트가 이루어지지 않았으므로 충분히 시장이 성숙해지고 합성달러스테이블 코인 시장에 대한 시장의 안정성 시기가 필요하다. 추가적으로 제도권에서 이러한 온체인 상에서 발생하는 스테이블 코인 규제에 대한 부분도 추가적으로 어떻게 만들어지는지를 지속해서 살펴봐야 한다.

가장 대표적인 탈중앙화 스테이블 코인인 DAI는 다양한 암호화폐를 담보로 하고 그 담보에 따른 청산 시스템으로 인하여 지금까지 잘 운영되고 스테이블 코인을 유지하고 있다. DAI 역시 초기에는 이더리움만을 담보로 하였지만, 시간이 지나면서 USDC와 같은 스테이블 코인을 담보로 하고 다양한 안전망을 갖추는 모습으로 발전했다.

USDE는 DAI와는 달리 시장의 메커니즘을 활용한 금융 구조화 상품으로 볼 수 있다. 선물시장의 펀딩 비율과 이더리움 스테이킹 시장에 대한 특성을 활용한 스테이블 코인이다. 아직은 초기 시장이므로 다양한 리스크에 노출되어 있으나, USDE 역시 DAI와 같이 다양한 리스크를 보완해가면서 발전해 나간다면 스테이블 코인 시장의 새로운 카테고리로 시장에서 자리 잡을 수 있을 것으로 기대된다. 하지만 일반 사용자라면 이러한 스테이블 코인은 리스크가 크므로 조심스럽게 접근해야 한다.

스테이블 코인 중
수혜 가능성 높은 코인은?

스테이블 코인은 안정적이면서도 복리 효과를 주는 수익을 줄 수 있지만 투자 개념으로 적합한 투자수익률을 주지는 않는다. 하지만 스테이블 코인과 연관된 코인을 살펴보면 스테이블 코인의 성장과 함께 투자수익도 함께 가져갈 수 있는 코인을 선별할 수 있다. 기본적으로 스테이블 코인은 플랫폼이 필요하다.

가장 대표적인 플랫폼은 이더리움이다. 지금까지 살펴본 주요 스테이블 코인인 USDT, USDC, USDS USDE까지 모두 이더리움에 가장 많은 스테이블 코인의 유통이 이루어지고 있다. 이러한 유통은 나중에도 더 많아질 것이고 스테이블 코인 시장이 커질수록 이더리움의 시장 영향력도 함께 커진다. 이더리움은 스테이블 코인만을 위한 플랫폼은 아니지만, 스테이블 코인 성장 시 가장 안정적이면서도 높은 수익을 기대할 수 있는 대표적인 코인이다. 플랫폼 코인 중에서도 가장 오래되었고 안정적이면서도 장기 투자가 가능한 몇 안 되는 코인 중의 하나다. 알트 코인 장기투자는 쉽지 않지만 장기적인 관점에서 스테이블 코인의 수혜주를 받을 코인으로 이더리움을 선택할 수 있다.

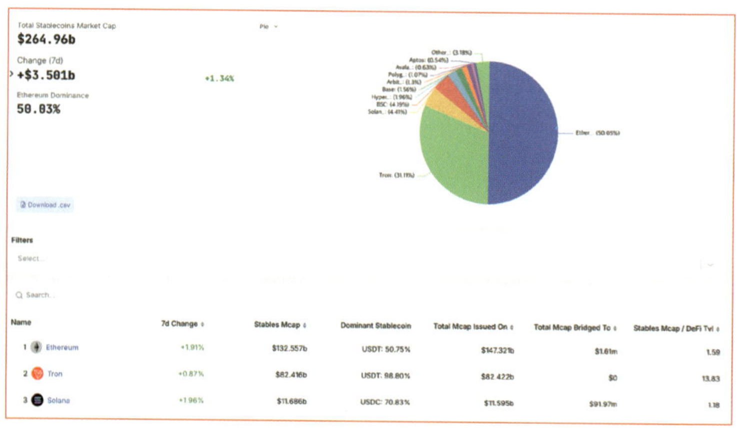

체인별 스테이블 코인 순위(출처 : 디파이라마)

스테이블 코인의 유통, 관리를 위해서는 플랫폼이 중요하다. 플랫폼마다 장·단점이 존재한다. 가장 안정적이면서 유통량이 제일 많은 플랫폼은 당연 이더리움이지만 타 플랫폼도 시장에서 다양한 니즈를 반영한다.

두 번째로 스테이블 코인 유통량이 많은 코인은 트론이다. 트론은 저렴하면서도 빠른 속도로 초기 USDT 시장 점유율을 많이 이끈 특징이 있다. 가장 시장에서 인정받는 이더리움과 큰 차이가 나지 않는 비율로 스테이블 코인이 유통되고 있다. 이런 특징을 잘 관찰하면 좋은 투자 관점을 얻을 수 있다.

알트코인 투자자 입장에서 스테이블 코인 관련 수혜주로 플랫폼 코인을 투자할 수 있다. 대표적인 스테이블 코인 플랫폼 코인은 이더리움, 솔라나, 트론이다. 트론이 솔라나 대비하여 스테이블 코인 비중이 더 높다면 스테이블 코인 시장 확대에 따른 수혜주는 솔라나보다 트론이 더 높을 것이라 기대하고 투자 결정을 할 수 있다. 물론 플랫폼 코인은 다양한 관점으로 투자를 진행해야 하지만, 스테이블 코인 활용지수를 플랫폼 코인 투자 시 참고할 수 있다. 플랫폼마다 특징이 있지만 트론은 테더의 USDT를 중심으로 두 번째로 많은 스테이블 코인이 유통되고 있는 시장이다.

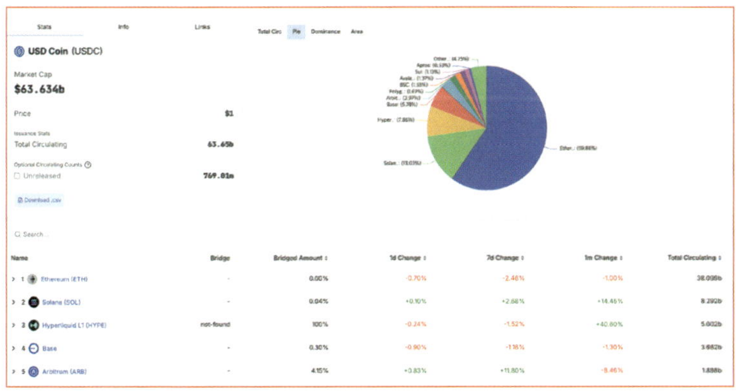

USDC 시가총액 상위 체인 리스트(출처 : 디파이라마)

단순히 전체 지표를 보고 투자하고 큰 관점에서는 트론이 스테이블 코인으로 주목받을 수 있지만, 조금만 시장을 다각도로 살펴보면 다른 관점도 있다. 스테이블 코인 시가총액 2위인 USDC를 기준으로 살펴본 순위는 앞 페이지의 이미지와 같다.

전체 스테이블 코인 시가총액 기준에서는 이더리움 다음 체인이 트론이었다. 스테이블 코인 시가총액 1위인 USDT의 유통이 트론에서 많이 발생하기 때문이다. 하지만 USDC를 기준으로 살펴보면 그 결과가 완전히 다르다.

1위는 이더리움이지만 2위는 솔라나다. 3위는 하이퍼리퀴드, 4위 베이스, 5위는 아비트럼이다. USDC는 미국규제 중심의 스테이블 코인이므로 레이어1 플랫폼에서 미국 중심의 플랫폼인 솔라나에서 USDC를 많이 활용한다. 규제 친화적인 입장에서는 USDT에 비하여 USDC가 조금 더 시장에서 안정적으로 여겨지기 때문이다.

레이어2인 베이스 역시 미국의 거래소인 코인베이스에서 출시한 플랫폼이며 이더리움 레이어2다. 5위인 아비트럼이 이더리움 레이어2인 점도 주목할 만하다. USDC는 이더리움과 솔라나, 이더리움 레이어2 중심으로 스테이블 코인이 유통되고 활성화되고 있다. 스테이블 코인 시가총액 1위인 테더에 비하여 규모는 작지만 성장 가능성을 고려했을 때에는 플랫폼 코인으로 USDC의 잠재적인 성장에 따른 수혜받을 코인과 전체 스테이블 코인 시장이 커졌을 때의 수혜받을 코인을 조금 구별해

줄 필요가 있다.

아직은 트론이 스테이블 코인으로 수혜를 받지만, USDT에 비하여 USDS의 성장 속도가 더 빠르다면 솔라나, 하이퍼리퀴드, 베이스 등이 수혜받을 가능성이 더 높아진다. 물론 스테이블 코인 시장은 다양한 역동성이 있고 잠재 가능성이 있기 때문에 시장에 숨겨진 기회도 많이 있다.

스테이블 코인 관련해서 플랫폼 코인의 수혜는 투자자들이 어느 정도 예상할 수 있는 영역이다. 조금 섬세하게 디파이라마 등의 수치를 통해서 조금 안정적으로 어떤 플랫폼 코인이 수혜받을 수 있을지 고려해서 투자 포트폴리오에 추가할 수 있다. 1차적으로 스테이블 코인 플랫폼 코인이 수혜를 받지만 조금 깊이 들어가면 숨겨져 있는 영역도 존재한다. 스테이블 코인이 다른 체인 간 이동될 때는 일반적으로 브리지가 활용된다. 브릿지는 비용과 보안 측면에서 좋지 않은 방법이다. 이러한 한계를 조금이라도 개선하고 있는 솔루션이 암호화폐 시장에 존재한다. 바로 오라클 솔루션으로 알려진 체인링크에서 개발한 CCIPCross-Chain Interoperability Protocol이다. 이는 서로 다른 블록체인 네트워크 간 안전하고 신뢰할 수 있는 메시지 및 전송을 가능하게 하는 솔루션인데, 브릿지보다 스테이블 코인을 보낼 때 조금 더 안정적인 방법으로 USDC 시장에서 많이 활용되고 있다.

예를 들어 솔라나의 USDC를 브릿지를 활용해서 이더리움으로 보내면 브릿지 리스크가 있다. 하지만 체인링크의 CCIP를 활용하면 체인링크가 오라클 솔루션 및 조금 더 개선된 보안 메커니즘을 활용하여 USDC를 다른 네트워크 간 보내고 받을 수 있게 해준다. 비용도 더 저렴하고 빨라서 크로스체인 간 스테이블 코인을 전송할 때 많이 활용되고 있다. 2025년 12월 기준, USDC에서 활용도는 높지만 USDT는 아직 활용되고 있지 않다. 앞으로 USDC가 시장 점유율을 높이게 되면 타체인간 USDS를 보내고 받을 수 있는 인프라를 구축하고 있는 체인링크가 함께 수혜받을 가능성이 높다.

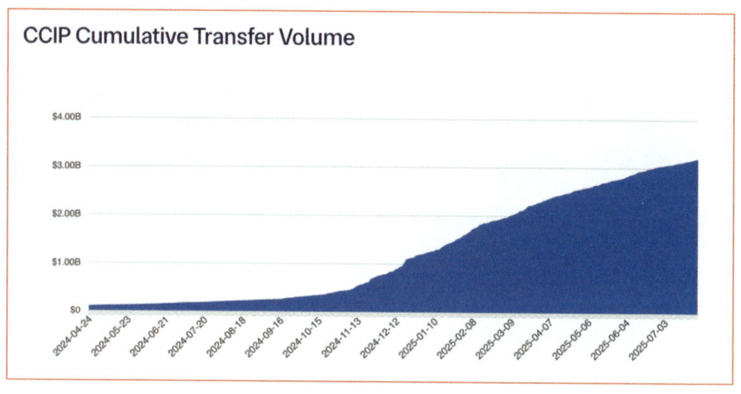

체인링크 범용 크로스체인 볼륨 변화(출처: 체인링크홈페이지)

체인링크의 CCIP는 스테이블 코인만을 위한 기술은 아니며 크로스체인간 다양한 자산을 보내고 받을 수 있게 해주는 핵심 기술이다. 브릿지보다 조금 더 개선된 형태라고 이해할 수 있다. 이처럼 시장에 조금 더 깊숙이 들어가면 스테이블 코인이 성장할 때 함께 할 수 있는 잠재력 있

      원화스테이블 코인이 바꾸는 돈의 판

는 알트코인의 시장을 파악할 수 있다. 일차적으로 주요 플랫폼 코인이 수혜받을 수 있고, 이차적으로 크로스체인 간 스테이블 코인을 안정적으로 보낼 수 있는 솔루션을 가지고 있는 체인링크가 수혜를 받게 된다.

디파이 시장으로 확대하면 신규 스테이블 코인을 발행하고 관리하는 메인넷 플랫폼도 수혜주가 될 수 있다. USDE를 발행한 에데나Ethena 같은 경우가 대표적인 신규 스테이블 코인 발행 수혜주인 메인넷 레이어1이다.

이제 막 시작한 스테이블 코인 시장이므로 암호화폐 생태계와 디파이, 다양한 신규 내러티브 시장을 이해한다면 투자 기회는 더 늘어날 수 있기 때문에 지속해서 시장의 변화를 체크하면서 다양한 투자 기회에 시의 적절한 대응과 투자가 필요하다. 스테이블 코인은 단순히 안정적인 수익을 내는 관점도 있지만, 스테이블 코인으로 인해서 낙수효과를 보는 코인도 많으므로 이를 분석하고 투자 포트폴리오에 추가하는 것도 좋은 투자 전략 중 하나가 될 수 있다.

원화스테이블 코인이 바꾸는 돈의 판

거래소 이자예금, 얼마나 벌 수 있나?

스테이블 코인은 변동이 없고 1달러에 고정되기 때문에 투자 대상으로 고려하지 않는 경우가 흔하다. 하지만 안정적인 수익을 목표로 하거나 트레이딩을 쉬는 기간 동안 지속적인 수익을 창출하기에 스테이블 코인은 매력적인 자산이다. 투자 시 제일 중요한 시드머니를 스테이블 코인으로 활용하면 안정적인 수익을 낼 수 있다. 스테이블 코인을 활용한 투자 방법은 다양하게 존재한다. 가장 리스크가 적으면서 누구나 손쉽게 할 수 있는 스테이블 코인 투자는 거래소에서 스테이블 코인을 활용하는 전략이다.

국내 거래소에서는 스테이블 코인을 보유하고 있더라도 이자가 발생하거나 활용할 수 있는 범위가 제한적이다. 원, 달러 환율 차이를 활용해서 달러 매수, 매도에 따른 환차익 수익을 낼 수 있는 방법으로 국내 거래소에서 스테이블 코인을 투자할 수 있다. 그리고 국내 거래소는 김치 프리미엄이 간헐적으로 발생한다. 국외 거래소에 비하여 국내 거래소가 더 비싸게 코인 가격이 형성되는 것을 김치 프리미엄이라고 한다. 이 김치 프리미엄이 발생하면 구매한 스테이블 코인이 달러 환율보다 더 비싸게 국내 시장에서 팔 수 있다. 국내 거래소에 스테이블 코인인 USDT를 사는 행위를 통해서 달러 가격 변동에 따른 수익을 낼 수 있는 방법만 가능하다.

하지만 국외 거래소에서 스테이블 코인을 보유하면 이야기가 달라진다. 글로벌 거래소 중 순위권 거래소인 바이낸스, 바이비트, OKX와 같은 메이저 거래소에서 달러 스테이블 코인을 활용한 다양한 서비스가 존재한다. 일반적으로 글로벌 거래소는 선물 거래소가 활발히 운용되기 때문에 사용자들이 보유하고 있는 스테이블 코인을 사용하고자 하는 수요가 많이 발생한다.

글로벌 거래소에 달러 스테이블 코인을 보유하면서 예금 서비스에 예치해 두면 이자가 생긴다. 이 서비스는 언제든지 출금할 수 있는 예금 서비스로부터 일정 기간 잠금 기간이 있는 서비스도 있다. 디파이를 직접 활용하기 어려운 사용자들을 위해서 디파이 서비스 플랫폼에 스테이블 코인을 예치하거나 유동성을 제공하는 서비스를 대행해 주기도 한다. 일반적으로 디파이 서비스는 지갑 설치부터 해킹의 위험까지 다양한 리스크가 있다. 그래서 초보 투자자는 활용하기 어렵다. 하지만 거래소에서 제공해 주는 디파이 대행 서비스는 해킹 위험으로부터도 안전하고 거래소가 일정 부분 보증해 주기 때문에 잘 알지 못하는 디파이 서비스를 사용함으로써 발생할 수 있는 리스크를 조금 줄여줄 수 있다. 거래소에서 손쉽게 누구나 디파이 서비스에 스테이블 코인을 예치하거나 유동성을 제공함으로써 조금 더 높은 수익을 낼 수 있는 방법이 있다.

국외 거래소는 예금 및 디파이 서비스 대행뿐만 아니라 '런치풀'이라고 하는 서비스도 있다. 이는 스테이블 코인을 일정 기간 예치하면 새로운 토큰이 거래소에 상장할 때 일정 부분 에어드랍을 해주는 서비스다. 스테이블 코인을 예치만 하면 되기 때문에 스테이블 코인에 대한 손실은 없고 추가적으로 에어드랍을 토큰으로 받으므로 이러한 서비스가 오픈할 때마다 주기적으로 참여하면 안정적인 수익을 기대할 수 있다.

대표적인 국외 거래소인 바이낸스, 바이비트, OKX 모두 USDT를 활용한 예치 서비스와 디파이 서비스 런치풀 서비스가 있다. 각 거래소마다 조건 및 제한에 차이가 있고 신규 토큰 에어드랍은 거래소마다 다르다. 각 거래소나 시기마다 장·단점은 있다. 그러므로 가능하다면 바이낸스, 바이비트, OKX 모두에 USDT를 보유한다. 그리고 그 상태에서 거래소별로 진행하는 USDT를 활용한 예치 서비스와 런치풀 서비스를 활용하면 지속적인 수익을 낼 수 있다.

국내 거래소에서 바이낸스, OKX, 바이비트는 모두 트레블룰이 적용된 거래소라서 동일한 이름으로 가입하고 KYC(신원인증)을 확인했으면 USDT를 제한 없이 보내고 받을 수 있다. USDT를 보내고 받을 때는 네트워크를 잘 확인하고 해야 한다. 인터넷에 USDT를 국외 거래소에 보내는 방법을 검색하면 많은 자료가 나와 있으니 최신 자료 위주로 검색해서 천천히 소액을 보내보면 생각보다 어렵지 않다는 것을 경험할 수 있다. 중요한 것은 국외 거래소로 USDT를 보낼 경우 항상 소액을 먼저 보낸 이후 다음으로 나머지 금액을 보낸다. 받는 주소를 잘못 기재하거나 네트워크를 잘못 선택해서 오입금하면 영원히 찾지 못하는 경우도 생기기 때문에 사전에 충분히 소액으로 테스트를 해 본 이후에 큰 금액을 옮기는 것이 좋다. 익숙해지더라도 실수할 수 있기 때문에 소액을 먼저 보내고 나머지 금액을 보내는 것을 습관화하는 것이 중요하다.

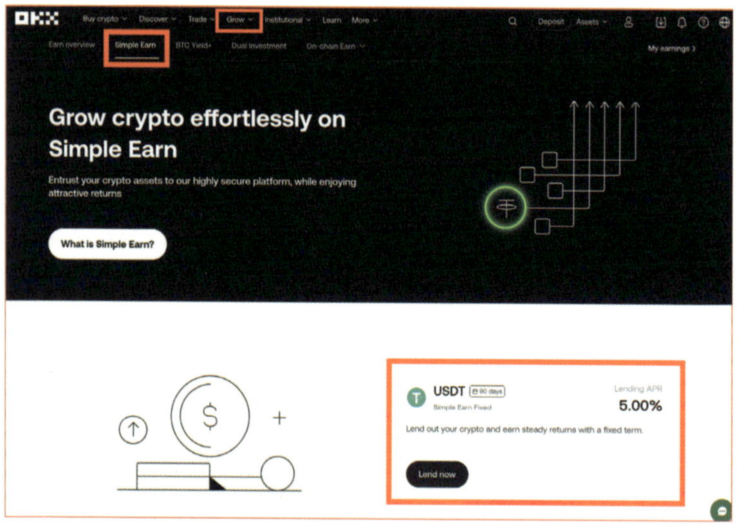

OKX 거래소 Simple Earn 메뉴(출처 : OKX)

국내 거래소에서 국외 거래소로 USDT를 보낸 이후에는 해당 국외 거래소에서 예금 및 런치풀 등에 기회가 있을 때마다 참여한다. 지금부터는 OKX 거래소를 기준으로 USDT를 활용할 수 있는 방법을 간단히 소개하겠다.

OKX 거래소 메뉴에서 그로우-심플 언Grow-Simple Earn 메뉴를 들어가면 USDT에 대한 예금을 진행할 수 있다. 전 페이지 이미지에 보이는 USDT의 예금 이자는 APR 기준으로 5퍼센트이다. APR은 애뉴얼 퍼센티지 레이트Annual Percentage Rate의 약자로 1년 기준으로 환산한 이율을 의미한다. 이 이율은 시장의 상황에 따라 매번 변동된다. 작게는 2~3퍼센트에서 시장이 불장일 때는 10퍼센트 이상 넘어가는 경우도 종종 발생한다. 그러므로 USDT로 예치를 해두면 시장 상황에 따라서 이자가 변동으로 지속해서 지급된다. USDT를 1만 달러 예치해 두면 시간이 지나면 USDT가 늘어가는 것을 확인할 수 있다.

일반적으로 이런 예치 상품은 잠금 기간이 없고 언제든지 출금이 가능하다. 리스크 중에서도 거래소에 대한 리스크를 고려해야 하는데, 일반적으로 글로벌 탑3 거래소인 바이낸스, OKX, 바이비트 정도는 안정적인 편이다. 하지만 거래소 리스크가 있으므로 자금이 많다면 바이낸스, 바이비트, OKX에 각각 분산해서 관리하는 것이 위험 관리에 있어서 중요하다. 자금이 크지 않다면 세 군데 거래소까지 분산할 필요는 없다. 개인 상황과 투자 리스크 고려 정도에 따라서 적절하게 분산하면서 관리한다.

거래소마다 디파이 서비스를 대행해 주는 서비스가 존재한다. 그로우 심플 언Grow-Simple Earn 메뉴에서 온 체인 언On-Chain Earn 메뉴를 선택하면 디파이 서비스 중 일부를 활용할 수 있다. 매번 시기에 따라서 다른 디파이 서비스 중 일부를 대행해 주는데, 아래의 예는 대표적인 디파이 예금, 대출 서비스인 에이브AAVE와 컴파운드Compound를 사용할 수 있게 해준다.

디파이를 직접 활용할 수 있는 사용자가 많지 않기 때문에 거래소에서 제공해 주는 서비스를 활용하면 조금 쉽게 디파이에 접근할 수 있다. 동일하게 USDT를 예치하고 이자를 받는 서비스인데, 이는 거래소가 아닌 실제 디파이 서비스에 USDT를 예치하고 해당 디파이 서비스의 이자를 받게 된다. 그 중간 역할을 거래소가 제공해 주고 일부 수수료를 거

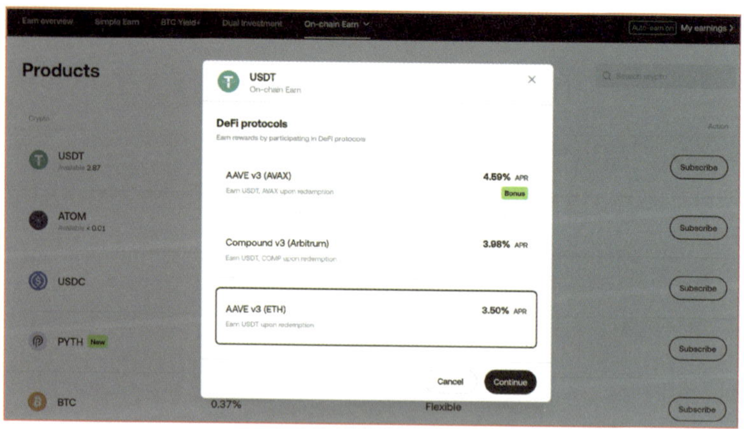

OKX 디파이 예치 대행 서비스(출처:OKX)

래소에서 가져가는 구조로 운용된다.

거래소에 단순히 예치하는 것보다는 시장 상황에 따라서 조금 더 높은 수익을 기대해 볼 수도 있다. 하지만 해당 디파이 서비스의 리스크에 대해서 거래소가 보장해 주지는 않는다. 그러므로 해당 디파이 서비스는 어떤 특징과 리스크가 있는지 사전에 충분히 분석해 본 다음 거기에 참여해야 한다.

USDT를 활용할 수 있는 또 하나는 런치풀 서비스다. OKX의 런치풀 서비스는 한국에 제한이 있어서 사용이 어렵다. 런치풀 서비스는 바이낸스 및 바이비트에서 가능한데, 둘 중에서 바이비트가 일반적으로 가성비가 좋은 편이다.

런치풀은 일반적으로 참여할 수 있는 최대치에 제한이 있다. 적게는 3천 달러부터 많게는 1만 달러까지 제한이 있으며 런치풀이 오픈될 때마다 조건과 자격이 다르다. 그래서 조건과 자격이 되고 여유 USDT가 있다면 최대한 참여한다. 참여하는 기간 동안은 짧게는 일주일에서 길게는 2주일 정도 USDT를 출금하는데 제한이 걸리기도 한다. 따라서 참여하기 전에 상세 조건을 잘 살펴보아야 한다.

일반적으로 금액에 대한 제한과 기간 부분을 꼭 점검해야 한다. USDT로 해당 토큰을 사는 것은 아니므로 손실 없이 추가적인 수익이 가능하다. 다음 페이지의 이미지는 바이비트 런치풀 메뉴다. 이미 지난 런치풀인데 CUDIS라는 신규 토큰에 대해서 CUDIS와 BBSOL과 USDT

로 참여할 수 있는 것을 확인할 수 있다. 일반적으로 해당 토큰인 CUDIS로 참여하면 더 많은 토큰을 받을 수 있지만 토큰 가격 하락에 따른 리스크가 따른다.

BBSOL은 바이비트에서 스테이킹 된 솔라나 토큰을 의미하는데, 이 솔라나 토큰으로 런치풀에 참여할 수 있다. CUDIS보다는 작지만 높은 이율을 제공한다. 하지만 역시 솔라나 가격 하락에 따른 손실이 발생할 수 있다. 마지막으로 표시된 것은 USDT 풀이다. USDT는 스테이블 코인이므로 참여에 따른 손실이 없다. 손실을 고려한다면 USDT로 참여한 자금이 일정 기간 사용하지 못한다는 점만 이해하면 된다. 해당 런치풀 기간동안 USDT를 참여하면 이를 기준으로 CUDIS를 연이율 17퍼센트에

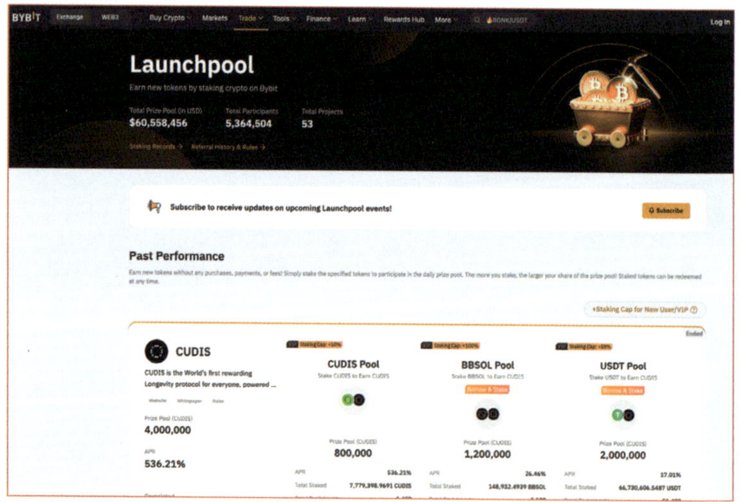

바이비트 런치풀 메뉴(출처 : 바이비트)

해당하는 금액으로 산정해서 토큰을 배분한 것을 확인할 수 있다.

런치풀에 참여할 때 고려해야 할 부분은 '이율이 처음에 공지할 때에 비하여 줄어든다'는 사실이다. 일반적으로 런치풀이 오픈되면 APR이 1,000퍼센트가 넘어간다. 아직 전체 에어드랍될 토큰에 비해서 참여자 수가 적기 때문에 이율이 높게 보인다. 시간이 지나면서 이 이율이 줄어들기 때문에 단순히 런치풀 참여 시기에 이율만 보고 참여하면 안 된다. 얼마나 많은 참여자가 있을지, 해당 토큰이 얼마나 가치가 있을지도 고려해야 한다. 수익은 토큰이 거래소에 상장되고 난 이후 가격이 변동되기 때문에 정확히 예측하기 어렵다. 그래서 큰 수익을 보기보다는 USDT로 안정적인 추가 이익을 얻기 위해서 참여한다.

런치풀에 참여했다면 토큰을 에어드랍 받은 이후에 좋은 시기에 매도하는 것도 중요하다. 일반적으로 토큰이 상장한 다음 가격이 많이 오르기 때문에 참여한 런치풀에 대해서 언제 토큰을 받게 되고, 해당 토큰이 언제 거래소에 상장되는지 일정을 체크해서 가장 적절한 가격에 매도하는 전략도 중요하다. 런치풀에 참여한 토큰이 괜찮게 보인다면 조금 오랫동안 홀딩하고 있다가 더 나은 가격에 매도하는 것도 좋은 전략이 될 수 있다. 하지만 이는 매매 영역에 속하기도 하고, 시장 상황에 따라서 매번 변하기도 한다. 따라서 일반적으로는 토큰을 받은 이후 거래소에서 바로 매도하는 것이 평균적으로 괜찮은 수익을 보장하는 편이다.

디파이 스테이블 코인 투자 따라하기

디파이는 탈중앙화된 금융서비스다. 디파이에서는 스테이블 코인을 활용하면 더 높은 수익을 창출할 수 있다. 다만 디파이는 다양한 리스크가 존재하고 일정 기간 충분한 학습이 필요하다. 지갑을 설치해서 관리해야 하고 지갑으로 스테이블 코인을 보내야 하고 레이어1 및 각 체인별 특징을 이해해야 한다.

디파이 자체 리스크도 있고 지갑 관리 등 다양한 방면에서 충분히 리스크를 알고 투자해야 한다. 초보자라면 파트2의 에어드랍 실전 투자 및 디파이 시장을 통해서 충분히 디파이 시장에 관해 이해한 다음 참여하는 것이 좋다. 디파이 시장을 이해하기 위해서 에어드랍을 하면 무료로 충분히 시장에 대한 이해를 넓힐 수 있고, 부가적인 수익을 낼 수 있다. 따라서 무료 에어드랍 작업으로 시장에 대한 충분한 이해를 한 뒤에 디파이 서비스에 스테이블 코인 투자를 활용한다. 정확한 정보와 지식

없이 디파이에 스테이블 코인에 투자하면 다양한 리스크에 노출되고 수익보다 실패를 맛보는 경우가 많다. 해킹이나 다양한 리스크에 노출되어서 초보자가 하기에는 적합하지 않다. 초보자라면 중앙화 거래소에서 스테이블 코인으로 활용할 수 있는 예금이나 런치풀 서비스로도 충분하다. 무료 에어드랍 작업을 통해서 디파이 서비스 시장에 대한 충분한 이해가 된 다음에는 소액으로 조금씩 해보면서 실전 디파이에서 스테이블 코인을 활용할 수 있다.

실전 디파이 서비스에서 스테이블 코인을 활용하기 위해서는 디파이라마 홈페이지Categories-Lending 서비스에서 스테이블 코인의 손실 없이 투자할 수 있다. 탈중앙화 거래소에 유동성을 공급하는 방법도 있으나, 방법이 조금 더 복잡하고 까다롭기 때문에 초보자는 랜딩Lending 서비스

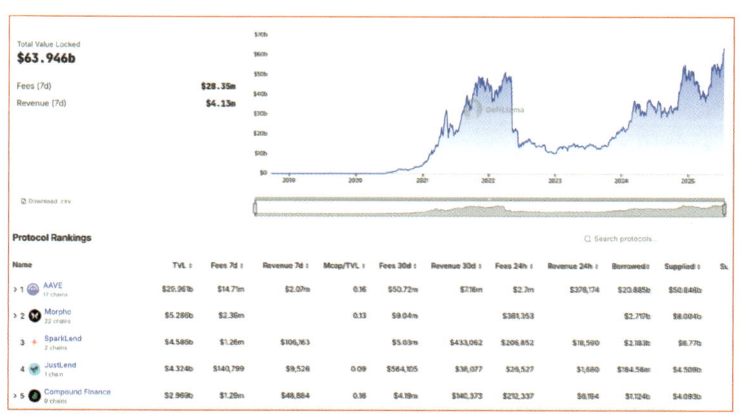

랜딩(Lending) 프로토콜 순위(출처 : 디파이라마)

에서 스테이블 코인을 예치하는 것으로도 충분하다.

디파이라마 랜딩 카테고리를 보면 순위별로 디파이 서비스를 확인할 수 있다. 다양한 랜딩서비스가 있지만 TVL**Total Vauled Lock** 순위가 높은 상위 디파이 서비스를 활용하는 것이 좋다. 최소 상위 10위권 이내가 안전하고 조금 더 보수적으로 보면 5위권 이내의 서비스를 활용하거나 1위인 에이브**AAVE**만 활용하는 방법도 있다. 순위가 내려갈수록 조금 더 이자는 높을 수 있지만 리스크가 조금 더 증가할 수 있다고 볼 수 있다.

에이브를 기준으로 설명하면 에이브 홈페이지에 접속한 후 체인을 선택해야 한다. 가장 기본이 되는 이더리움부터 아비트럼 같은 레이어2 체인이 있다. 모든 체인이 가능하나 이더리움은 수수료가 조금 더 비싸고 다른 레이어1은 수수료가 저렴하다. 사용 방법은 지갑에 해당 체인의 메인 토큰을 입금 후 스테이블 코인도 입금한 뒤 서비스에 예치해야

Asset	Total supplied	Supply APY	Total borrowed	Borrow APY, variable
Ethereum ETH	2.55M $8.82B	2.14 %	2.36M $8.16B	2.72 %	Details
Wrapped eETH weETH	1.91M $7.09B	< 0.01 % 2.00 % ● 3x	1.52K $5.65M	1.02 %	Details
Wrapped liquid sta... wstETH	1.21M $5.05B	0.07 %	235.19K $984.51M	0.39 %	Details
Wrapped BTC WBTC	42.72K $5.03B	< 0.01 %	1.48K $174.44M	0.17 %	Details
Tether USDT	4.70B $4.70B	10.86 %	4.50B $4.50B	12.71 %	Details
USD Coin USDC	3.48B $3.48B	3.91 %	2.94B $2.94B	5.18 % 2.00 % ●	Details

에이브 예금 및 대출 서비스(출처 : 에이브)

한다. 메인 토큰은 수수료로 사용되고 스테이블 코인을 지갑에서 에이브 서비스의 예치 서비스에 예금을 맡기고 이자를 받을 수 있다.

에이브 홈페이지에서 마커스**Markets**를 선택하면 예금 가능한 토큰이 표시된다. 지갑을 연결한 다음 스테이블 코인을 선택 후 예금을 실행하면 된다. 옆 페이지 이미지에서 테더 사에서 발행된 USDT는 예금 이자가 10.86퍼센트이고 USDC는 3.91퍼센트다. 이 이율은 1년 기준 이율인데 시장 상황에 따라서 변동된다. 일반적으로는 3-4퍼센트 정도를 유지하고 시장이 불장일 때 예금 및 대출 이자가 많이 올라간다.

디파이라마에서 랜딩서비스 중 모르포**Morpho**도 또 다른 선택지가 될 수 있다. TVL 순위가 2위이므로 어느 정도 안정적으로 활용해 볼 수 있다.

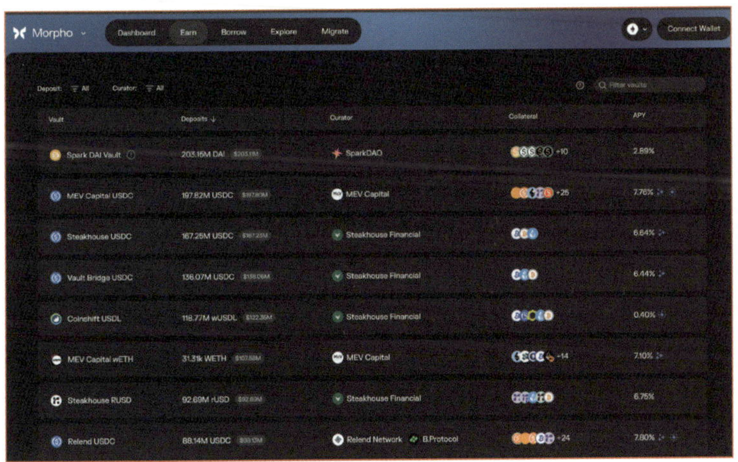

모르포 랜딩 서비스(출처:모르포 홈페이지)

모르포 랜딩 서비스에는 다양한 전략이 포함되어 있다. 하나의 체인이 아닌 여러 체인에 다양한 전략 등을 활용해서 예치금을 활용한다. 에이브는 단일 체인에서 안정적으로 해당 자산을 예치하고 이자를 받지만, 모르포는 다양한 체인에 여러 디파이 서비스를 활용하여 높은 APR을 찾아서 제공해 준다. 다만 단순히 APR만 보고 참여하는 것이 아니라 전략을 이해하고 참여해야 한다. 일부 전략은 손실이 발생할 수 있는 풀도 존재하기 때문이다. 예금 상품에만 활용되는 게 아니라 유동성 풀로도 제공되므로 예상 APR에 비하여 수익률이 떨어지거나 다양한 상황에서 전략별로 일부 손실이 발생할 가능성도 있다. 따라서 높은 APR은 전략에서 손실 여부가 있는지도 꼼꼼히 점검해 보고 참여한다.

랜딩서비스 초보자라면 에이브만으로도 충분하고 다양한 디파이 서비스를 활용해 보았고, 서비스에 대한 이해가 높다면 모르포 랜딩 서비스에서 자신에게 맞는 전략을 활용해 보는 것도 스테이블 코인을 활용해서 높은 수익을 낼 수 있는 좋은 방법의 하나가 될 수 있다.

추가로 파트2 에어드랍 실전 투자 및 디파이 시장의 내용을 이해하고 실제 에어드랍 작업을 하면 다양한 디파이 서비스를 경험하게 될 것이다. 이 중에서 스테이블 코인을 활용하여 탈중앙화 거래소에 유동성을 공급하는 서비스도 존재하고, 신규 서비스는 높은 이율을 제공하는 경우도 많다. 신규 서비스는 리스크를 고려해서 참여해야겠지만, 다양한 에어드랍 작업을 하면서 디파이 시장을 깊이 이해한다면 스테이블 코인을 활용한 높은 수익을 내는 전략도 사용해 볼 수 있다. 다만 리스크가 있고 디파이 서비스에 대한 깊은 이해가 필요하므로 충분히 무료나 소액으로 테스트를 해 본 다음 참여한다.

모든 디파이는 다양한 리스크에 노출되어 있으므로 리스크를 항상 고려하고. 디파이 라마에서 순위권에 있는 디파이 서비스 위주로 참여하는 것이 보다 안정적인 투자 방법일 수 있다.

스테이블 코인 이자율 비교와 리스크 체크

스테이블 코인은 종류도 많고 이자도 모두 다르다. 가장 대표적인 스테이블 코인인 테더 사의 USDT와 서클 사의 USDC는 가장 안정적인 스테이블 코인이지만 디파이나 거래소에 예금 시의 이자가 다르다. 시가총액이 낮은 스테이블 코인으로 내려갈수록 더 높은 이자를 지급하는 스테이블 코인이 많다. 단순히 높은 이자에만 투자한다면, 다양한 리스크에 노출되어 큰 손실이 생길 수 있다는 위험성을 투자자는 늘 인지해야 한다.

가장 유동성이 많은 테더 사의 USDT 역시 투명성이 부족하다는 시장의 잠재적인 리스크가 있다. 서클 사의 USDC는 비교적 안정적인 스테이블 코인으로 평가받고 있지만, 미국 규제의 변화에 따른 리스크가 존재한다는 의견도 있다. 그러므로 모든 스테이블 코인에 대해서 기본적으로 어떤 리스크가 있는지 충분히 고려한 다음 스테이블 코인을 투자하고 활용해야 한다. 특히 이자를 많이 지급하는 스테이블 코인일수록 리스크 범위를 최대한 고려한 다음 투자하는 습관이 필수적으로 필요하다.

아래 이미지는 대표적인 스테이블 코인이다. 시가총액 100위 권에 속하는 스테이블 코인 종류가 있으며, 대표적인 USDT와 USDC를 제외하고는 시가총액이 큰 차이가 난다. USDT와 USDC는 시장에서 어느 정도 안정적인 궤도에 있으며, USDS 및 에테나의 USDE는 시장에서 성공적인 스테이블 코인으로 성장하기 위한 과정에 있다고 볼 수 있다. 다른 스테이블 코인은 초기 스테이블 코인 시장을 노리고 있으므로 리스크는 더 크며, 단기적으로 예금 및 디파이 활용 시 높은 이자를 줄 수 있는 스테이블 코인으로 분석할 수 있다.

	#	Coin		Price	1h	24h	7d	24h Volume	Market Cap
☆	4	Tether USDT	Buy	$1.00	▲ 0.0%	▲ 0.0%	▲ 0.1%	$151,908,170,153	$160,362,712,581
☆	7	USDC USDC	Buy	$0.9998	▼ 0.0%	▲ 0.0%	▼ 0.0%	$14,855,671,443	$64,818,595,764
☆	27	USDS USDS		$0.9998	▼ 0.0%	▼ 0.0%	▲ 0.0%	$5,440,797	$6,789,426,056
☆	28	Binance Bridged USDT (BNB Smart Chain) BSC-USD		$0.9991	▼ 0.0%	▼ 0.2%	▼ 0.4%	$4,971,898,299	$6,782,188,843
☆	34	Ethena USDe USDE		$1.00	▼ 0.0%	▲ 0.0%	▲ 0.0%	$276,572,432	$5,608,093,953
☆	40	Dai DAI	Buy	$1.00	▼ 0.0%	▲ 0.0%	▲ 0.0%	$135,977,668	$3,662,161,228
☆	59	USD1 USD1		$1.00	▲ 0.0%	▼ 0.0%	▼ 0.1%	$325,499,907	$2,205,246,794
☆	84	First Digital USD FDUSD		$0.9973	▼ 0.1%	▼ 0.2%	▼ 0.1%	$6,039,871,279	$1,461,231,400
☆	85	USDtb USDTB		$1.00	▼ 0.0%	▲ 0.0%	▲ 0.0%	$11,055,819	$1,459,051,728

스테이블 코인 시가총액 순위(출처: 코인게코)

디파이 랜딩 플랫폼 중 가장 안정적이면서 신뢰할 수 있는 에이브에서 예금 자산으로 활용되는 스테이블 코인은 시장에서 어느 정도 안정권에 있다. 하지만 높은 이자를 지급하고 있다면 여전히 리스크를 충분히 고려한 후 스테이블 코인을 선택한다. 스테이블 코인의 리스크는 일반적인 코인 리스크보다 더 크다는 걸 인지하고 있어야 한다. 스테이블 코인에 투자하는 것은 가장 안정적이면서 지속적인 작은 수익을 고려하는 투자이므로, 스테이블 코인 디패깅 사건 등으로 스테이블 코인이 1달러를 유지하지 못한다면 큰 손실로 이어질 수 있기 때문이다. 그래서 다른 코인 투자에 비하여 더욱 더 스테이블 코인은 보수적으로 접근해야 한다.

특히 신생 스테이블 코인은 단기적으로 이자를 노리거나 디파이에서 활용하는 것이 좋고 전체 자산의 리스크 관리를 충분히 하면서 접근해야 한다. 아직은 시장이 초기이므로 어떤 잠재적인 사고가 발생할지 정확히 예측하기 어렵기 때문이다.

다음 페이지의 이미지는 에이브에 스테이블 코인을 예치할 때 예금 이자와 대출 이자 비교표다. 이 이자는 시장 상황에 따라서 변동이 발생하기 때문에 항상 똑같지 않다. 테더 사의 USDT는 예금 이자가 4.52퍼센트이며, 대출은 5.57퍼센트다. USDC는 예금이자는 4.11퍼센트이며 대출 이자는 5.31퍼센트다. 예치된 금액이 USDT는 49억 달러이며 USDC는 34억 달러다. 조금 아래로 내려오면 USDE 스테이블 코인에 대한 예치금

Asset	Total supplied	Supply APY	Total borrowed	Borrow APY, variable ⓘ	
Wrapped BTC WBTC	43.03K $ 5.14B	< 0.01 %	1.46K $ 175.02M	0.17 %	Details
Tether USDT	4.97B $ 4.98B	4.52 %	4.51B $ 4.51B	5.57 %	Details
USD Coin USDC	3.47B $ 3.47B	4.11 %	3.01B $ 3.01B	5.31 % 2.00 % ●	Details
Coinbase Wrapped… cbBTC	14.96K $ 1.79B	< 0.01 %	556.64 $ 66.63M	0.19 %	Details
PT sUSDe July PT sUSDe July	1.32B $ 1.32B	0 % 1x ●	—	—	Details
rsETH rsETH	306.63K $ 1.14B	< 0.01 %	48.29 $ 179.39K	< 0.01 % (Disabled)	Details
Staked ETH osETH	232.64K $ 865.46M	< 0.01 %	9.06 $ 33.70K	< 0.01 %	Details
USDe USDe	483.97M $ 484.12M	12.60 % 25x ●	411.58M $ 411.71M	20.45 %	Details

스테이블 코인 예금 이자 비교(출처: 에이브)

과 이자를 확인할 수 있다.

예치금은 4억 8천만 달러이며 예금 이자는 12.6퍼센트 대출이자는 20.45퍼센트다. 이자가 USDT 및 USDC에 비하여 높지만 예치금은 작은 것을 확인할 수 있다. 일반적으로 예치금의 규모로 안정성을 파악할 수 있고 이자가 높을수록 리스크가 증대한다. 현명한 투자자라면 스테이블 코인 비중을 USDT 40퍼센트, USDC 40퍼센트, USDe 20퍼센트 정도로 분산해서 보유하면서 예금에 활용할 수 있다. 이자가 높은 만큼 리스크가 증가하므로 포트폴리오에서 비중을 줄이는 전략을 습관화해야 한다.

스테이블 코인 중 시가총액이 높을수록 조금 더 안정적이고, 대표적인 랜딩서비스인 에이브에서 활용할 수 있는 코인이 시장에서 조금 검증된 스테이블 코인으로 볼 수 있다. 랜딩서비스도 시가총액이 낮고 신규 서비스가 많다. 보통 신규 랜딩서비스와 시가총액이 낮은 스테이블 코인은 리스크가 크지만 일반적으로 높은 이율을 초기에 제공한다. 따라서 단순히 이율만 보고 접근하기보다는 얼마나 안정적이고 잠재된 리스크가 없는지를 분석해 보는 게 중요하다. 이 분석이 어렵다면 시가총액이 높고 에이브를 포함한 순위권 랜딩서비스에 있는 스테이블 코인에 투자하는 방식을 선택할 수 있다.

USDT와 USDC는 시장에서 어느 정도 안정화 단계에 있다고 볼 수 있지만 다른 스테이블 코인은 여전히 초기 단계이고 리스크가 완전히 시장에서 노출된 상황이 아니므로 보수적으로 접근한다. 단순히 높은 이자에 안정적인 수익을 목표로 투자했다가 큰 손실을 볼 가능성은 여전히 있다. 물론 가능성은 적지만 USDT와 USDC도 시장에서 안정화 단계에 이르기 위해서는 조금 더 시간이 필요하다.

USDT 및 USDC를 포함한 모든 스테이블 코인은 달러에 비해서 리스크가 더 크며 국채보다 더 리스크가 있다는 것을 기본적인 전제로 투자해야 한다. 예를 들어 원화를 1금융권이 아닌 2금융권에 예금했을 때 1억 원까지 보장받는다. 이 의미는 1억 원까지는 2금융권에 예금 시 보장해 주지만 그 이상은 은행이 부도나면 받지 못할 가능성이 있다는 것을 의미한다.

2금융권이 일반적으로 조금 더 높은 이자를 주지만 부도의 가능성은 1금융권 보다 높고 부도가 날 때 1억 원 이상은 받지 못할 가능성을 염두에 두고 예금해야 한다. 스테이블 코인도 이와 유사하다. 1금융권에 있는 현금이 달러 자산이라면 스테이블 코인은 2금융권 혹은 그 이상의 금융권에 예치한 달러 자산으로 이해할 수도 있다. 아직은 시장이 초기이므로 안전하다고 이야기 하나, 만일의 사태가 발생하면 일정 부분 리스크가 생길 수 있다는 사실을 이해하는 것이 중요하다. 1달러 스테이블 코인은 1달러와 같지만, 시장의 급격한 변동성과 위기에는 1달러와 같지 않을 수도 있다는 사실을 기본적인 전제로 두고 스테이블 코인을 보유하거나 활용하는 자세가 필요하다.

원금은 지키고 수익은 챙기는
투자 전략

스테이블 코인 투자는 매력적인 투자 중 하나다. 기본적으로 스테이블 코인 투자는 달러스테이블 코인을 기본으로 한다. 국내 거래소에서 쉽게 달러와 같은 가치를 가지는 테더 사의 USDT를 매수 및 매도할 수 있다. 단순히 국내 거래소에서 USDT를 매수, 매도하는 행위를 통해서 달러에 투자하는 것과 같은 효과를 가져온다. 때로는 달러보다 USDT가 더 비싼 경우도 있는데, 이는 국내 거래소에서 간헐적으로 발생하는 김치 프리미엄 효과 때문이다. 시장 상황에 따라서 김치 프리미엄까지 붙는다면 단순히 원화를 달러로 교환해서 은행에 보유하고 있는 것보다 더 높은 수익을 제공해 준다. 그러므로 달러를 투자하는 투자자라면 스테이블 코인 투자를 고려해 볼 수 있다. 국내 거래소는 역逆 김치 프리미엄이 발생하기도 한다. 다시 말해 국내 거래소 가격이 글로벌 거래소보다 더 저렴하게 살 수 있게 된다. 역 김치 프리미엄이 발생하고 달러 가격이 하락세일 때 USDT를 매수한 뒤 김치 프리미엄이 발생하고, 달러 가격이 상승세일 때 매도하면 높은 수익을 낼 수 있다.

아직 코인 거래는 세금이 없기 때문에 거래에 따른 수수료 이외에 수익 발생에 대한 세금 부분도 이점으로 작용한다. 물론 일반적인 외화 보유에 대한 환차익은 세금이 없다. 하지만 달러를 예금하여 받는 이자수익은 세금이 발생한다. USDT는 아직 국내 거래소는 예금 상품이 없어서 이자수익이 없지만 국외 거래소를 활용하면 이자수익에 대한 세금 부분도 절세가 가능하다.

국내 거래소에서 조금 확장해서 국외 거래소에서 스테이블 코인을 활용하면 다양한 추가 수익이 발생한다. 기본적으로 원·달러 환율에 따른 환차익 수익은 기본이고, USDT를 활용하여 예금에 대한 이자와 거래소마다 진행하는 코인 에어드랍에 USDT로 참여하여 손실 없이 추가적인 에어드랍으로 수익을 낼 수 있다. 일반적으로 USDT로 참여하여 얻는 에어드랍 수익이 많지는 않지만, 때에 따라서 큰 수익을 내는 일도 종종 있다. 꾸준히 참여한다면 기본적인 USDT에 대한 이자 수익 5퍼센트에서 추가적으로 에어드랍 참여에 따른 수익을 5~20퍼센트 정도 고려할 수 있다. 최소 5퍼센트에서 많게는 25퍼센트까지 지속해서 달러 자산에 대한 이자의 복리 효과를 누리게 된다.

시장이 불장일 경우는 기본 USDT 예금 이자도 높아진다. 일반적인 시장 상황에서는 5퍼센트 정도에 불과하지만, 시장이 불장일 경우는 20퍼센트까지 단기적으로 이자 수익이 올라간다. 결국 스테이블 코인을 국외 거래소 및 다양한 디파이에 활용할 수 있는 능력을 높이면, 안정적이면서도 지속해서 현금자산을 늘려갈 수 있다. 시드를 모으거나, 시장에서 투자를 쉬어갈 때도 모두 좋은 자산이다.

스테이블 코인은 투자할 때 기본적으로 리스크를 고려한 범위에서 가지고 가야 할 자산인 것은 분명하다. 하지만 완전히 안정적이면서 수익을 꾸준히 낼 수 있는 자산은 없다. 스테이블 코인도 다른 코인에 비하면 안정적이지만 다양한 리스크에 노출되어 있다. 그래서 리스크를 충분히 고려해 보고 투자를 결정해야 한다. 리스크는 시장 상황에 따라 변하지만 2025년 12월 기준, 시장에서 스테이블 코인에 대한 리스크와 투자 방법에 대한 기본적인 가이드를 살펴보겠다.

가장 시가총액이 높고 유동성이 충분한 USDT는 기본적으로 국외 거래소에서 거래하기 위해서 필요한 핵심 자산으로 이자 역시 다양하게 활용할 수 있다. 가장 유동성이 높고 안정적이면서도 시장에서 활용을 많이 한다. 하지만 USDT는 미국 규제 범위 밖에 있고 투명성에 논란이 지속되고 있으므로, 100퍼센트 신뢰해서 완전히 안전자산으로 보유하기에는 리스크를 고려해야 함은 분명하다. 당장 USDT가 큰 문제에 직면할 부분은 적지만 잠재적인 리스크가 발생할 수 있는 여지가 있다고 볼 수 있다. 리스크를 고려한다면 달러나 채권보다는 리스크가 크고 1금융권에 맡겨진 자금이지만 경제 불황이나 급격한 시장 변동에 따른 부도의 가능성이 존재하는 1금융권에 맡겨진 자금이라고 생각해 볼 수 있다. USDC는 기본적으로 USDT의 리스크를 동일하게 가지고 있다.

하지만 USDT에 비하여 투명하고 미국 규제의 관리 감독 하에 있으므로 조금 더 장기적인 관점에서 신뢰할 수 있다. 중앙화 거래소에는 아직 USDC가 많이 활용되고 있지 않지만 디파이 시장에서는 USDC의 선호도가 더 높다. 특히 이더리움 레이어2인 베이스 체인이나 솔라나 등 미국 중심의 체인에서는 USDC의 선호도가 더 높은 편이다. 중앙화 거래소에서 단순히 예금과 코인 에어드랍 참여에 참여하기 위해서는 USDT가, 디파이에서 활용하는 스테이블 코인으로는 USDC가 활용도가 더 높은 편이다. 개인 투자자의 상황에 맞게 두 스테이블 코인을 적절하게 배분해서 활용하는 것이 좋다.

2025년 12월 기준, 시장에서는 USDT와 USDC까지는 안정적인 스테이블 코인으로 인식하고 있다. 시가총액과 유동성 및 활용성도 충분하며 지속적인 성장세를 이끌어가는 중이다. 하지만 시장에는 다양한 스테이블 코인이 출시되고 있다. 특히 새롭게 출시되는 스테이블 코인은 기존 스테이블 코인에 비하여 높은 이자를 제공해 준다. 20퍼센트 이상씩 이자를 제공해 주는 스테이블 코인도 많기 때문에 주의를 기울여야 한다.

높은 이자를 받는 것은 초반에는 가능하지만 해당 스테이블 코인이 지속 가능하기 위해서는 이자에 조정이 필수적으로 필요하다. 보통은 시장 초기에 리스크를 감당하면서 신규 스테이블 코인을 활용하는 경우가 많이 있지만, 충분히 리스크와 프로젝트를 검증하는 시간이 반드시 있어야 한다. 시장을 정확히 분석하기 어려운 투자자에게는 검증을 하는 것이 어려울 수 있기 때문에, 전체 스테이블 코인 시가총액 중 순위가 낮거나 새롭게 출시되는 스테이블 코인은 보수적으로 접근하는 것이 바람직하다.

2025년 12월 기준, 시가총액 4위에 있는 USDE와 같은 스테이블 코인을 보수적으로 접근해 볼 수 있는 스테이블 코인으로 볼 수 있다. 시장의 초기보다는 조금 안정적인 궤도에 올라왔지만 여전히 다양한 리스크에 노출되어 있는 스테이블 코인 중 하나다. 그러므로 이런 스테이블 코인을 포트폴리오 비중에 담는다면 USDT, USDC에 비하여 10퍼센트 이하로 비중을 가져가는 것이 좋다. 이보다 낮은 스테이블 코인 시가총액은 더 낮은 비중으로 투자한다면, 리스크를 고려하면서 새로운 스테이블 코인 시장의 기회도 함께 엿볼 수 있을 것이다.

스테이블 코인 시가총액 순위별로 리스크를 고려해서 스테이블 코인을 보유해야 하는 게 첫 번째 원칙이다. 두 번째는 이를 활용하는 곳에 대한 리스크도 중요하게 고려해야 한다. 국외 거래소는 대부분 스테이블 코인을 활용한 예금 및 신규 코인 에어드랍이 가능하다. 그러나 수많은 국외 거래소가 있지만 거래소 자체의 리스크가 큰 곳도 많이 있다. 그래서 스테이블 코인을 국외 거래소에 투자해서 예금 및 코인 에어드랍을 고려한다면 탑티어 거래소로 한정하는 것이 좋다. 바이낸스, 바이비트, OKX, 비트겟 등이 이에 해당한다. 이들 탑티어 거래소도 해킹과 같은 리스크에 노출되어 있기 때문에 하나의 거래소에 자금을 두기보다는 분산하는 것을 습관화해야 한다. 만약에 10만 달러를 스테이블 코인으로 거래소에 예치한다면 바이낸스에 3만 달러, 바이비트에 3만 달러, OKX에 3만 달러, 나머지 1만 달러를 비트겟에 분산해서 관리하는 게 필요하다. 본인이 시드 상황과 투자 전략에 따라서 적절히 자산을 나누어서 관리할 수 있다. 이는 거래소 해킹에 대한 리스크를 고려한 것이기 때문에 금액이 커질수록 분산해서 관리하는 것이 중요하다.

스테이블 코인을 거래소에서 활용하지만 일부 투자자는 디파이에서도 활용하는 경우가 있다. 디파이는 거래소보다 더 많은 리스크에 노출된다. 개인 지갑의 해킹부터 디파이 서비스 자체의 해킹, 코드 결함 등이 그것이다. 그래서 충분히 디파이에 대한 리스크 개인 지갑 보관 시 어떤 리스크가 있는지를 이해한 상태에서 디파이 서비스에 투자해야 한다. 초보 투자자가 디파이에서 높은 수익을 준다고 투자했다가 지갑 해킹을 당하고 잘못된 사이트에 접근해서 해킹당하는 일도 많이 생긴다. 다양한 디파이 서비스에 대한 리스크는 직접 경험하지 못하면 이해하기 어려운 부분도 있으므로 초보 투자자라면 파트 2에서 다루는 에어드랍 편을 활용해서 무료로 다양한 디파이 서비스를 먼저 활용해 보기를 권장한다. 소액으로 충분히 디파이 서비스가 익숙해질 때까지 경험해야 한다. 가능하다면 전문 디파이 영역에서 노하우를 가진 투자자에게 강의 듣는 것도 좋은 방법이다. 주식 투자와 거래소에서 코인 투자를 하는 것과 또 다른 영역이기 때문에 리스크나 다양한 경험을 간접적으로라도 해야 한다.

정리하면 국내 거래소에서 USDT를 사고파는 행위를 통해서 환차익 거래를 할 수 있고, 조금 더 발전하면 국외 거래소에서 USDT, USDC를 활용하여 이자수익과 함께 신규 코인 에어드랍을 받을 수 있다. 여기서 조금 더 발전해서 디파이에서 USDT를 포함한 다양한 스테이블 코인을 활용한 더 높은 수익을 지속해서 낼 수 있다.

마지막 디파이는 다양한 리스크에 자산을 노출하는 부분이므로 사전에 충분히 시장을 이해하고 경험하는 것이 필수적이다. 일반 투자자라면 국외 거래소에서 USDT 및 USDC를 활용하는 전략은 큰 리스크 없이 충분히 해볼 수 있는 영역이다.

스테이블 코인 시가총액 순위별로 리스크를 고려해서 스테이블 코인을 보유해야 하는 게 첫 번째 원칙이다. 두 번째는 이를 활용하는 활용처에 대한 리스크도 중요하게 고려해야 한다. 국외 거래소는 대부분 스테이블 코인을 활용한 예금 및 신규 코인 에어드랍이 가능하다. 그러나 수많은 국외 거래소가 있지만 거래소 자체가 리스크가 큰 거래소도 많이 있다. 그래서 스테이블 코인을 국외 거래소에 투자해서 예금 및 코인 에어드랍을 고려한다면 탑티어 거래소로 한정하는 것이 좋다. 바이낸스, 바이비트, OKX, 비트겟 정도 등이 이에 해당한다.

PART 2

0원으로 시작하는 시드 만들기, 에어드랍과 디파이

CHAPTER 1

0원으로 시작하는 투자,
에어드랍의 모든 것

누구나 할 수 있다, 에어드랍 헌터의 세계

투자 시장 중에서 가장 매력적인 곳은 코인 시장이다. 다양한 투자 방법이 있고 변동성이 가장 크다. '변동성이 크다'는 의미는 짧은 시간에 가장 빠르고 확실하게 돈을 벌 수 있다는 의미다. 물론 짧은 시간에 가장 빨리 돈을 잃어버릴 수도 있다. 모든 투자는 리스크가 있다. 손실 없는 투자란 존재하지 않는다. 아무리 안정적인 상품을 투자하더라도 투자를 결정하는 순간 손실이나 수익이 확정적이다. 그것은 투자의 기본 성질이다.

투자자는 손실을 크게 고려하지 않고 수익만을 기대하기 때문에 생각하지 못했던 손실을 보고 투자 시장을 떠나는 경우가 많다. 손실의 영역은 투자를 오랫동안 해온 전문 투자자도 피할 수 없는 영역이다. 특히 트레이딩 시장에서는 갑작스러운 손실로 시장에서 퇴출당한 트레이더가 많다. 20년 이상 트레이딩으로 시장에서 명성을 유지하는 경우는 손에 꼽을 정도로 적다. 그만큼 투자 시장은 손실이 미래에 확정적일 수 있다는 큰 리스크가 존재한다. 이 리스크를 완전히 제거할 수 있는 방법은 없다.

손실을 완전히 제거하는 유일한 방법이 하나 있다. 그건 투자하지 않는 것이다. 결국 투자 행위는 손실을 전제로 하고 있고 손실을 최소화하면서 얼마나 수익을 극대화하는지가 성공적인 투자의 결과로 이끈다. 이는 평생에 지속해서 해내야 하는 굉장히 어려운 과업이기도 하다. 단기간 수익을 낼 수는 있지만 장기간에 걸쳐서 지속해서 손실보다 수익을 내기 위해서는 다양한 외부 환경 변수도 중요하고 투자 철학과 원칙 등을 잘 고수할 때 가능해진다. 시장은 항상 변하기 때문에 변하는 시장을 빠르게 적응할 수 있는 능력도 필요하다.

그런데 코인 시장에서 손실 없는 투자가 가능하다. 그게 바로 '에어드랍 투자'다. 에어드랍 투자는 다양한 방법이 있지만 투자금 없이 시작할 수 있다. 투자금 0원으로 시작하여 1년에 1억 원까지 늘릴 수 있다. 에어드랍이란 무료로 코인을 주는 것을 말한다. 투자금 하나도 없이 무료로 가치가 있는 코인을 받을 수 있는 유일한 곳이 바로 코인 시장이다.

투자금은 필요하지 않지만, 시간과 노력은 필요하다. 에어드랍은 코인 시장의 독특한 특성으로 생겨난 새로운 투자처다. 코인 투자를 처음 하는 입문자나 주식시장에서 많은 경험이 있는 투자자가 코인 시장으로 입문할 때 좋다.

기본적으로 0원에서 투자를 시작하여 시드를 모으고 시드를 디파이로 활용하여 재투자하여 1억 원까지 늘릴 수 있다. 물론 시드가 있는 투자자가 이 책을 참고하여 두 가지 방법을 모두 사용하여 시드를 더 늘릴 수도 있다. 시간을 많이 투자하지 못 한다면 이 방법을 사용하여 1년에 1천만 원 정도는 시드를 만들 수 있다.

에어 드랍과 디파이를 활용하는 핵심 내용을 모두 담았기 때문에 이 기본적인 내용을 기반으로 본인의 상황에 맞게 응용해서 적절하게 목표 금액을 수정할 수 있다. 시간의 여유가 있으면서 1년간 집중해서 공부와 투자를 할 수 있는 투자자라면 1년에 0원에서 1억 원까지 시드를 늘리는 것은 누구나 가능하다.

유튜브와 텔레그램 채널을 운영하면서 다양한 에어드랍에 대한 소식을 올렸다. 일부 투자자들은 다양한 에어드랍 소식을 잘 활용해서 수익을 내는 투자자도 있고 응용하여 더 많은 수익을 내는 경우도 있다. 일부는 에어드랍 소식을 듣고 해보지만 당장 큰 수익이 없어서 포기하는 투자자들도 많이 봤다. 누구나 분명 0원에서 1억 원까지 1년 안에 시드를 늘리는 것이 가능하다. 다만 어떤 자세와 노력으로 임하는지에 따라서 그 결과는 달라질 수 있다.

필자는 2018년 처음 암호화폐 시장에 입문하여, 2019년 에어드랍 작업을 하여 2020년 1억 원까지 무료로 시드를 만든 경험이 있다. 지금은 그때보다 더 많은 기회와 시장이 열려있다. 지금도 계속 새로운 프로

젝트들이 시장에 쏟아지고 있으므로 다양한 기회를 어떻게 활용하는

지에 따라서 이 시장에서 에어드랍으로 돈을 벌 수 있는 기회는 지속될

것이다.

에어드랍이란 무엇인가?

그렇다면 왜 코인 시장에는 이렇게 많은 에어드랍이 주어지고 에어드랍으로 큰돈을 벌 수 있는 시장으로 변화되었을까? 그 질문에 대한 답은 비트코인에서 찾을 수 있다. 비트코인이 시장에 출현하고 나서는 소수의 사람들만 비트코인을 알고 있었고 일반인들은 채굴에 참여하기 위해서는 채굴 프로그램을 다운받아서 자신의 PC에서 직접 해야 했다. 지금처럼 전문 채굴기가 필요한 시절은 아니었지만 그래도 채굴하는 것을 누구나 쉽게 할 수는 없었다.

그 당시 비트코인을 세상에 널리 알리기 위해서 게빈 안드레센^{Gavin Andresen}이 비트코인을 무료로 나눠주는 웹사이트를 개설했다. 이는 2010년 6월이었고 누구나 홈페이지에 접속해서 자신이 봇이 아닌 것을 증명하면 하루에 한 번 5비트코인을 누구나 무료로 받을 수 있었다. 안드레센이 자신이 채굴한 비트코인 1,100개를 해당 웹사이트에 넣어서 매일 사람들이 접속해서 무료로 5개씩 받을 수 있게 하였다. 이 1,100개가 모두 분배되고 나니 또 다른 비트코인 채굴자들이 기부를 하였고, 2011년 초 마지막까지 비트코인 무료 에어드랍 홈페이지에서 제공된 비트코인은 19,715개가 제공되었다. 2025년 12월 기준 원화로 계산해 보면 약 2조 5천억 원의 비트코인이 무료로 에어드랍되었던 것이다.

최초의 무료 에어드랍 비트코인 홈페이지(출처:web.archive.org)

무료로 에어드랍을 주는 비트코인 홈페이지에서 매일 한 번씩 비트코인을 5개씩 한 달간 받았으면 150개의 비트코인을 받을 수 있었다. 더 열심히 받았으면 더 많은 수량도 받을 수 있었다. 한 달만 열심히 받은 이후 지금까지 비트코인을 가지고 있었다면 원화로 200억 원에 가까운 비트코인을 현재 보유하고 있는 셈이다. 무료로 비트코인을 받은 이후 장기간 홀딩했으면 누구나 경제적 자유를 이룰 기회가 공평하게 주어졌다. 이것이 코인 시장에서 이루어진 첫 번째 에어드랍이고, 이 에어드랍을 계기로 무료로 코인을 주는 홈페이지를 'faucet포싯' 이라는 이름을 활용하여 다양하게 사용된다. 현재는 새로운 블록체인 서비스가 시작되거나 사전에 테스트 단계에서 사용자들을 위해서 무료로 코인을 줄 때 'faucet'이라는 이름을 활용하여 코인을 제공하는 서비스로 활용되고 있다.

무료로 주는 에어드랍이 가치가 있는 이유는 투자 자산이기 때문이다. 비트코인을 무료로 에어드랍을 해주었을 때 그 가치를 알아보는 이들은 없었다. 만약에 이 글을 읽는 시점에서 과거로 돌아갈 수 있다면 매일 비트코인 무료 채굴 사이트에서 비트코인을 채굴했을 것이다. 지금까지 가지고 있다가 의미 있는 가격으로 매도하여 큰 수익을 올릴 것이다. 현재 진행 중인 무료 에어드랍도 동일하다.

지금은 가치가 없어보이고 에어드랍을 받기 위해서 여러 가지 활동을 할 때 회의감이 들 수도 있다. 에어드랍 받은 코인에 대해서 투자가치가 있는지에 대한 분석도 필요하다. 비트코인의 가치를 제대로 알았던 사람이라면 무료로 받은 비트코인을 오랫동안 잘 보유하고 있었을 것이다. 하지만 대부분은 그 가치를 알지 못하여 시장에서 비트코인이 가격이 형성되었을 때 저렴하게 팔아서 맛있는 음식을 사 먹는 정도로 활용했을 것이다.

이 책에서 소개하는 다양한 에어드랍 프로젝트들도 모두 동일하다.

이제 막 시작한 프로젝트들이 대부분이고 아직은 시장에서 정확히 평가하기가 힘들다. 단지 디지털 쓰레기가 될 수도 있고, 그중 어떤 프로젝트는 예상치 못하게 큰 부를 안겨줄 수도 있다. 모두 미래를 어떻게 예상하는지가 중요하다. 일반적인 노동 수익은 노동에 대한 대가가 정해져 있다. 그래서 일반적인 노동을 통해서는 큰 수익을 올릴 수가 없다. 리스크가 없고 미래를 예측하지 않아도 되기 때문에 정해진 금액을 준다.

에어드랍으로 받는 코인은 노동 보상과는 다르다. 코인은 잠재적인 미래 수익률이 포함되어 있다. 따라서 에어드랍에는 예상치 못했던 어마어마한 잠재 수익이 포함되어 있음을 알아야 한다. 무료로 하는 에어드랍 작업이지만 투자자의 마인드가 있을 때 성공적인 에어드랍 헌터가 될 수 있다.

프로젝트는 왜 공짜로 코인을 뿌릴까?

비트코인을 제외한 모든 코인을 알트코인이라고 칭한다. 얼터네이티브 코인Alternative Coin으로 비트코인을 대체하는 코인이라는 뜻이다. 비트코인에서 부족한 기능이나 한계를 극복하거나 더 나은 기능을 추가한 코인이란 의미이기도 하다. 시가총액 1위인 비트코인을 추월할 수는 없지만, 시장에서는 비트코인으로 해결하지 못하는 많은 문제를 해결하기 위해서 지속해서 새로운 기술과 트렌드로 프로젝트들이 출시된다. 비트코인은 핵심 개발팀이 비영리조직으로 존재하고 자율적인 채굴자들의 참여로 그 시스템이 유지되고 발전된다. 누구나 채굴할 수 있고 비트코인 홀더들을 중심으로 생태계가 운영되고 유지되기 때문에 비트코인 시스템을 통제할 수 있는 중앙 권한을 가지고 있는 팀이 존재하지 않는다.

비트코인은 탄생과 동시에 비트코인이 채굴자들에게 100퍼센트 분배되도록 설계되었기 때문에 비트코인을 창시한 사토시 나카모토Satoshi

Nakamoto가 비트코인의 수량을 제어하거나 분배하는 것이 불가능하다. 물론 초기에 사토시 나카모토가 채굴을 많이 했기 때문에 많은 비트코인을 가지고 있다.

모든 알트코인은 후발 주자이기 때문에 비트코인보다 더 매력이 있어야 한다. 하지만 대부분의 프로젝트는 충분한 자금력이 없다. 따라서 프로젝트를 알리고 홍보하기 위해서는 실제 암호화폐 투자자들이 관심을 가질 수 있고 프로젝트에 흥미를 느낄 수 있는 다양한 방법이 필요하다.

일반적인 프로젝트와 달리 암호화폐 프로젝트는 쉽게 코인을 줄 수 있다. 코인의 가치가 시장에서 즉각적으로 반영된다. 투명하게 코인을 분배할 수 있고 시장에서 유동성을 빠르게 모을 수 있는 특징이 있다. 이를 잘 활용하어 암호화폐 프로젝트는 마케팅 차원이나 프로젝트를 사전에 검증하는 방법으로도 에어드랍을 사용한다.

대부분의 암호화폐 프로젝트는 온라인으로 진행되는 프로젝트다. 일부 프로젝트의 경우 오프라인도 활용할 수 있지만, 온라인에서 거래되는 특징으로 인하여 온라인 프로젝트들이 대다수다. 우리가 쉽게 사용하는 SNS나 유튜브, 미디어 플랫폼 등을 쉽게 떠올릴 수 있다. 암호화폐 프로젝트는 기존 웹서비스가 암호화폐와 블록체인을 결합한 형태로 발전한 서비스로 이야기 할 수 있다. 기존 프로젝트들에 블록체인 기술을 적용하고 토큰 이코노미를 적용한 프로젝트다. 프로젝트에 필요한 자금을 공개적으로 빠르게 모으고 그것으로 프로젝트를 진행하면서 지속 가능한 프로젝트가 실행되도록 발전시킨다.

투자자가 에어드랍으로 높은 수익을 올리기 위해서는 프로젝트 입장에서 고민해 보는 것이 중요하다. 대부분의 에어드랍 헌터들은 프로젝트에 참여하고 나서 높은 수익을 주면 해당 프로젝트를 좋게, 그렇지 않으면 나쁘게 평가한다. 그런데 에어드랍에 대한 수익만으로 프로젝트를 평가하기에는 한계가 많다. 에어드랍 이후의 프로젝트 가격이 나쁘더라도 시간이 지나면서 프로젝트가 시장에서 주목받는 예도 있고 그렇지 않은 경우도 있다. 결국 에어드랍은 프로젝트의 시작에 불과하므로 더 높은 수익을 올리기 위해서는 프로젝트를 만드는 입장에서 생각해 보는 것이 중요하다.

프로젝트 입장에서 에어드랍을 진행하는 이유는 두 가지다. 하나는 자신들의 프로젝트를 초기에 검증해 주는 시장 참여자가 필요하고, 또 하나는 자신들의 프로젝트를 실제 투자자들에게 알려서 지속적인 투자가 이루어지도록 해야 한다. 암호화폐 프로젝트는 블록체인을 활용하기 때문에 초기 검증이 매우 중요하다. 특히 스마트 컨트랙트를 활용하는 프로젝트는 한번 배포되고 나면 수정 및 업데이트가 어렵기 때문에 프로젝트가 론칭되기 전에 최대한 많은 검증을 진행해야 한다. 팀에서 이 테스트를 모두 진행할 수 없으므로 많은 참여자들이 다양한 환경에서 기능 및 스트레스 테스트를 해주고 버그 리포트까지 많이 진행되어야 프로젝트 론칭 이후 큰 문제 없이 지속할 수 있다. 스트레스 테스트란 서비스가 실제 오픈했을 때를 가정하여 다양한 사용과 변수들을 견뎌 낼 수 있는지를 검증하는 것을 말한다.

이처럼 프로젝트 입장에서는 초기 프로젝트 테스터들이 매우 중요한데, 실제 다양하게 테스트를 진행해 주면서 프로젝트 입장에서 다양한 의견을 제시해 주는 진성 유저가 필요하다. 이런 관점을 이해하고 초기 프로젝트 테스트에 참여하면서 에어드랍 작업을 진행한다면 더 많은 기회를 확보할 수 있다. 대부분은 단순히 주어진 미션만 수행하지만, 프로젝트의 입장을 이해하는 에어드랍 테스터는 버그를 찾아내고 해당 버그 리포트를 제출하면서 팀원의 역할까지 해주는 것이다. 그러면서 시장에서 프로젝트를 널리 알려주는 활동까지 한다면 프로젝트 입장에서는 더 많이 보상해주고 싶을 것이다.

물론 모든 프로젝트가 이러한 역할에 대해서 확실한 보상을 약속하진 않지만, 프로젝트가 좋은 팀으로 구성되어 있다면 적극적인 참여자에 대해서 다양한 보상안을 내부적으로 검토해 볼 수도 있다. 따라서 프로젝트 입장에서 생각하고 테스트에 참여한 에어드랍 헌터와 그냥 주어진 테스트만 한 에어드랍 헌터는 오랜 시간이 지났을 때 그 결과가 다를 수밖에 없다.

더불어 프로젝트팀에서 에어드랍으로 최대한 저렴한 비용으로 최대한 좋은 마케팅 효과를 누리고 싶기 때문이다. 이미 암호화폐 시장은 신규 프로젝트가 다양한 방법으로 에어드랍을 해주는 것이 공식화되어 있다. 그래서 토큰 이코노미에 에어드랍의 수량과 어떤 방식으로 어떻게 에어드랍을 해주는지에 대한 구체적인 정보가 담겨 있다. 거래소를 통한 에어드랍이나 사전 테스트넷 참여자에 대한 에어드랍, 혹은 다양한 방법을 통해서 에어드랍을 해주고 커뮤니티를 모집해서 해당 프로젝트의 참여자를 늘리는 것을 중요한 지표로 본다. 거래소 상장 전에 해당 프로젝트의 SNS 팔로우 수를 보는 것 역시 이러한 에어드랍에 대한 시장 인식이 반영된 결과다. 신규 프로젝트 입장에서는 불가피하게 에어드랍을 해야 하는 것이 이 시장의 당연한 생존 법칙이다. 에어드랍 헌터는 이러한 프로젝트 팀의 입장을 이해하고 에어드랍에 참여하는 것이 좋다. 토큰 이코노미에서 커뮤니티에 에어드랍으로 많이 분배된 프로젝트 중심으로 작업한다. 신규 프로젝트는 에어드랍이 기본적으로 있으므로, 신규 프로젝트 중심으로 시장을 조사하면서 다양한 에어드랍 수익을 목표로 하는 것을 습관화한다.

프로젝트를 새롭게 시장에 출시하는 팀이나 해당 프로젝트에 대해서 투자를 고려하는 투자자 모두에게 좋은 역할을 하는 게 에어드랍이다. 에어드랍은 이제 코인 투자에 필수적인 요소로 시장에서 인식되고 있으므로 어떠한 형태로든 에어드랍을 활용하지 못하는 프로젝트팀과 투자자는 손실이라는 것을 잊지 않길 바란다.

에어드랍의 다양한 유형 총정리

에어드랍의 종류는 다양한데, 크게 자산 활동을 근거로 하는 것과 프로젝트에 기여한 활동에 따른 에어드랍이 있다. 다시 말해 유료 에어드랍과 무료 에어드랍으로 나눌 수 있다. 물론 두 가지가 중복된 예도 있다. 에어드랍을 받기 위해서 투자자가 할 수 있는 범위가 세 가지로 구분된다. 일정 부분 자산을 투자한 이후에 받는 에어드랍과 자산 투입 없이 열심히 활동해서 받는 에어드랍, 이 두 가지가 중복된 형태의 에어드랍이다. 이 책은 0원에서 1억 원 시드를 만들 수 있도록 도움을 주고자 한다. 자산 현황에 따라서 시드를 어느 정도 투자한 상태에서 시작하면 조금 더 빠를 수 있고, 그렇지 않더라도 0원에서 생긴 시드를 다시 재투자하면서 1억 원까지 시드를 늘려야 한다.

그러므로 무료로만 하는 에어드랍 작업이 아니라 유료가 포함된 에어드랍도 같이 하는 것이 좋다. 에어드랍 종류마다 조금씩 다르긴 하지만 이를 염두에 두고 전체 코인 시장을 이해하면서 본인의 상황에 맞는 자금과 시간을 활용하여 실행하면 된다.

일반적으로 무료로 할 수 있는 에어드랍의 종류는 '바운티 프로그램, 테스트넷 참여, 소셜미디어 활동, 마케팅 활동' 등으로 구분할 수 있다. 유료로 할 수 있는 에어드랍은 유동성 제공, 메인넷 론칭 전 유동성 공급, 스테이킹 참여, 노드 및 NFT 구매, 거래소 볼륨 에어드랍 참여 등이 있다. 크게 두 가지 형태로 구분하였지만, 중복되는 영역도 있고 프로젝트마다 에어드랍 정책이 모두 다르므로 한 가지로 일괄되게 정의하기는 조금 어렵다.

크립토랭크 홈페이지에 무료와 유료 여부의 카테고리가 잘 정의되어 있으므로 크립토랭크 홈페이지를 기준으로 하여 에어드랍 리스트를 정리하고 다양한 에어드랍 작업을 진행할 수 있다.

무료 에어드랍 중 대표적인 것은 '바운티 프로그램과 테스트넷 참여'다. 프로젝트 입장에서는 프로젝트가 출시하기 전 충분한 테스트와 검증이 필요하다. 이 검증과 테스트에 참여하는 것을 의미한다. 테스트넷은 실제 프로젝트가 론칭하기 전 최종 프로그램을 사용자들로부터 다양한 테스트를 통해서 프로그램의 버그가 없는지 스트레스 테스트를 할 수 있는지 등을 검증한다. 테스트넷 참여자가 프로젝트에 대해서 좋은 아이디어를 제출하거나 기존에 만들어진 서비스의 개선 사항에 관해서 의견을 말한다. 프로젝트는 테스트넷 참여자나 바운티 프로그램 참여자로부터 다양한 도움을 얻게 된다. 이 도움에 대한 대가로 프로젝트가 론 칭하는 토큰의 일정 부분을 에어드랍으로 지급하는 것이다. 아래의 이 미지는 크립토랭크에서 바운티프로그램으로 참여할 수 있는 프로젝트 리스트의 예다. 해당 프로젝트를 들어가면 자세한 에어드랍 내용과 작 업에 관해서 확인할 수 있다. 프로젝트별로 VC 투자 금액이 얼마나 되 는지, 소셜미디어에서 어느 정도 인기가 있는지 등을 확인할 수 있고, 현 재 에어드랍 작업이 가능한 상태인지에 관해서도 알 수 있다.

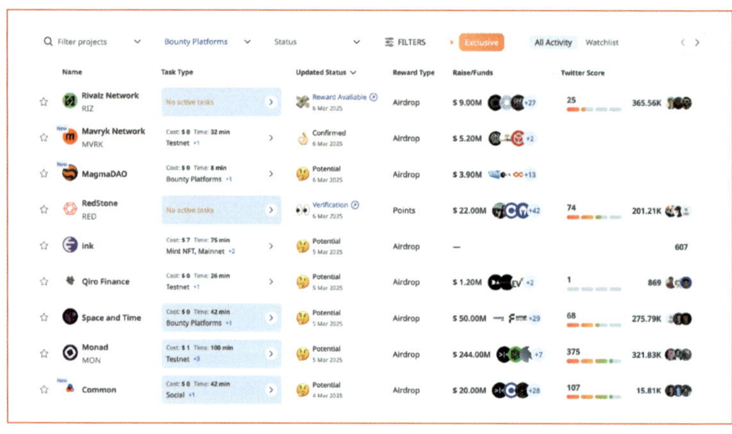

무료 에어드랍 리스트.(출처: 크립토랭크)

유료 에이드랍은 일반적으로 유동성을 공급해 주거나 스테이킹을 하 는 경우다. 두 경우 모두 실제적인 자금을 해당 프로젝트에 온체인으로 공급하는 것이기 때문에 프로젝트에 의미 있는 실제적인 수치로 평가된

   원화스테이블 코인이 바꾸는 돈의 판

다. 이렇게 유동성을 공급하거나 스테이킹을 하는 경우 적은 금액으로 할 수 있는 것도 있고 큰 금액이 필요한 예도 있다. 금액 대비 에어드랍을 해주는 예도 있고 단순히 해당 프로젝트를 사용한 경험만 측정해서 에어드랍을 주기도 한다. 그러므로 프로젝트 별로 분석하여 큰 금액을 공급해도 괜찮은 프로젝트들은 시드를 적절히 배분해서 투자하고, 그렇지 않은 프로젝트는 단순히 사용해 보기 바란다.

'유동성을 공급한다'는 의미는 전통적인 금융으로 비교해 보면 은행에 예금하는 행위와 비슷하다. 일반적으로 은행은 사용자들의 예금을 담보로 하여 대출해 준다. 예금을 기준으로 한 다양한 금융상품을 운용하면서 은행의 운용 및 수익을 확보한다. 자금이 모이면 모인 자금을 기반으로 하여 다양한 금융상품을 운용할 수 있고, 큰 규모의 기업을 운영하면서 지속 가능한 경영을 할 수 있다는 의미다. 은행은 부동산과 함께 대규모의 인력과 시스템에 대한 비용이 들어간다. 하지만 블록체인 기반의 탈중앙화 금융으로 불리는 시스템은 부동산도 필요 없고 대규모 인력도 필요 없으며 시스템 유지 비용도 기존 시스템에 비하면 100분의 1 수준으로 저렴해진다.

전통 금융에 비하여 운용 및 유지 비용이 월등히 낮지만 동일하면서 더 높은 수준의 금융상품을 운용할 수 있는 시스템이 탈중앙화 금융이라고 불리는 디파이다. '에어드랍 작업에서 유동성을 공급한다'는 것은 이 디파이 상품에, 은행에 예금하는 것과 유사한 형태로 자금을 공급해

주는 의미가 있다. 전통적인 금융은 예금 이자가 높지 않다. 은행을 운용하면서 유지하면서 수익을 내야 하기 때문이고 그 비용이 적지 않다. 탈중앙화 형태의 디파이라고 불리는 금융 서비스는 이를 혁신할 수 있다. 그러므로 적은 비용으로 높은 수익을 낼 수 있는 구조가 형성된다. 아직은 완성되지 않았고 발전 중이지만, 앞으로 이 시스템이 완성되면 현재의 많은 금융 서비스가 대체될 것이다.

점점 더 전통 금융과 새로운 디파이 서비스가 공존하는 형태를 보이고 있다. 지금은 그 새로운 시장의 초기이기 때문에 많은 수익이 가능한 새로운 시장이기도 하다. 반면에 아직 초기 단계라서 리스크도 크고 많은 디파이 서비스들이 사라질 것도 어느 정도 예상해야 한다. 더불어 에어드랍 작업을 하는 디파이 헌터는 어떤 서비스가 단기적으로 성장률이 좋을지 예상해 봐야 하고, 장기적으로 살아남을 디파이 서비스는 어떤 것들이 있을지 분석할 수 있는 시각이 필요하다. 개인적으로 분석이 어렵다면 디파이 서비스들은 짧은 기간 투자하고 빠지는 것을 반복하는 것이 좋다. 아직은 초기 시장이므로 장기투자가 어려운 것이 디파이 영역이기도 하다.

옆 페이지의 이미지를 보면 현재 유동성 공급으로 가능한 에어드랍 리스트를 확인할 수 있다. 크립토랭크 홈페이지에서 에어드랍헌터 메뉴에서 Liquidity 리퀴디티 탭에서 확인할 수 있고, 프로젝트 론칭 이전의 내용과 투자 규모 현재 에어드랍 가능한 영역을 확인할 수 있다. 일부 프로젝트는 단순히 프로젝트를 사용한 것에 대해서 에어드랍을 주기도 하고, 일부 프로젝트는 유동성을 얼마나 공급하였는지에 따라서 에어드랍의 수량이 달라지기도 한다. 유동성을 많이 공급하여 높은 포인트를 획득하면 해당 프로젝트에서 토큰을 시장에 출시할 때 포인트 대비 에어드랍을 해준다.

이 포인트는 일반적으로 전체 프로젝트에서 언제 얼마나 어떤 방식으로 유동성을 제공했는지에 따라서 계산해서 에어드랍 수량을 결정한다. 많은 금액을 투자하려고 하면 VC 투자 규모를 살펴보는 것이 중요하다. VC 투자 규모가 클수록 조금 더 안정적인 프로젝트로 분석할 수 있고 시드를 얼마큼 사전에 유동성으로 공급할지를 결정할 때 도움을 얻을 수 있다. 아래의 이미지에서 예를 든다면 1억 4,200만 달러를 투자

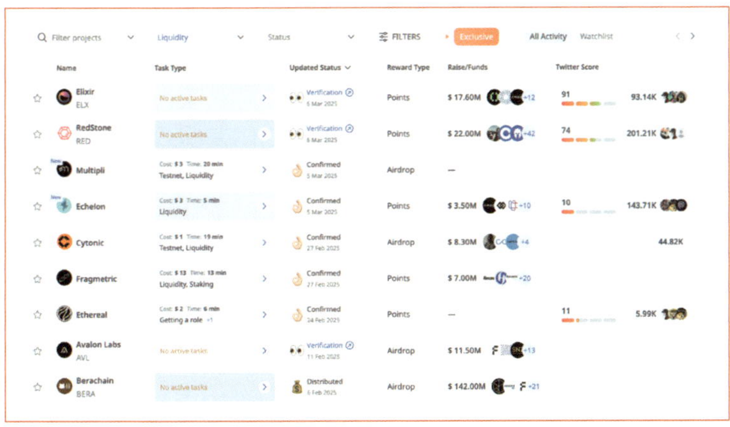

유동성 제공 에어드랍 리스트(출처: 크립토랭크)

받은 베라 체인 같은 프로젝트가 조금 안심하고 사전에 유동성을 공급

할 수 있는 프로젝트로 볼 수 있다.

돈 되는 에어드랍의 작동 원리

에어드랍으로 1년에 0원으로 1억 원을 누구나 벌 수 있다. 그러나 아무나 벌 수 있는 건 아니다. 시장을 잘 이해해야 하고 남들과는 다른 자신만의 노하우를 찾아야 한다. 시장에 대한 이해와 노하우는 단기간에 해결할 수 있는 비결이 없다. 하지만 이 책을 통해서 전체 시장에 대한 이해와 에어드랍을 어떻게 받는지에 대한 기본적인 내용을 배울 수 있을 것이다. 그렇지만 결론적으로 1년 안에 0원으로 1억 원을 벌 수 있는 사람은 안타깝지만 소수다. 그 소수에 들어갈 수 있는 중요한 원리에 대해서 알고 있다면 누구나 에어드랍으로 0원에서 1억 원을 벌 수 있다.

모든 시장이 유사하지만, 시장에서 돈을 버는 사람은 한정되어 있다. 상위에 속해 있는 사람만 돈을 번다. 가끔 돈을 일시적으로 버는 경우가 있지만 그것은 운이 따랐을 따름이다. 지속해서 돈을 버는 건 시장에서 상위에 속해 있는 일부라는 사실을 먼저 이해해야 한다.

사업이든 투자든 일이든 다른 영역에서 돈을 벌어 본 사람은 이 말의 의미를 이해할 것이다. 자신의 영역에서 돈을 많이 못 벌어 봤을지라도 이 원리를 간접적으로 이해하고 받아들이면 된다. 어느 시장이든 돈을 버는 이는 소수라는 사실을 잊지 않아야 한다. 그래서 우리는 그 소수에 포함되어야 한다. 에어드랍 시장도 마찬가지다. 에어드랍 시장은 지금도 계속 돈을 많이 벌 수 있는 시장이다. 시장에 유통되는 에어드랍 수량은 많지만 일부 소수들이 대부분의 에어드랍 유동성을 가져간다.

그렇다면 에어드랍 시장에서 돈을 버는 사람들은 누구이고 그들은 어떤 특징과 차별점이 있을까? 다른 시장과 동일하게 그들은 시장을 잘 이해한다. 시장의 트렌드를 잘 파악한다. 대부분 시간을 이 시장과 함께 지낸다. 이 세 가지 기본적인 사항을 모두 갖추고 있다. 한마디로 암호화폐 시장에 일어나는 많은 일들을 전문가 수준으로 이해하고 있다는 것이다. 이 수준까지 실력을 끌어올려야 한다. 시간이 걸릴 수 있다. 그렇지만 이 시장은 누구에게나 열려 있다. 학벌이 필요한 것이 아니고 어떤 요구사항이 존재하지 않는다.

이 책은 이 시장에서 전문가가 되기 위한 기본서와 같다. 시장을 이해하기 위해서 알아야 하는 기본적인 개념과 시장의 특징에 대해서 다루고 있고, 그 시장을 가장 빨리 배울 방법으로 에어드랍이라는 좋은 소재가 있다. 에어드랍은 무료로 누구나 시작할 수 있으므로 부담이 없다. 투자는 부담이 있지만 에어드랍은 무료다.

시간을 투자하면서 에어드랍으로 수익을 얻을 수 있다. 수익보다 더 중요한 것은 에어드랍 작업을 하면서 배우게 되는 시장의 트렌드와 시장의 특징이다. 이것을 반드시 배워야 한다. 궁극적으로 시장에서 롱런하고 좋은 투자 수익을 얻기 위해서는 시장을 이해하지 못하면 무조건 실패한다. 단기적으로는 좋은 성적을 거둘 수 있을지 모르지만, 장기적으로 성공할 수 없다. 개인적으로 유튜브와 텔레그램 채널을 운영하면서 안타까운 한 가지는 어떤 코인을 사면 좋은지 질문하는 이들이 많이 있다는 것이다. 자신이 산 코인에 대해서 어떻게 하면 좋을지 질문하는 이들이 많다. 그 심정은 이해가 되나 그런 방식으로 투자를 하면 결코 성공할 수 없다. 투자자는 자신이 투자하고 있는 프로젝트가 시장에서 어떤 위치에 있는지를 알고 있어야 한다. 진입 시점에서 언제 수익을 실현할지에 대해, 그리고 시장 상황이 변하거나 처음 투자했던 기대와 프로젝트가 다른 방향으로 흘러간다면 언제 손절해야 하는지에 대한 계획이 있어야 한다.

이는 시장을 잘 이해하고 있으면서 자신이 투자하고 있는 프로젝트에 대해서 잘 알고 있는 상태에서 결정할 수 있다. 대부분 자신이 프로젝트에 대해 정확히 이해하지 못할 때 주로 전문가처럼 보이는 사람들에게 질문하지만, 사실 그것만큼 위험한 행위는 없다. 그 전문가도 사실 해당 프로젝트를 잘 알지 못할 수 있고, 알고 있더라도 투자자의 상황을 알지 못하기 때문에 조언이 사실상 불가능하다.

결국 투자 포트폴리오 및 투자에 관한 결정은 오롯이 자신만의 영역이다. 따라서 그 부분에서 책임지고 해당 프로젝트를 잘 이해하며 시장 상황에 따라서 대처할 수 있는 자신만의 노하우가 필요하다. 이는 시장을 잘 이해하고 투자 경험이 쌓이면서 점진적으로 생겨난다. 에어드랍 작업을 꾸준히 하면 시장에 관한 이해도도 높아지면서 투자 경험도 같이 쌓이게 된다. 그래서 당장 이익이 눈앞에 보이지 않더라도 시장을 이해하기 위해서는 에어드랍 작업을 같이 하는 것이 중요하다고 강조하는 이유다.

에어드랍 시장에는 다양한 프로젝트가 많다. 하루에도 여러 개의 프로젝트들이 계속 생겨나기 때문에 모든 에어드랍 프로젝트를 개인이 다 할 수 없다. 그래서 선별하는 작업이 필요하다. 선별 후에도 어느 프로젝트에 집중할지를 선택해야 한다. 개인마다 상황이 다르므로 시간과 노력을 어느 정도 투입해야 할지 정해야 하고, 삶의 루틴에서 어느 정도 에어드랍 작업에 해당하는 시간을 별도로 할당해야 한다. 꾸준히 매일 하는 게 좋고, 프로젝트별로 우선순위를 정하는 것도 중요하다.

이렇게 우선순위를 정하고 삶의 작은 루틴으로 정해서 에어드랍 작업을 매일 하면 1년이 지났을 때 시장에 대한 이해의 폭이 굉장히 넓어진 자기 자신을 발견하게 될 것이다. 시장 상황이 좋고 선별한 프로젝트가 잘 되었을 때는 에어드랍에서 높은 수익도 발생할 수 있다. 이 선별 작업은 다른 사람이 해줄 수 없다. 일정 부분 인플루언서의 도움을 받을 수 있지만 그렇게 하는 에어드랍으로 큰돈을 벌 수는 없다. 스스로 찾고 남과는 다른 차별점을 가지고 있어야 돈을 번다.

그렇다면 어떻게 시장에서 좋은 프로젝트를 선별할 수 있을까? 이건 사람마다 다르긴 하지만 꾸준히 에어드랍 작업을 매일 하면서 새로운 시장의 트렌드를 파악하면 자연스럽게 시장에서 프로젝트를 볼 수 있는 시각이 생긴다. 시간과 노력을 투자했을 때 얻을 수 있는 인사이트다.

타인의 인사이트를 활용하는 것에는 한계가 많다. 자신만의 인사이트가 있을 때 투자 노하우 및 수익이 발생한다. 자본주의 시장은 꽤 공정하다. 쉽게 돈 벌 수 있는 것은 존재하지 않고 다양한 방면에서 노력이 동반되어야 돈을 벌 수 있다. 큰돈을 버는 것은 운의 영역이다. 그러므로 에어드랍으로 꾸준히 노력하다 보면 어느 정도의 수익을 발생할 수 있고 운의 영역이 자신에게 미쳤을 때 큰돈도 일시적으로 벌 수 있으며, 이를 잘 활용해서 또 시드를 조금씩 늘려갈 수도 있다.

시장을 가장 빠르게 이해하고 배울 수 있는 방법은 무엇일까? 대부분은 유튜브에서 시장을 이해하거나 강의듣는 것을 선택한다. 혹은 책을 사서 시장을 이해하기 위해서 공부한다. 모두 좋은 방법이다. 이는 투자 초기에 필요하다. 시장을 이해하기 위해서 혼자 모든 것을 하려고 하면 잘못된 길을 가기도 하고 방향을 잡지 못해서 중간에 이탈하게 된다. 이미 시장에서 경험이 있는 전문가의 말을 듣고 배우면서 시간을 조금 단축할 수 있다. 그렇다고 해서 이 방법만으로는 시장을 정확히 이해하고 빠르게 배우지는 못한다.

우리에게는 인터넷 블로그라는 누구나 당장 할 수 있는 좋은 도구가 있다. 암호화폐 시장에서는 X나 텔레그램 같은 SNS가 있다. 자신만의 X나 텔레그램에서 암호화폐 프로젝트 관련 다양한 정보 등을 직접 찾고 공유하는 것을 지속해서 해나간다.

반드시 인플루언서가 되어야 하는 것은 아니지만 자기 자신을 위해서 이런 습관을 갖는 것이다. 자신이 투자하고 있는 에어드랍 목록도 자신의 블로그에 정리해 두면 나중에 투자 목록이나 에어드랍 리스트를 확인하는 데도 도움이 많이 된다. 중요한 사실은 모두에게 공개된 공간에서 자기 말이나 글로 암호화폐 소식이나 프로젝트에 대한 중요한 내용을 알려주는 행위를 지속해서 하는 것이 가장 시장을 빨리 이해하고 습득하는 지름길이라는 것이다. 책을 한 권 읽는 것보다 블로그에 글을 1개 작성하는 것이 더 효과가 좋을 수 있다.

지금까지 에어드랍으로 돈을 버는 핵심적인 원리에 관해서 설명했다. 시장을 가장 잘 이해하는 투자자가 에어드랍 시장에서 큰돈을 벌 수 있고, 시장을 잘 이해하기 위해서는 단순히 정보를 듣고 습득하는 게 아니라 정보를 직접 찾아서 타인에게 공유할 수 있는 투자자라는 결론까지 끌어냈다. 온라인 공간이기 때문에 익명으로 활동하는 데도 아무런 문제가 없다. 특히 암호화폐 시장은 익명으로 활동하는 분들이 많으므로 자기 자신을 드러내기 어려운 위치에 있는 사람이라도 누구나 할 수 있다.

실천이 제일 중요하다. 일단 블로그든 텔레그램이든 개설하고 글을 써본다. 이 책에 관한 내용을 적어보거나, 에어드랍과 관련한 정보, 혹은 목표 수익에 관한 다짐 같은 것을 적어 나간다. 그렇게 먼저 개설하고 나서 이 책을 읽어나가자. 그러면서 얻은 정보를 자신만의 글로 다시 표현해 본다. 이런 경험과 노력이 쌓인다면 암호화폐 시장의 전문가가 될 수 있다.

CHAPTER 2
0원에서 1억까지,
단계별 전략

진짜 가능할까?
1억 만든 에어드랍 사례

필자는 2018년, 암호화폐 시장에 처음 들어왔다. 그리고 다음 해인 2019년에 암호화폐 시장에서 다양한 프로젝트들이 에어드랍 이벤트를 오픈했다. 암호화폐 시장을 1년 정도 겪은 상황이라 프로젝트 초기에 에어드랍 작업을 하는 게 의미가 있다는 것을 알게 된 시기다. 프로젝트를 보는 관점도 조금 생겼다. 국내 프로젝트였는데 '대표적인 지식인 서비스로 성장한 네이버를 블록체인 기반으로 서비스를 오픈하겠다'는 프로젝트였다. 다음 페이지의 이미지를 보면 프로젝트가 오픈한 이후 서비스를 사용한 유저들에게 활동 점수별로 보상해준 내역이다. 활동 점수는 시간이 지나면서 점점 많아지고 리워드는 적어지는 것을 확인할 수 있다.

모든 암호화폐 프로젝트가 이러한 방식은 아니지만 대부분 초반에 기여한 참여자들에게 많은 보상을 주는 구조를 가지고 있다. 가장 대표적인 프로젝트가 비트코인이다. 비트코인 채굴 초기에 50개의 비트코인을 4년간 제공했었고 그 이후에 25개, 12.5개, 6.25개로 4년마다 줄었고 현재는 3.125개가 채굴자에게 분배되고 있다.

처음에 비트코인을 발견하고 기여한 채굴자들에게 많은 보상을 해준 게 비트코인이다. 이 비트코인의 토큰 이코노미를 적용하여 대부분의 알트코인 프로젝트는 유사한 방식으로 에어드랍에 대한 보상과 토큰 발행량을 점진적으로 줄여나간다.

1월

구분	2일	3일	4일	5일	6일	7일	8일	9일	10일	11일
전체 활동점수	588	984	1,373	1,494	2,346	2,306	3,138	4,063	5,563	5,556
점수당 리워드	2,551	1,524	1,092	1,004	639	650	478	369	269	269
구분	12일	13일	14일	15일	16일	17일	18일	19일	20일	21일
전체 활동점수	3,908	4,393	3,269	3,207	5,859	5,371	6,067	5,244	5,806	2,664
점수당 리워드	383	341	458	467	256	279	247	285	258	562
구분	22일	23일	24일	25일	26일	27일	28일	29일	30일	31일
전체 활동점수	4,460	5,993	6,873	6,124	4,339	6,640	6,923	6,955	10,564	12,680
점수당 리워드	336	250	218	244	345	225	216	215	141	118

2월

구분	1일	2일	3일	4일	5일	6일	7일	8일	9일	10일
전체 활동점수	12,179	19,937	25,279	28,323	38,856	32,426	44,727	40,825	57,103	61,043
점수당 리워드	123	75	59	52	38	46	33	36	26	24
구분	11일	12일	13일	14일	15일	16일	17일	18일	19일	20일
전체 활동점수	61,545	60,424	55,817	54,727	58,619	55,663	61,502	64,840	67,821	64,496
점수당 리워드	24	24	26	27	25	26	24	23	22	23
구분	21일	22일	23일	24일	25일	26일	27일	28일	29일	30일
전체 활동점수	54,406	68,914	59,800	60,383	60,523	57,178	59,976	46,972	46,970	47,864
점수당 리워드	27	21	25	24	24	26	25	31	31	31

아하서비스 오픈 후 60일간 활동점수 및 리워드 분석 자료

에어드랍과 프로젝트를 투자하는 관점에서 프로젝트가 아직 잘 알려지지 않은 시점에 프로젝트를 발견하고 다양한 에어드랍 작업을 진행하면 큰 수익을 낼 수 있다는 것을 알게 되었다. 물론 프로젝트를 잘 선별해야 하고 시간도 잘 배분하면서 내가 잘할 수 있는 프로젝트에 참여해야 하는 것도 중요했다. 당시 암호화폐 보상형 Q&A서비스인 '아하'에서는 전문가가 답변을 하는 경우 높은 점수를 주었다. 나의 경우에는 블록체인 분야에 전문가로 신청하여 전문가로 승인받았다. 그 이후는 꾸준히 1년 이상 지속적으로 답변하면서 리워드를 쌓아갔다. 프로젝트 초반에는 많은 시간을 들여서 정성껏 답변하였고, 시간이 지나면서 리워드가 줄어든 시점에서는 꾸준히 매일 반복적으로 답변하는 활동을 하였다. 이를 하면서 리워드도 쌓았지만 늘어가는 블록체인 지식도 빼놓을 수는 없었다.

내 답변이 채택이 되었을 경우는 또 다른 즐거움이 있었다. 에어드랍 작업을 하였지만 실제적으로 블록체인에 대한 지식도 쌓여갔고, 적절한 즐거움과 함께 미래에 받게 될 보상도 큰 동기부여가 되어서 지속적으로 에어드랍 작업을 할 수 있었다. 그러나 생각보다 거래소 상장은 빠르게 진행되지 않았다.

에어드랍 작업을 시작하고 1년 6개월이 지난 시점에서 업비트 거래소에 토큰이 상장되었다. 업비트 거래소 상장 후 토큰이 최고점을 찍기까지는 또 6개월 정도가 소요되었다. 당시 아하토큰을 에어드랍 받은 수량은 340만 개였다. 2025년 3월 기준, 아하토큰 가격은 32원이었고, 4월 기준 38원이었다. 3월 기준으로는 1억 원 정도며, 4월 기준으로 1억 3천만 원 정도 시장가격을 형성했다. 에어드랍 작업을 시작한 이래로 실제 유의미한 수익을 거두기까지는 2년이 소요가 되었다. 이 시기는 사실 암호화폐 초기 시장이고 에어드랍에서 유의미한 의미를 찾는 사례는 없던 시절이다. 이 시기 이후 다양한 프로젝트들이 시장에 많이 출시되었고, 글로벌 프로젝트 중심으로 다양한 에어드랍이 실제적으로 이루어지면서 에어드랍으로 큰 수익을 내는 사례가 많이 나오게 되었다. 2025년 이후는 에어드랍만으로도 충분히 생계가 가능한 직업군이 생겼고, 에어드랍을 잘 활용해서 높은 수익을 내는 투자자들도 많이 시장에 탄생하게 되었다.

개인적으로 아하 서비스를 통해서 블록체인 관련 지식도 많이 쌓게 되고 프로젝트를 보는 눈도 이전보다 더 좋아졌다. 에어드랍으로 0원으

아하토큰 거래소 입금 내역

원화스테이블 코인이 바꾸는 돈의 판

로 1억 원을 만들 수 있다는 사실도 발견하게 되었다. 물론 시간과 노력, 그리고 프로젝트를 잘 선별하는 능력도 필요하다. 때로는 좋은 프로젝트임에도 큰 수익을 내지 못하는 일도 생긴다. 그럼에도 불구하고 에어드랍 작업을 다양하게 참여했을 때 얻게 되는 보이지 않는 이익이 많기 때문에 에어드랍 작업을 단순히 수익을 내는 측면으로만 볼 수만은 없다. 프로젝트를 더 많이 이해하게 되고 시장을 잘 해석하는 관점이 생기면서, 어떻게 프로젝트들을 구별해 내고 투자할 종목을 선별해 낼 수 있는지에 대한 능력도 같이 생기기 때문이다. 물론 수익은 또 다른 동기부여이면서 의미 있는 결과임에는 분명하다.

첫 100만 원, 이렇게 만든다

0원에서 1억 원을 만드는 것은 가능하지만 쉽지 않다. 그렇지만 0원에서 100만 원은 누구나 가능하다. 시작을 작게 하고 가능성을 경험하고 나서 시드를 계속 늘려가는 전략을 세워야 한다. 단기 목표와 중기 목표 장기 목표를 나누어야 한다. 처음에는 1만 원이라도 빠르게 에어드랍을 받을 수 있는 에어드랍 작업을 먼저하는 것이 좋다. 가능성을 경험하고 나서 조금씩 중·단기 계획도 같이 늘려가야 한다.

초기에는 100만 원을 목표로 해야 한다. 100만 원을 달성하고 나면 1,000만 원까지 목표액을 늘려간다. 1,000만 원까지만 에어드랍으로 만들고 나면 1억 원까지 어떻게 갈 수 있는지 자신만의 상황에 맞게 목표 설정이 가능해진다. 대부분은 100만 원이 도달하기 전에 포기한다. 그래서 0원에서 100만 원이라는 목표는 제일 중요하다. 중간중간 보상이 주어지지 않으면 꽤 힘든 여정이 될 수 있다. 0원에서 100만 원도 쉽지는 않다. 빠르게 달성하기 위해서는 약간의 운도 있어야 하고 시장 상황도 중요하다. 시장이 상승장일 때는 빠르게 0원에서 100만 원을 달성할 수 있지만 시장이 하락장일 때는 시간이 꽤 걸릴 수 있기 때문이다.

에어드랍으로 돈을 벌 수 있는 방법은 다양하다. 난이도도 모두 다르기 때문에 투자한 시간과 노력 대비 난도가 높을수록 더 많은 에어드랍을 받을 확률이 높아진다. 초기 100만 원까지는 누구나 쉽게 참여할 수 있는 방법을 소개하겠다. 주는 금액이 많은 에어드랍은 아니지만 조금 부지런하게 하면 가능하고 에어드랍을 하기 위한 여러 가지 도구들이 필요하지 않은 간단한 방법이다. 다양한 에어드랍 중에서 제일 쉽게 참여할 수 있고 빠르게 에어드랍을 받을 수 있는 것은 '거래소 에어드랍 작업'이다. 거래소는 국내 거래소를 포함하여 국외 거래소들까지 확장하여 다양한 에어드랍에 참여할 수 있다. 시장 분위기가 좋고 특별한 시기에는 1개월 이내에도 100만 원까지 만들 수 있다. 어떤 경우는 단 한 번의 거래소 에어드랍 작업으로 100만 원까지 번 사례도 있기 때문에 반드시 참여해야 한다.

국내 및 국외 거래소에서 일반적으로 신규 가입자 이벤트가 있고 거래소별로 에어드랍 이벤트들이 주기적으로 진행된다. 특별한 기간에는 신규 가입자에게 혜택을 많이 주는 거래소도 있기 때문에 처음 가입 시 혜택을 많이 받을 수 있는 기간에 가입하면 좋다. 국내 거래소는 대표적으로 업비트, 빗썸, 코인원, 코빗 거래소를 가입해두는 것이 필요하다.

거래소별로 은행계좌가 다르기 때문에 미리 준비해서 가입해 두는 것이 좋다. 국외 거래소는 기본적으로 바이낸스, 바이비트, OKX, 비트겟 등은 필수적으로 가입해두어야 하고, 다른 거래소는 가능한 범위에서 가입해서 다양한 에어드랍 이벤트 혜택을 받도록 한다.

이벤트 시기에 따라 다르지만 일반적으로 국내 거래소에 신규가입하면 2~3만 원 정도를 준다. 이 이벤트 금액을 받을 수 있다면 최대한 다 받아둔다. 기본적인 국내 대표 거래소가 4군데이므로 이 이벤트 금액을 다 받으면 10만 원이 조금 못 미치는 금액을 처음에 얻을 수 있다. 국내 거래소 중에는 빗썸에서 에어드랍 이벤트를 많이 진행한다. 에어드랍 이벤트는 신규 코인이 거래소에 상장할 때 일정 물량을 거래자들에게 제공해 준다. 시장 상황에 따라서 이 금액이 작게는 5,000원, 많게는 10만 원 가까이 가는 경우가 있기 때문에 주기적으로 체크하거나 알람을 켜두고 에어드랍 이벤트에 참여해야 한다.

다음 페이지의 이미지는 빗썸 거래소 공지사항에서 에어드랍 이벤트를 한다는 공지글이다. 일반적으로 '거래소-공지사항-이벤트 탭'에 에어드랍 이벤트를 알려준다. 에어드랍 뿐만 아니라 다양한 이벤트도 거래소별로 진행하기 때문에 처음 시드를 100만 원까지 모으기에 이것보다 쉬운 방법은 드물다.

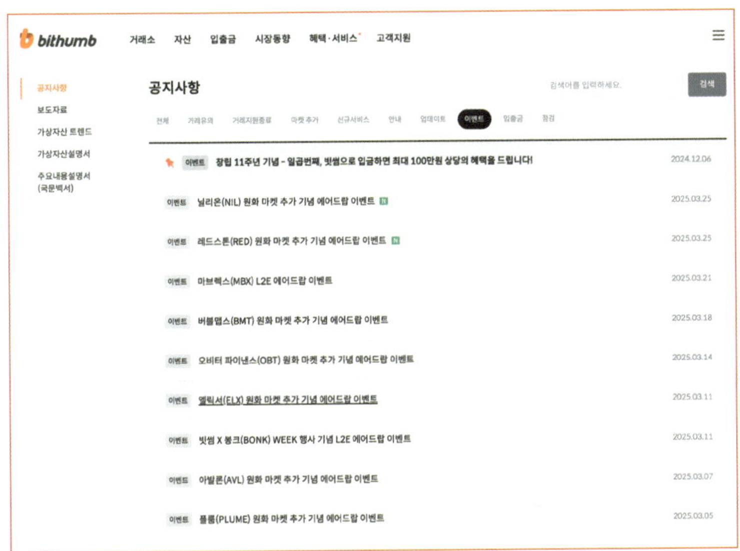

빗썸 거래소 에어드랍 이벤트

위의 빗썸 거래소에서 진행한 에어드랍 이벤트를 살펴보면 코인이 새롭게 원화 마켓에 추가했을 때 이벤트로 에어드랍을 주는 것을 확인할 수 있다. 일반적으로 이벤트 기간이 주어지고 해당 이벤트 기간동안 코인 거래를 한다면 에어드랍 대상자가 되고, 지정된 에어드랍 토큰을 거래자들이 나눠서 가지게 된다. 보통은 2일, 긴 경우 3일 정도 거래를 해야 한다. 일반적으로 거래소에 최소 거래금액이 5,000원이다. 그러므로 해당 에어드랍 이벤트 코인을 5,050원으로 매수, 매도를 한다. 빠르게 사고 바로 파는 것이다. 그렇게 하면 수수료를 포함해서 매매 손실 또는 수익이 100원 이하로 발생한다. 이걸 이틀 동안 진행하면 최대 200원까지 수수료 및 매매 수익 또는 손실이 발생할 수 있다. 일반적으로 에어드랍은 최소 3,000원 이상은 생기기 때문에 수수료 및 매매수익, 손실보다는 큰 수익을 얻을 수 있다. 이러한 거래소 에어드랍 작업을 '거래소 딸깍 에드작'이라고 이야기한다. 거래소에서 사고, 팔고를 바로 하기 때문에 클릭 2번 해서 에어드랍을 받는다는 의미로 '딸깍'이라고 표현한다.

거래소 에어드랍은 국내에선 빗썸에서 가장 많이 이벤트가 있다. 그래서 빗썸에서 진행되는 에어드랍 거래소 에드작은 모두 참여해야 하고, 나머지 업비트, 코인원, 코빗 등에서 간헐적으로 진행되는 에드작도 모두 참여해야 한다. 일반적으로 업비트는 거래소 에어드랍 작업이 적은 편이고, 코인원과 코빗은 참여자가 빗썸에 비하여 적기 때문에 노력 대비 조금 더 좋은 성과를 거둘 수도 있다. 최소한 국내 거래소 4군데서 진행하는 거래소 에어드랍 작업은 모두 해야 한다. 이렇게 꾸준히 하면 빠르면 3,4개월 정도면 100만 원까지 에어드랍으로 모을 수 있다. 물론 시장 상황에 따라서 기간이 다를 수는 있다.

1~2개월 안에 100만 원을 모으기 위해서는 국외 거래소도 활용해야 한다. 국외 거래소는 영어로 작성되어 있고, 국내 거래소에서 국외로 코인을 보내야 하는 약간의 번거로움이 있다. 하지만 이는 결국 에어드랍을 하기 위해서 반드시 해야 하는 작업이므로, 국내 거래소 에어드랍 작업을 다 할 수 있다면 국외 거래소도 조금씩 시작해보기 바란다. 일반적으로 국내 거래소보다 국외 거래소에 할당된 에어드랍 물량이 더 많은

편이다. 국외 거래소는 종류도 다양하고 다양한 프로그램이 있어서 부지런하게 거래소 에어드랍 이벤트를 하면 빠르게 100만 원까지 시드를 모을 수 있다.

국외 거래소 중 OKX는 '캠페인 센터'라는 메뉴가 있다. 여기에 현재 참여 가능한 에어드랍 리스트가 있다. 조건과 에어드랍 수량 등에는 조금씩 차이가 있지만, 일반적으로 OKX는 100 USDT 입금 및 200 USDT 이상

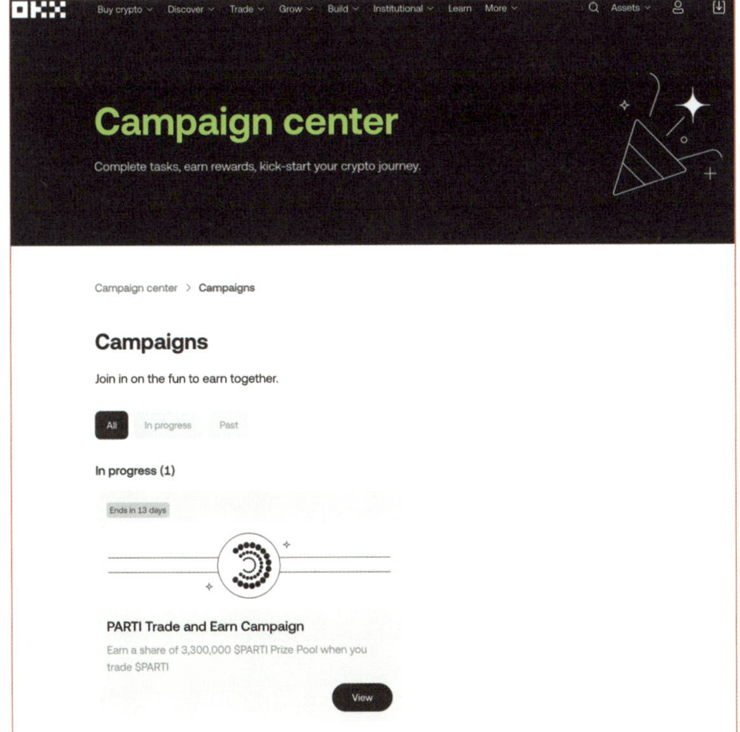

OKX 거래소 에어드랍 이벤트

거래 볼륨 채우기 등의 조건이 있다. 경우에 따라 조건이 달라지긴 한다. 입금된 USDT는 일정 기간 유지해야 하는 조건도 추가로 있다.

거래소에서 제시하는 에어드랍 조건에 맞추어서 국내 거래소에서 했던 것과 동일한 방식으로 에어드랍 작업을 할 수 있다. 요구되는 USDT를 입금하고 이벤트 대상 코인을 거래한다. 200 USDT라는 볼륨조건이 있다면 101 USDT로 해당 코인을 사고팔면 된다. 사자마자 바로 팔 때는 손실이 없다. 이렇게 하면 수수료로 일부 사용하게 되고 이벤트가 끝나는 시점에 해당하는 코인을 에어드랍으로 받는다. 이렇게 받은 에어드랍을 지속해서 USDT로 바꾸어서 시드를 모아나가면 된다.

대표적인 국외 거래소가 바이낸스, OKX, 바이비트, 비트겟 등이다. 이 네 개의 거래소는 안전한 거래소이고 거래볼륨도 많다. 추가적으로 위의 거래소에서는 USDT를 예치하면 이자를 준다. 일반적으로 500 USDT 이하일 때는 이자가 높다. 그래서 초반에 100만 원까지는 빠르게 시드를 모을 수 있다. 거래소에서 작업해서 에어드랍을 받은 이후 해당 코인을 USDT로 바꾸어 예치하는 것을 반복한다.

조금 인기도가 낮은 국외 거래소는 에어드랍으로 더 많은 코인을 주는 경우가 많다. 그리고 신규 거래소는 이벤트도 많이 진행한다. 신규 거래소는 리스크가 있을 수 있지만 단순히 에어드랍 작업을 해서 초반에 작은 시드를 모으기에는 리스크가 거의 없다고 볼 수 있다. 소액을 넣고 에어드랍을 받은 이후에 USDT로 변환하여 메이저 거래소로 옮겨

두면 된다. 물론 스캠 신규 거래소도 존재하기 때문에 코인마켓캡이나 코인게코 등에서 최소한의 순위권에 있는지를 점검해 보고 거래소를 선택해서 에어드랍을 위한 투자를 해야 한다. 국내 업비트 및 빗썸과 제휴된 국외 거래소도 어느 정도 안정성이 있는 거래소로 안전하고 에어드랍 작업을 진행할 수 있다. 거래소는 100군데도 넘기 때문에 많은 거래소에서 에어드랍 작업을 진행하면 단기간에 시드를 100만 원까지는 빠르게 만들 수 있다.

처음에 국내 및 국외 거래소에서 진행하는 이벤트 에어드랍에 참여하면서 국내 및 국외 거래소에 익숙해지는 시간이 필요하다. 테더나 코인을 거래소로 보내는 것을 연습하는 시간도 중요하다. 국내 거래소만 이용한다면 타거래소로 코인을 보낼 필요가 없다. 그러나 국외 거래소를 활용하는 순간 코인을 직접 보내야 한다. 처음에는 어렵지만 몇 번 해보면 익숙해진다. 코인을 보내다가 실수하는 일도 있을 수 있기 때문에 초반에 에어드랍 작업을 하면서 소액을 충분히 자주 보내는 경험이 필요하다. 그러므로 단순히 '100만 원을 모은다'는 생각보다는 거래소를 활용하고 코인을 보내는 것을 연습해 보고, 다양한 에어드랍 작업에 참여하면서 프로젝트들이 상장하고 나서 어떻게 가격을 형성하는지를 테스트한다는 자세로 해보기 바란다.

0원에서 100만 원으로 시드를 만드는 시기에 다른 에어드랍 작업도 병행해야 한다. 그래서 에어드랍 이후에 어떻게 거래소로 보내서 현금화 하는지 혹은 재투자하는지도 이 시기에 함께 배울 수 있다. 국내 거래소가 초보자에게 누구나 쉽게 활용할 수 있기 때문에 100 USDT 정도 금액을 모을 때까지는 국내 거래소 에어드랍 작업에 열심히 참여해서 빠르게 금액을 달성하는 것이 중요하다.

100 USDT 이상 시드를 모았으면 이것을 국외 거래소에 보내어 다양한 에어드랍 작업에 추가로 참여하면서 시드를 늘려나가야 한다. 국외 거래소는 USDT에 대해서 적게는 5퍼센트 많게는 10~15퍼센트까지도 이자를 주기 때문에 이를 잘 활용한다.

앞에서는 OKX를 예로 들었는데 국외 거래소에서는 바이비트 및 비트겟에서도 많은 에어드랍 이벤트가 진행된다. 거래소별 에어드랍 이벤트 종류가 다르고 소액으로 참여했을 때 투자 대비 높은 성과를 주는 것도 조금씩 다르다. 그러나 어떤 거래소에서 어떤 에어드랍이 큰 의미가 있는지는 코인이 상장하고 나서 결과를 보기 전까지는 아무도 알 수 없다. 따라서 모든 거래소 에어드랍 작업을 빠지지 않고 참여하는 것이 중요하다. 시간이 들어가지만 금전적인 손실은 생기지 않으므로 거래소 에어드랍 작업만큼 초반에 0원에서 100만 원까지 빠르고 확실하게 시드를 늘릴 수 있는 방법은 많지 않다. 에어드랍 작업 중에서 제일 쉽고 간단하며 빠르게 결과를 볼 수 있는 작업이므로 초반에 이 거래소 에어드랍 작업을 먼저 마스터 해야 한다.

물론 추후에도 이 거래소 에어드랍 작업은 틈틈이 해나간다. 어느 정도 숙달되면 공지만 보고 1분 이내에 완료할 수 있기 때문에 지속적으로 가성비 좋은 것이 거래소 에어드랍 작업이다. 때로는 신규 거래자나 특별한 케이스 코인은 100만 원 정도 되는 에어드랍을 주기도 한다. 물론 1년에 그러한 경우는 많지 않지만 있을 수는 있으니 그러한 에어드랍을 놓쳐서는 안된다.

100만 원에서 1,000만 원까지 만드는 실전법

0원에서 100만 원을 만드는 것에 성공했다면 이제는 100만 원에서 1,000만 원을 만드는 단계다. 이 단계가 되면 기본적으로 거래소에서 진행하는 에어드랍 작업을 하는 게 어느 정도 익숙해진 시기다. 지속해서 거래소에서 무료로 얻을 수 있는 에어드랍 작업은 꾸준히 해야 한다. 단계가 지날수록 에어드랍 작업 및 정보를 얻는 다양한 방법을 알게 된다. 기존에 1시간 걸려서 작업했던 것을 이때 쯤이면 10분 이내면 완료할 수 있다. 어느 정도 습관이 되어 있어서 일상의 루틴으로 자리 잡은 것도 확인할 수 있다. 다만 시간이 지나면서 점점 익숙했던 습관이 게으름과 다양한 핑계로 인해서 못 하게 되는 순간이 온다. 그러므로 기존에 했던 작업을 유지하면서 새롭게 시드를 늘려가는 작업이 필수적이다. 일상의 루틴으로 완전히 자리 잡을 때까지는 지속해서 다양한 방법을 사용해서 그동안 했던 작업을 유지해야 한다.

기존 0원에서 100만 원 만드는 루틴이 자리 잡았으면 금액이 많지는 않지만, 지속해서 손실 없는 수익이 조금씩 늘어나는 걸 확인할 수 있다. 하지만 이 금액으로는 1억 원까지 늘리기는 한계가 많다. 이제는 100만 원에서 1,000만 원을 만들기 위해서 한 단계 끌어올려야 하는 순간이다. 따라서 기존의 누구나 쉽게 할 수 있는 단순한 거래소 에어드랍 작업에서 조금 발전시켜야 한다. 이제는 개인 지갑도 사용할 수 있어야 하고 디파이 시장에 대한 이해도 필요하다. 물론 이 시장을 이해하기 위해서 처음부터 통달할 만큼 공부를 할 필요는 없다. 시간과 여건이 허락하는 범위에서 하나둘씩 에어드랍 작업을 수행하다 보면 자신만의 루틴이 생기고 자기가 잘할 수 있는 범위가 늘어난다. 꾸준히 시간이 허락하는 범위에서 지속하는 힘이 중요하다.

거래소 에어드랍 작업을 통해서 소중하게 모은 100만 원을 이제는 투자에도 적극적으로 활용해야 한다. 에어드랍 작업에는 무료 에어드랍과 유료 에어드랍 작업이 있다. 무료로 하는 것은 때에 따라 다르기만 시간과 노력에 비해서 수익이 적은 편이다. 유료로 하는 에어드랍이 시간과 노력 대비 일반적으로 수익이 높다. 100만 원에서 1,000만 원까지 늘리기 위해서는 이 두 가지 작업을 병행해야 한다. 시드가 제한적이기 때문에 프로젝트 선별 능력도 필요하다. 이건 에어드랍 작업을 진행하면서 자연스럽게 습득할 수 있다.

크립토랭크 드랍헌팅(https://cryptorank.io/drophunting)을 주로 활용해

야 한다. 기본적인 가이드가 있으나 초보자에게는 조금 어려울 수 있다. 초보자를 위해서 코인드랍 사이트(https://coindrop.kr/)를 운영하고 있으니 이 두 사이트를 병행하면 조금 더 쉽게 에어드랍 작업을 할 수 있다. 유료와 무료 에어드랍 작업을 적절히 병행하면서 만든 시드 100만 원을 유료 에어드랍 작업에 적절히 잘 선별해서 예치작과 거래소 볼륨작 등에 활용해야 한다. 여기서부터는 시간과 인내심이 필요하다.

프로젝트마다 다르지만 일반적으로 에어드랍 작업을 시작한 시점부터 그 결과를 보기까지 짧게는 1개월에서 길게는 6개월까지 소요되거나 1년 이상 걸리기도 한다. 그러므로 에어드랍 작업의 프로젝트들을 자신만의 방법으로 따로 정리해서 관리할 필요가 있다. 시간이 지나다 보면 본인이 에어드랍 작업한 리스트조차 알지 못하는 경우가 많이 있다. 에어드랍 종류도 많고 프로젝트도 다양하며 온라인에서 하는 활동이라서 금방 사라지는 프로젝트도 많기 때문에 쉽게 잊어버리기도 한다. 그러므로 프로젝트들을 어느 정도 선별해서 잘 관리하는 능력도 중요하다. 더불어 블로그를 하나 개설해서 자신이 에어드랍하는 작업을 모두 정리해 두면 좋다. 블로그를 운영하면 자신이 에어드랍 작업한 것들을 다음에 확인하고 점검하기에도 편리하다. 블로그 운영이 어렵다면 자신만의 방법으로 에어드랍 리스트 등을 관리하고 결과를 정리해 두는 것이 필수적이다. 잘 정리해둔 에어드랍 리스트는 다음에 다른 에어드랍 작업을 할 때도, 유용하고 프로젝트 등을 평가할 때도 큰 도움이 된다. 더불어 어떤 에어드랍이 실적이 좋았는지도 확인하는 데 유용하다.

100만 원에서 1,000만 원까지 가는 단계는 다양한 시행착오를 거쳐야 한다. 이 단계에서 내가 잘할 수 있는 에어드랍 작업 리스트가 결정된다. 에어드랍은 종류가 다양하다. 생태계도 다양하고 기회가 모두에게 공평하게 열려 있는 것은 아니다. 자신이 잘할 수 있는 영역에서 에어드랍을 극대화할 수 있다. 경험이 필요하지만, 어떤 프로젝트는 운이 좋게 일찍 진입해서 좋은 결과를 내는 경우도 종종 있다. 결국 자신이 잘할 수 있는 에어드랍 분야를 빨리 찾아내는 것이 중요하다. 이 단계에서 자신이 잘할 수 있는 에어드랍 분야를 집중할 때 수익을 극대화할 수 있다. 남보다 빠르게 좋은 프로젝트를 선별하고 자신이 잘할 수 있는 분야에서 집중할 때 단기간에 100만 원에서 1,000만 원까지 시드가 늘어날 수 있다.

처음에는 최대한 다양한 프로젝트를 모두 참여하는 것이 좋다. 자신이 잘할 수 있는 에어드랍 분야가 명확하지 않기 때문에 최대한 많이 할 수 있는 범위를 늘려가야 한다. 조금씩 시장을 이해하면서 자신이 잘할 수 있는 분야를 빠르게 찾는 게 중요하다. 에어드랍 작업에는 디파이 영역에서 기회를 찾을 수 있고, 디스코드 등에서 다양하게 활동하면서 기회를 얻을 수도 있다. 혹은 노드를 운영하면서 채굴 중심의 활동도 할 수 있다. 아니라면 블로그나 SNS 등을 통해서 프로젝트 엠버서더 활동으로 에어드랍을 받을 수도 있다. 다양한 종류가 있으므로 자신이 잘할 수 있는 것을 중심으로 카테고리와 프로젝트를 선정하는 것이 중요하다.

정리하면, 이 단계에서는 모든 분야를 조금씩 접하면서 시장을 이해해야 하고 시간이 지나면서 자신이 잘할 수 있는 분야를 선택해야 한다. 그 분야에서 자신이 다른 에어드랍 작업을 하는 이들보다 조금 더 실력을 키우면 빠르게 100만 원에서 1,000만 원까지 에어드랍 수익을 좀 더 효과적으로 늘릴 수 있다.

1,000만 원에서 1억까지, 디파이로 뻗어 나가기

1,000만 원에서 1억 원 만들기는 누구나 할 수 있지만 아무나 가능한 것은 아니다. 두 가지 조건이 필요하다. 하나는 자신만의 노하우가 있어야 하고 또 하나는 약간의 운도 따라줘야 한다. 운은 통제할 수 없으므로 여기서는 자신만의 노하우에 대해서 다루겠다. 운이 따라주는 부분은 1,000만 원에서 1억 원 만들기에 있어서 시간을 단축할 수 있는 것과, 시장 타이밍이 좋을 때 에어드랍 작업을 했던 것을 의미한다. 시장 상황이라는 변동성은 우리가 통제하기 어렵기 때문에 변수로 가정하고 자신만의 노하우를 통해서 1,000만 원에서 1억 원으로 시드를 늘리는 부분을 살펴보자.

크립토 랭크 홈페이지의 에어드랍 헌터 메뉴에는 매일 새로운 프로젝트와 에어드랍 미션이 주어진다. 종류도 많고 시간도 많이 걸리기 때문에 여기에 있는 모든 걸 하는 에어드랍 헌터는 극히 드물다. 기본적으로 영어로 되어 있으므로 영어 실력이 부족한 사람에게는 조금 장벽이 되기도 한다. 최근에는 브라우저에서 간단하게 한국어로 번역도 해주고 좋은 번역 도구를 사용하면 어렵지 않게 이해할 수 있기는 하지만, 불편함이 있으므로 한글로 잘 설명된 사이트보다는 어려운 게 사실이다. 그렇지만 이러한 불편함이 오히려 좋은 기회일 수 있다.

아직은 암호화폐 에어드랍이 많이 알려지지 않았다. 이러한 소식을 알려주는 텔레그램 및 트위터 등의 채널도 있지만 체계적으로 잘 정리해서 알려주는 곳은 없다. 그래서 자기가 정보를 찾아보고 노력해야 하는 시간이 많이 든다. 향후 몇 년간은 이러한 흐름이 계속 지속될 것으로 보인다. 이뿐만 아니라 에어드랍은 종류가 많고 기본적으로 단순히 암호화폐를 투자하는 것보다는 학습이 필요한 영역이다. 어느 정도 이 시장에서 에어드랍 작업을 많이 한 고수들은 간단히 사이트 하나만 알려줘도 스스로 다양한 에어드랍 미션을 수행할 수 있다. 그러나 대부분의 이들에게는 친절한 설명과 방법에 대한 안내가 필요하다. 그렇지 않으면 하기 어려운 에어드랍 작업들이 많다. 이러한 부분도 오히려 에어드랍으로 수익을 낼 좋은 숨겨진 기회이면서 또 다른 추가 수익을 올릴 가능성을 보여준다.

기본적으로 코인 투자는 거래소를 포함하여 추천인 수익이 존재한다. 사이트 가입을 추천인 코드를 사용하여 가입하면 가입자의 거래 수수료 중 일부를 수익으로 공유해 주거나 다른 방법을 통해서 부가적인 수익을 준다. 주식시장과는 다르게 코인 시장 특성이 이러한 추천인 홍보 위주로 발전해 온 것도 존재하고 프로젝트 입장에서는 추천인 홍보만큼 마케팅 비용을 아낄 수 있는 좋은 효과가 없기 때문이기도 하다. 모든 회사들의 제품에는 마케팅 및 홍보 비용이 포함되어 있고 큰 비용을 홍보와 마케팅에 사용한다. 암호화폐 프로젝트도 같이 마케팅과 홍보가 필요하다. 일반적으로 암호화폐 프로젝트들은 인플루언서들을 활용하여 콘텐츠를 홍보하고, 그 대가로 프로젝트의 코인을 에어드랍으로 준다. 이 수량이 적지 않기 때문에 에어드랍 작업을 하는 에어드랍 헌터라면 어떤 방식이 되든 이 추천인 코드 마케팅을 활용해야 한다. 이 지점이야말로 1,000만 원을 1억 원으로 늘릴 수 있는 중요한 전환점이 된다. 물론 추천인 코드 하나도 없이 스스로 에어드랍 작업을 통해서 1억 원을 만드는 것도 가능하다. 필자의 경우 초창기에 추천인 코드 하나도 없이 스스로 에어드랍 작업을 하여 0원에서 1억 원까지 수익을 냈다. 그렇지만 추천인 코드를 활용하면 조금 더 빠르게 이 금액을 달성할 수 있다.

새로운 서비스를 시작하는 파운더 입장에서는 이 추천인 코드를 활용하는 것이 가장 마케팅 비용을 아낄 수 있다. 인플루언서들이 괜찮게 생각하는 프로젝트라면 추천인 코드를 활용해서 스스로 어떤 비용을 받지 않고 홍보해 주기 때문이다. 암호화폐 시장에서는 이 추천인 코드를 활용한 프로젝트 홍보가 지금은 시장에 자리 잡혀있다.

에어드랍 작업을 따라 하는 초보자로서도 어느 정도 신뢰할 만한 인플루언서가 추천인 코드를 사용하여 알려주는 사이트를 활용하는 것이 훨씬 안정적이다. 스캠 사이트의 가능성도 작고, 어느 정도 인플루언서가 해당하는 에어드랍 사이트에 대해서 검증을 일차적으로 마쳤기 때문에 그 부분에서 시간을 아낄 수 있기 때문이다. 프로젝트 입장에서는 마케팅 비용을 아낄 수 있어서 좋고, 영향력자로서는 자신이 괜찮게 생각하는 프로젝트를 어떤 마케팅 비용을 따로 받지 않고 자유롭게 홍보하면서도 그 대가로 추천인 수익이 생긴다. 그걸 따라 하는 에어드랍 헌터들은 신뢰하는 정보에 스캠 가능성을 배제하면서 작업을 할 수 있으므로 효율적이다.

아직은 에어드랍 정보가 많지 않고 잘 정리되어 있는 곳이 부족하다. 일부 인플루언서들과 오랫동안 에어드랍 작업을 전문적으로 해왔거나 어느 정도 나름대로 실력 있는 이들이 대부분의 에어드랍 수익을 가져가고 있다. 시간이 지나면서 점점 시장이 넓어지고 많은 참여자들이 생기지만 지금은 여전히 기회의 시장이다. 많은 이들이 에어드랍 정보를 접할 수 있도록 자신만의 노하우로 정보를 제공하고 초기 시장에 진입하거나 기존의 시장에서 이미 에어드랍 작업을 하고 있더라도 추가적인 정보를 제공해 주는 시장이 여전히 많이 부족하고 필요하다.

그래서 에어드랍 헌터들은 자신만의 노하우를 시장에 공유해 주는 일을 해야 한다. 블로그나 텔레그램 혹은 트위터, 유튜브 등 자신이 잘할 수 있는 채널을 하나 개설해서 지속적으로 에어드랍 정보를 올리고 공유해 주는 작업을 하는 것이다. 이미 어느 정도 공개된 정보를 알려주는 것도 필요하지만 아직 시장에 잘 알려지지 않은 정보를 잘 정리해서 공유하는 게 핵심이다. 시장에서 이제 막 나온 프로젝트들을 찾아서 직접 해보고 그 방법에 대해서 가이드 문서를 작성해서 공유하면 많은 이들이 그 가이드를 보고 도움을 얻고, 해당 가이드에 추천인 코드가 있다면 그 코드를 사용하게 될 것이다. 아직 시장에 잘 알려지지 않은 정보를 찾아서 발굴하고 그 정보를 잘 알려주면서 자연스럽게 채널도 운영하고 사람들에게 그 정보를 공유한 대가로 추천인 코드에 따른 추가적인 포인트를 얻게 된다. 그렇게 얻게 된 포인트를 기반으로 에어드랍이 진행되면 단순히 작업을 혼자 한 것보다 더 높은 수익을 올릴 수 있다.

다만 여기서는 본인만의 노하우가 필요하다. 시장에 대한 이해와 더불어 해당하는 에어드랍 프로젝트가 얼마나 가능성이 있는지도 판단할 수 있어야 한다. 시장에 수없이 많은 에어드랍 프로젝트가 있다. 이 중에서 누군가는 가능성이 있는 프로젝트를 선별해 주어야 한다. 그러한 선별 과정과 사람들이 쉽게 따라할 수 있도록 정보를 제공하는 역할을 하고 그에 대한 대가를 받는 것이다. 단순히 누군가가 올려준 에어드랍 정보를 단순히 따라 하는 역할에서 이제는 그 정보를 주는 인플루언서 단계로 발전하는 것이다. 이 단계에서 많은 팔로워가 필요한 것은 아니다. 자신의 정보를 찾고 도움을 얻는 일부 사람이 있다면 시간이 지나면서 자연스럽게 팔로워들은 늘어나고 서로에게 도움을 주고받을 수 있게 된다.

프로젝트를 직접 찾아서 정보를 공유하면 시간이 지나면서 자연스럽게 프로젝트를 판별할 수 있는 능력도 생긴다. 처음부터 좋은 프로젝트를 구별할 수는 없지만 SNS 채널을 운영하면서 정보를 직접 올리고 프로젝트팀과 소통하다 보면 시장을 보는 시각이 다른 이들에 비해서 넓어지고 자신의 능력도 발전하게 된다. 그러면서 자연스럽게 성과를 낼 만한 프로젝트를 볼 수 있는 관점이 생기고 신규 알트코인 투자에도 실력이 좋아진다. 단순히 정보를 보는 처지가 아니라 정보를 주는 입장이 되었기 때문에 시장을 보는 시각도 한층 업그레이드되는 것이다. 그게 결국 실력이고 투자에도 결정적으로 괜찮은 결과로 이어지게 된다.

이 과정까지는 시간과 노력이 필요하다. 중간에 실패도 겪을 수 있고 여러 가지 잘못된 정보를 접할 수도 있다. 초기 프로젝트를 발굴하는 과정에서 스캠 프로젝트에 속는 경우도 있다. 하지만 여러 가지 리스크를 감당하면서 실력이 늘게 되고 자신만의 노하우도 발견하게 된다. 그러한 노하우와 실력으로 인해서 자연스럽게 에어드랍으로 수익도 내고, 에어드랍 프로젝트를 소개하는 활동으로 인해서 부가적인 수익도 낼 수 있다. 어느 정도 시장에서 인정받는 인플루언서가 되면 다양한 프로젝트로부터 협업도 할 수 있다. 이 정도 단계에 이르면 에어드랍 작업으로 1억 원을 버는 것이 가능하다는 것을 스스로 깨닫게 된다.

모두가 아주 유명한 인플루언서가 될 필요는 없다. 하나의 채널이라도 꾸준히 취미활동으로 운영하면 에어드랍 작업을 하는 데 꽤 유용한 도구가 될 수 있다. 1,000만 원에서 1억 원까지 시드를 늘리는 것이 쉽지는 않지만, 도전하는 이들에게는 언제나 가능한 시장임을 잊지 말고 지금부터 채널 하나를 오픈하여 자신이 알고 있는 정보를 하나, 둘씩 올리다 보면 어느 순간 꽤 성장한 자신의 채널을 발견하게 될 것이다. 거기서 다양한 정보를 주고받다 보면 자신이 정보를 주기도 하지만 다른 이들로부터 좋은 정보를 얻을 수도 있다. 암호화폐 시장 특성상 SNS 채널을 통해서 정보를 주고받는 부분이 중요한 시장이기 때문에 에어드랍 작업에도 동일하게 이러한 투자 방식을 활용하는 것이 시드를 크게 늘릴 수 있는 핵심이다.

원화스테이블 코인이 바꾸는 돈의 판

에어드랍 참여의 기본 체크리스트

에어드랍은 종류가 다양하지만 기본적으로 에어드랍을 위해서 갖추어야 할 도구가 있다. 가장 기본적으로 노트북과 같은 PC가 필요하다. 스마트폰에서 할 수 있는 에어드랍 작업도 있지만 PC에서 하는 게 일반적으로 많다. 그러므로 가장 기본 사양의 PC를 따로 준비하는 것이 좋다. 일부 에어드랍은 초기 프로젝트에 참여해야 하므로 혹시 모를 해킹 피해도 있을 수 있다. PC를 잘 다루지 못한다면 혹시 모를 피해를 대비해서 에어드랍 전용 PC를 준비해서 작업하는 것이 가장 안전하다.

에어드랍 작업을 위해서 누구나 쉽게 할 수 있는 거래소 에어드랍은 스마트폰으로도 충분하다. 그러나 테스트넷 에어드랍 같은 경우는 일반적으로 지갑이 필요하다. 이더리움 기반의 대표적인 지갑은 '메타마스크MetaMask'다. 처음은 다소 어려울 수 있지만 설치하고 사용이 익숙해지면 크게 어렵지 않다. 다만 지갑을 설치하고 관리하는 보안 사항을 사전에 충분히 학습할 필요가 있다. 우리는 에어드랍 작업을 위한 지갑을 설치할 예정이므로 이것 역시 자신이 실제 사용하는 메인 지갑이 아니라 서브 지갑을 활용하는 것을 추천한다. 극초기의 에어드랍 작업 같은 경우는 프로젝트에 대한 정보가 부족하여 해킹의 위험에 노출되기도 한다. 그래서 별도의 노트북에 메인 지갑이 아닌 서브 지갑을 활용하여 에어드랍 작업을 하길 추천한다.

에어드랍 전용 PC와 지갑을 준비하면 기본적인 요구사항은 갖춘 것이다. 추가적으로 국내 및 국외 거래소 가입이 필요하다. 국내 거래소는 빗썸, 업비트, 코인원, 코빗 등에 가입하길 추천한다. 일반적으로 에어드랍은 빗썸에서 많이 이루어지고 있으니 빗썸은 반드시 가입해야 하는 거래소다. 거래소별로 사용하는 계좌가 모두 다르다. 그러므로 필요한 은행 계좌들은 미리 가입해두거나 모든 은행 계좌를 가입하지 않더라도 거래소 가입은 해둔다. 출금은 현금으로만 할 수 있는 게 아니라 거래소에서 다른 거래소로 코인을 보내서 현금화가 가능하기 때문에 모든 거래소에 은행계좌가 반드시 다 연결되어 있을 필요는 없다.

국내 거래소 가입 시 이벤트 기간에 하면 다양한 현금 이벤트나 코인 에어드랍을 진행하기도 한다. 이러한 기간에 가입하면 가입과 동시에 약간의 시드머니를 확보할 수 있기 때문에 가입 이벤트 기간을 잘 확인한다. 국외 거래소의 경우는 국내와는 다르게 거래소별 수수료 할인 정책이 있다.

국내 거래소는 추천인 제도가 있지만 추천인을 통해서 가입하더라도 수수료 할인을 해주는 정책이 없다. 그래서 국내 거래소는 자유롭게 가입하면 된다. 국외 거래소는 추천인 제도에 의해서 수수료 할인 제도가 존재한다. 작은 거래 금액에서 수수료 할인은 큰 의미가 없지만 거래 금액이 커지면 수수료는 꽤 중요하다. 잦은 거래와 볼륨이 큰 경우 적게는 100만 원에서 많게는 1,000만 원까지 발생하는 게 수수료다. 그래서 이 수수료를 할인받는 게 중요하다.

국외 거래소는 그냥 가입하면 수수료 할인 혜택이 없다. 일반적으로 거래소 파트너로 불리는 추천인 제도에 의해서 20퍼센트 정도의 수수료 할인 혜택을 부여해준다. 다만 처음 가입 시 계속 활동하고 거래소 파트너의 추천인 코드로 가입하는 것이 중요하다. 보통 국외 거래소에서는 파트너들을 통해서 수수료 할인 혜택을 부여하면서 일정 기간 해당 파트너를 통한 가입자들의 거래 볼륨과 가입자 수 등을 종합적으로 판단하여 수수료 할인 혜택을 유지하거나 중지한다.

처음에 가입한 파트너 수수료 혜택이 20퍼센트였다고 하더라도 해당 파트너가 활동을 계속하지 못하거나 해당 파트너로 가입한 가입자들의 거래 볼륨이 일정 수준에 미치지 못하면 파트너 코드로 가입한 가입자도 수수료 할인 혜택을 받지 못한다. 그러므로 평소에 즐겨보던 트레이딩 유튜브 채널이나 유명 KOL 채널을 통해서 국외 거래소에 가입하는 것이 여러 가지 측면에서 유리하다. 국외 거래소는 기본적으로 바이낸스, 바이비트, OKX, 비트겟은 기본적으로 가입한다. 바이낸스에서는 BNB를 보유하고 있으면 에어드랍을 주는 경우가 많고, 2025년 4월 이후로는 바이낸스 지갑을 통해서 거래할 때 다양한 에어드랍을 주고 있다.

바이비트는 다양한 에어드랍 풀을 운영하고 있으며 에어드랍 수량도 나쁘지 않게 주는 경우가 많다. OKX 역시 다양한 에어드랍 풀을 상시적으로 운영하고 있고 비트겟도 동일하다. 4개 거래소는 시장 상황에 따라서 에어드랍의 활성화 여부가 많이 달라진다. 이건 프로젝트와 시장 상황에 따라 모두 다르기 때문에 기본적으로 국외 거래소 4군데는 가입해서 KYC(신원인증)까지 완료한다.

코인 에어드랍 작업을 위해서 정보는 필수적이다. 에어드랍 작업에 다양한 미션이 있다. 이때 주요 소셜미디어 계정이 필요하다. 코인 에어드랍을 위한 주요 SNS 채널은 텔래그램과 트위터, 디스코드다. 다른 채널은 있으면 좋지만 반드시 필요하지는 않다. 그러나 텔레그램과 트위터, 디스코드는 필요하니 미리 가입해 두어야 한다.

에어드랍 작업을 위한 기본적인 PC 및 지갑을 설치하고 주요 SNS 및 거래소 가입을 했다면 기본적인 에어드랍 작업을 위한 준비가 완료되었다. 기본적인 에어드랍 작업 준비가 되었으니 하나씩 작업을 실행하면서 필요한 것을 그때마다 추가로 늘려가면 된다. 에어드랍 작업시 필요한 다양한 도구들이 있으나 하나씩 실행하면서 설치하거나 활용하면 된다.

테스트넷 미션 참여법

에어드랍 작업을 위한 기본적인 도구를 갖추었으면 본격적으로 에어드랍 작업을 시작해야 한다. 처음에는 무료로 할 수 있는 에어드랍 작업을 하면서 시장을 이해하는 것이 중요하다. 무료로 하는 에어드랍에는 대표적으로 '테스트넷 에어드랍 작업'이 있다. 크립토랭크 홈페이지의 에어드랍 헌터메뉴에서 에어드랍 작업을 확인할 수 있다. 카테고리별로 정리되어 있는데 테스크 타입TaskType을 테스트넷Testnet으로 선택하면 테스트넷 에어드랍 목록을 확인할 수 있다. 처음에는 이 모든 걸 다 하기보다는 할 수 있는 범위에서 하면 된다. 에어드랍 작업 리스트를 하나씩 추가하면서 작업 범위를 넓혀가고 자기가 잘할 수 있는 분야를 정리하는 것이 중요하다. 기본적으로 테스트넷 에어드랍에는 프로젝트가 언제 출시했고 현재 어떤 상태인지를 확인할 수 있다.

테스크 타입을 통해 무료로 하는 작업인지 약간의 투자금이 들어가는지 확인이 가능하다. 처음에는 투자금이 들어가는 것 보다는 무료로 할 수 있는 작업을 충분히 한 이후에 시장을 이해하고 본격적으로 약간의 투자금이 들어가는 작업을 하는 것이 좋다. 가장 중요한 것은 '에어드랍 작업을 하면서 내가 어떤 프로젝트에 어떤 행위를 하는 건지를 이해하는 것'이다. 대부분 에어드랍 작업을 하는 경우 자신이 하는 에어드랍 행위를 이해하지 못하고 단순 작업을 반복하기도 한다. 이런 경우 운 좋게 에어드랍 수익을 낼 수도 있지만 대부분은 푼돈에 그친다. 그러므로 프로젝트를 정확히 이해하고 왜 에어드랍 작업을 하는지 본인이 이해가 된 상태에서 해야 한다. 어떤 에어드랍 작업은 시간이 오래 걸리고 생각보다 많은 노력이 들어가기 때문에 에어드랍 프로젝트 선별을 잘하지 못하면 오랫동안 작업을 지속할 수 없다. 결국 보상이 없이 계속 노력만 해서는 대부분 지치기 마련이다. 따라서 프로젝트에 대한 이해와 시장에 대한 자신만의 판단 능력이 중요하다.

물론 에어드랍 프로젝트에 대한 평가를 다른 인플루언서를 의지할 수 있다. 처음 시작할 때는 어느 정도 유용할 수 있지만 시간이 지나면서 본인만의 관점을 가지지 못하면 에어드랍에서 큰 수익을 내는 것은 어렵다.

크립토 랭크 에어드랍 미션에 보면 기본적으로 투자 규모와 엑스 스코어X Score를 확인할 수 있다. 투자 규모는 프로젝트의 신뢰성 및 잠재적인 에어드랍 가능성을 알 수 있는 영역이다. 기본적으로 투자 규모가

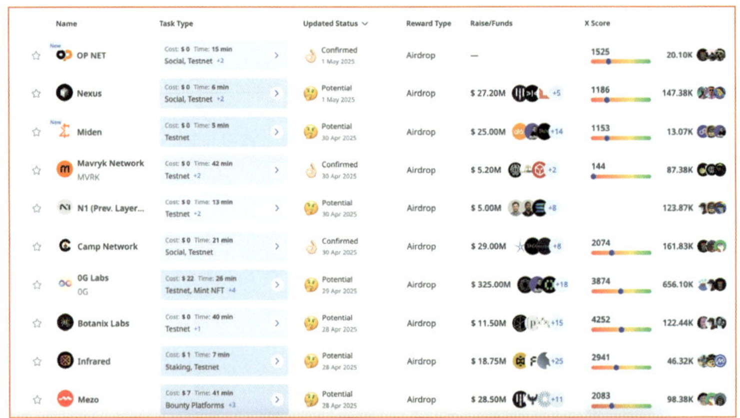

테스트넷 무료 에어드랍 미션(출처:크립토 랭크)

크다면 에어드랍 작업에 따른 사기 리스크는 제거되었다고 볼 수 있다. 하지만 신규 프로젝트이면서 투자 받은 내역이 없다면 사기일 수도 있다. 이러한 사기에서 에어 드랍 작업을 하는 경우 지갑에 잘못된 권한을 부여해서 그동안 에어드랍으로 얻은 토큰들을 모두 잃어버릴 수도 있으므로 유의한다. 이러한 리스크 때문에 에어드랍 작업을 하는 노트북과 지갑은 별도로 관리해야 하고, 작업을 하는 계정도 따로 관리하는 것이 중요하다.

소셜미디어 X는 코인 투자 정보에서 가장 먼저 점검할 수 있는 지표다. 주요 인플루언서들에 의해서 에어드랍 코인에 대한 언급이나 프로젝트에 대해서 서로 다양하게 정보를 공유한다. 마지막에 있는 X 수치는 해당 프로젝트가 시장에서 얼마나 관심이 있는지를 파악할 수 있다.

에어드랍 작업 선정에서 중요한 지표가 투자 규모와 X 지표다. 투자 규모가 크다고 모두 좋은 것은 아니며 X 지표가 높다고 모두 좋은 건 아니다. 오히려 투자 규모가 작으면서 X 지표도 아직 초기인 것이 에어드랍 수익을 더 많이 낼 수 있는 프로젝트일 수도 많다. 너무 많이 언급되어서 많은 이들이 작업한다면 에어드랍 수량을 공유하기 때문에 나에게 주어지는 것은 적을 수 있다. 반면에 프로젝트가 많이 알려지지 않았는데 좋은 프로젝트라면 에어드랍 수익을 많이 낼 수 있다. 꾸준히 에어드랍 작업을 하면서 어떤 프로젝트가 시장에서 초기이고 아직 많은 관심이 없지만 성장 가능성이 높은지를 판단할 수 있는 능력을 키워야 한다.

처음에는 이 모든 게 어렵기 때문에 일단 에어드랍 작업 리스트에서 가능한 에어드랍 작업 위주로 하나둘씩 하면서 실력을 키워가야 한다. 테스트넷 에어드랍 리스트에서 에어드랍 프로젝트를 선택하면 상세한 가이드가 나온다. 이 가이드대로 에어드랍 작업을 진행하면 된다. 모든 에어드랍 리스트마다 이는 다 다르다.

그러나 어느 정도 익숙해지면 대부분 비슷한 형태이므로 처음에는 어려울 수 있지만 시간이 지나면 익숙해진다. 다음 페이지 이미지는 테스트넷 에어드랍 리스트에 있는 미든Miden이라는 프로젝트를 선택했을 때 알려주는 가이드다. 투자 규모와 X Score스코어를 확인할 수 있고 에어드랍에 걸리는 시간과 현재 어느 단계인지 최종 에어드랍 토큰 날짜가 언제로 예상되는지에 대한 정보를 확인할 수 있다. 대부분은 토큰 출시

날짜는 잘 알려주지 않는다. 제일 왼쪽에 보면 현재 에어드랍 미션일 가능한 여부와 기간이 나온다. 이 기간이 현재 가능하다면 오른쪽에 가이드를 보고 에어드랍 미션을 따라서 수행하면 된다. 기본적으로 영어로 안내되어 있기 때문에 해석이 어렵다면 크롬 브라우저 등에서 한국어로 번역하여 볼 수 있다.

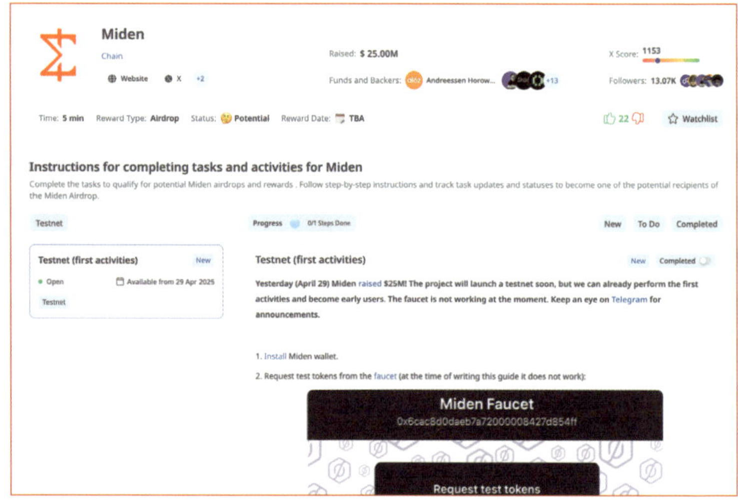

Miden 테스트넷 에어드랍 가이드(출처: 크립토랭크)

기본적인 가이드는 나와 있지만 초보자에게는 어려운 가이드가 될 수도 있다. 자신이 할 수 있는 에어드랍 작업 범위에 따라서 가능한 여부와 그렇지 않은 여부가 결정된다. 모든 에어드랍 리스트마다 다르기 때문에 그 범위에 대해서 명확히 규정지을 수는 없다. 다만 한두 개씩 에어드랍 작업을 하다 보면 자연스럽게 실력이 늘고 대부분의 에어드랍 작업을 할 수 있는 수준까지 올라간다. 그래서 처음에는 조금 어려운 프로젝트가 있다면 넘어가고 쉬운 것부터 해보는 것이 중요하다.

테스트넷 에어드랍은 일반적으로 작업 기간이 있고 이후에 에어드랍 코인 할당 여부를 알려주며 최종적으로 코인이 출시되어서 에어드랍을 받게 된다. 그리고 최종 과정은 에어드랍 작업 기간과 에어드랍 확인 및 청구 기간으로 나뉜다. 에어드랍 작업을 열심히 했더라도 에어드랍 확인 및 청구 기간에 청구하지 못하면 에어드랍을 받지 못하는 불상사가 일어난다. 그러므로 앞서 강조했듯, 매일 반복해서 해야 하는 작업과 주기적으로 점검해야 하는 리스트를 만들어서 본인이 하는 에어드랍 작업을 직접 관리해야 한다.

예치형 에어드랍
수익화 전략

테스트넷 에어드랍 작업은 무료로 시작할 수 있다. 그러나 테스트넷 에어드랍으로 얻을 수 있는 수량에는 한계가 있다. 수익을 극대화하기 위해서는 의미 있는 자본이 투입될 때가 많다. 자본이 투입되는 에어드랍 중에서 대표적인 트렌드는 '예치작 에어드랍'이다. 예치작 에어드랍은 프로젝트가 새롭게 시작될 때 사용자들로부터 다양한 암호화폐를 예치하게 하고 일정 부분 디파이 수익을 주면서 다음에 자신들의 프로젝트 토큰을 예치 기간 및 활동, 금액에 대비해서 에어드랍 해준다.

투자자가 새로운 프로젝트에 리스크를 감수하고 자신의 자금을 일정 부분 예치한 대가로 가장 큰 보상을 해주는 게 예치작 에어드랍이다. 이더리움 기반의 레이어2부터 각종 디파이 서비스, 레이어1 기반의 다양한 Dapp 서비스 및 브릿지 등 대부분의 암호화폐 시장에는 예치작 에어드랍 분야가 있다. 예치작 에어드랍을 가이드 없이 대부분 무리없이 진행할 수준이 되면 스스로 프로젝트를 판단할 수 있는 능력이 생기고 초반에 새로운 디파이 서비스가 출시했을 때 큰 수익을 얻을 수 있는 기회가 많다. 예치작 에어드랍은 예치금을 통한 기본적인 이자수익 서비스에 대한 토큰 에어드랍, 시장 변화에 대한 학습 효과를 가져다준다. 디파이 및 신규 프로젝트가 론칭했을 때 기회가 많이 생기는 게 코인 시장이므로, 이 예치작 에어드랍을 능수능란하게 활용할 수 있으면 이 시장에서 돈 벌 기회도 많다. 그러므로 이 분야를 섭렵하는 것이 중요하다.

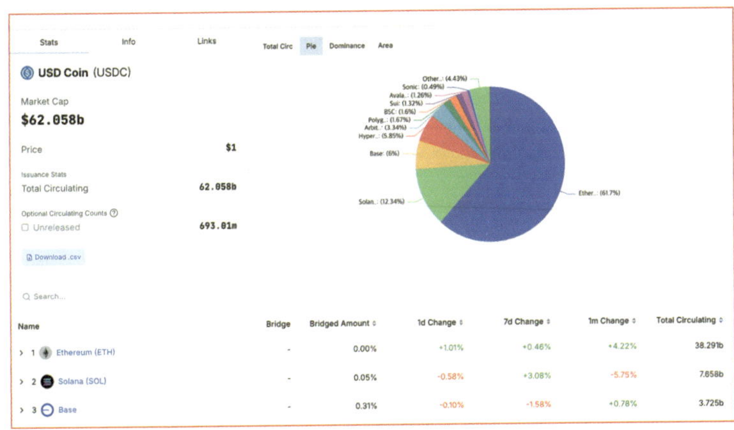

에어드랍 예치작(출처:크립토랭크)

크립토랭크에서 에어드랍 메뉴 중 리큐디티**Liquidity** 메뉴가 예치작 에어드랍 메뉴다. 이를 통해 유동성을 공급해 주고 에어드랍을 받을 수 있는 프로젝트 목록을 확인할 수 있다. 예치작 에어드랍의 경우 프로젝트에 대한 신뢰가 중요하다. 신뢰 지수는 기본적으로 펀딩 규모와 X 점수를 통해서 평가할 수 있다. 예치작은 나의 예치금이 들어가므로 100퍼센트 잃을 가능성이 존재하며, 스캠 사이트나 러그풀 같은 것이 있다. 스캠은 말 그대로 사기 사이트이고, 러그풀은 팀이 프로젝트를 오픈하고 예치작을 모은 이후에 해당 예치금을 빼서 사이트를 중단하거나 하는 행위를 의미한다. 따라서 투자 규모가 하나도 없고 X 지수가 낮은 것은 조심해야 한다. 어느 정도 투자 규모와 VC를 점검한 뒤에 예치작에 참여해야 하는 것이 기본적인 사항이다. 암호화폐 시장에는 다양한 방법으로 스캠 사이트에 가입을 유도하면서 유혹하는 경우가 많기 때문에, 반드시 사실 여부를 확인하고 예치작에 참여해야 한다. 소액이라도 사기를 당하면 투자 의욕을 잃어버릴 수 있기 때문에 주의한다.

크립토랭크의 에어드랍은 기본적으로 어느 정도 검증이 되었다고 볼 수 있기 때문에 조금은 안심하고 참여할 수 있다. 위험한 에어드랍은 X 에서만 언급되거나 DM을 통해서 제안하거나 페이스북이나 기타 SNS 에서 새로운 형태로 높은 수익률을 제공하면서 유혹하는 일이 많다. 그러므로 예치작 에어드랍을 하기 전에 반드시 크립토랭크에서 투자 규모 및 X 지수를 확인하고 결정하는 습관을 지녀야 한다.

예치작은 다양한 경우가 있다. 기본적으로 이더리움 기반에서 이더나 USDT 같은 스테이블 코인을 예치한다. 보통은 제공한 이더나 USDT 기반으로 매일 포인트를 준다. 해당 포인트를 기반으로 추후에 프로젝트가 론칭되었을 때 에어드랍을 준다. 포인트를 극대화하기 위해서는 일반적으로 디파이 서비스에 유동성을 공급할 때 더 많은 포인트를 준다. 그러나 유동성 공급에는 비영구 손실이라는 자산의 손실이 있으므로 여러 가지 고려해야 할 부분이 많이 있다. 결국 예치작을 참여하면서 다양한 디파이의 특징을 이해하게 된다. 예치작 참여시 손실이 없이 예치하거나 일정 부분 손실을 감안하고 하는 경우도 있다. 두 가지 모두 선택사항이지만 어떤 경우는 손실을 감안하고 예치할 때 수익이 극대화 될 때도 있기 때문에 프로젝트별로 잘 분석해야 한다.

theo 예치작 예시

위의 이미지는 크립토랭크에 있는 예치작 리스트 중 제일 첫 번째 있는 thoe테오 예치작 화면이다. 예치작마다 다르지만 일반적으로 USDT, USDC 등을 예치할 수 있게 제공하고 BTC, ETH 같은 자산도 예치가 가능하다. APY가 일반적으로 표시된다. 가장 대표적인 예금, 대출 서비스인 에이브 같은 곳에 예치하면 일반적으로 이자만 제공해 주지만, 이런 신규 프로젝트는 이자도 주고 다음에 해당 프로젝트의 코인도 에어드랍 해준다. 프로젝트마다 다르지만, 일반적으로 신규 프로젝트는 신뢰할 만한 에이브 같은 랜딩 서비스보다는 이자가 높은 편이다. 스테이블 코인은 손실이 없기 때문에 안정적인 추가 투자 기회로 활용할 수 있고, 비트코인이나 이더리움은 장기 투자 시 그냥 거래소에 두는 것보다 이러한 예치작에 활용하는 경우 더 높은 수익을 얻을 수 있다. 물론 기본적으로 신규 프로젝트 및 디파이 리스크는 늘 따른다.

테스트넷 에어드랍 작업은 노동력이 들어가고 거기에 따른 에어드랍 수익이 따른다. 투자금이 없기 때문에 손실은 없지만 시간과 노력이 들어간다. 예치작은 노동력이 많이 필요하지 않다. 한번 예치해 놓고 기다리고 있으면 나중에 에어드랍을 제공해 준다. 수익에 대한 기대도 일반적인 테스트넷 에어드랍 작업에 비하여 훨씬 크다.

얼마나 많은 시드를 투입하는지에 따라서 수익과 손실 폭이 결정되고 시장이 좋다면 수익은 극대화된다. 물론 에어드랍 작업에 비트코인과 이더리움을 투자한 시점과 에어드랍 수령 시점에 시장이 하락장으로 변했다면 손실을 감수해야 한다. 예치작은 기본적인 투자리스크를 가지고 있지만 거래소에 단순히 투자하는 것에 비해서는 추가적인 수익을 확보한다. 시장이 좋아진다면 수익은 극대화되기 때문에 이런 시장의 변화에 따라서 에어드랍 예치작을 통해서 원하는 수익을 달성하여 에어

     원화스테이블 코인이 바꾸는 돈의 판

드랍에 마침표를 찍는 이들도 나온다. 시장의 모든 변수를 통제할 수는 없지만, 이 예치작 에어드랍은 분명히 좋은 기회를 제공해 주기 때문에 많은 노력을 기울여서 참여해야 하는 작업이다.

주요 플랫폼 정복하기

에어드랍 작업을 위해서는 정보가 제일 중요하다. 정보는 다양한 루트를 통해서 전달되기 때문에 잘 정리된 사이트를 활용하는 것이 바람직하다. 시장에서 빠르고 정확한 정보를 제공해 주고 있는 사이트는 크립토랭크(cryptorank.io)다. 크립토랭크 에어드랍 메뉴에서 실시간으로 최신 정보를 확인할 수 있으며, 에어드랍 종류와 방법을 상세히 안내받을 수 있다. 안타깝게 국내에서 운영하는 정보가 아니라서 영어라는 진입 장벽이 있다. 암호화폐 에어드랍 작업은 대부분 영어로 진행되므로 영어가 익숙하지 않다면 챗GPT나 번역기를 활용해서 조금 시간이 걸리더라도 익혀나가야 한다. 결론적으로 스스로 에어드랍을 통해서 높은 수익을 얻고 싶다면 이 크립토랭크 하나만 잘 활용해도 충분하다.

영어가 조금 부담스럽고 처음 에어드랍 미션을 수행한다면 국내 사이트를 활용해 본다. 대표적인 암호화폐 뉴스미디어인 코인니스에서 에

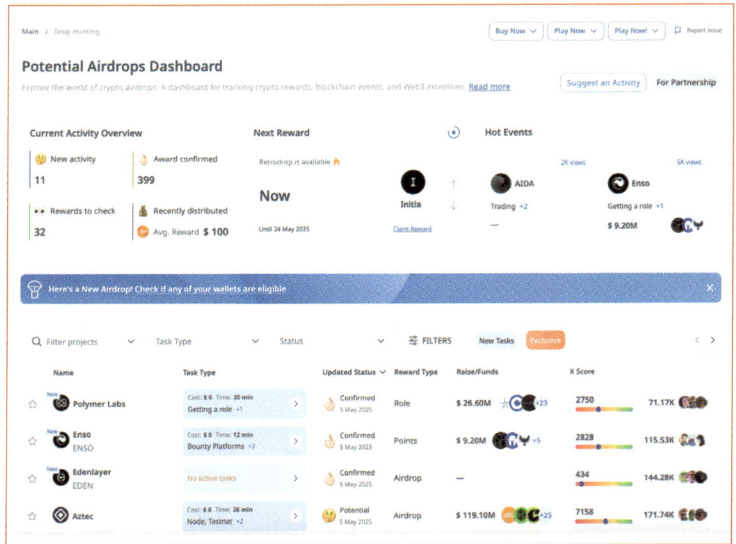

크립토랭크 에어드랍 리스트(출처: 크립토랭크)

어드랍 정보를 실시간으로 정리해서 제공해 주고 있다. 코인니스 홈페이지(coinness.com) 혜택 메뉴에서 에어드랍 리스트를 확인할 수 있다. 진행 중인 미션과 간단한 방법을 안내하고 있으니 에어드랍 초보자분들이나 실시간으로 에어드랍 미션을 점검하기를 원한다면, 코인니스 사이트를 활용하는 것도 좋다. 정보는 크립토랭크에 비하여 부족하지만 간단히 에어드랍 미션을 수행하기에는 잘 정리된 사이트다.

크립토랭크와 코인니스 에어드랍 리스트만 잘 활용해도 충분히 에어드랍으로 수익을 낼 수 있다. 다만 이 모든 에어드랍 리스트를 수행하기에는 개인적인 역량과 시간에 따라서 그 결과는 달라질 수 있다. 초보자

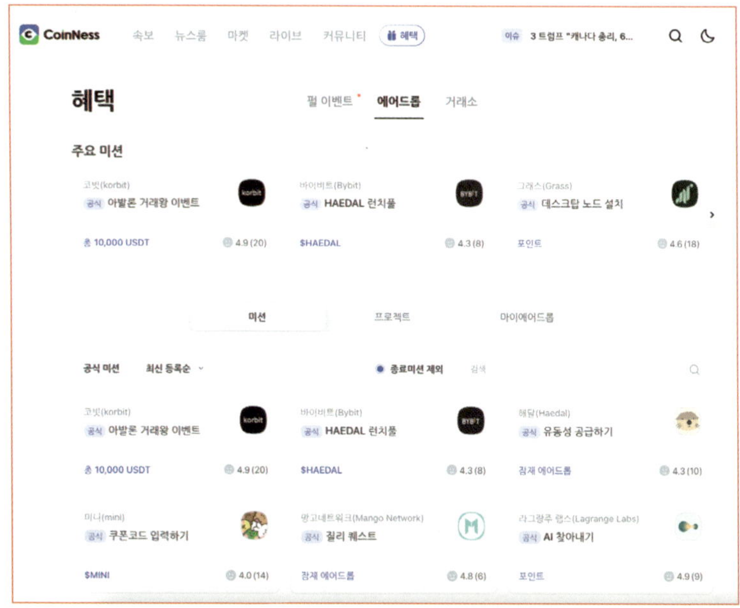

코인니스 에어드랍 리스트(출처:코인니스 홈페이지)

나 숙련자라 할지라도 모든 에어드랍 리스트를 다 수행하기에는 한계가 있다. 그래서 어느 정도 에어드랍 리스트를 선별하는 작업이 필요하다. 필자가 운영하는 코인드랍(coindrop.kr)에서는 에어드랍 작업에 대한 기초 내용과 거래소별 특징, 무료 및 유료로 에어드랍이 가능한 작업들을 선별해서 콘텐츠를 업데이트하고 있다. 에어드랍이 발표되었을 때 어떻게 청구하는지에 대한 내용까지 업데이트 하고 있으니 초보자라면 에어드랍 작업에 익숙해지기까지 여러 가지 도움을 얻을 수 있다.

정리하면 크립토랭크, 코인니스에서 주요 에어드랍 리스트를 활용하

   원화스테이블 코인이 바꾸는 돈의 판

고 주기적으로 코인드랍에서 정리되고 선별된 에어드랍 리스트를 활용
하면서 에어드랍 작업에 익숙해져야 한다. 최종적으로는 스스로 크립토
랭크 홈페이지에 있는 에어드랍 작업을 선별할 수 있는 실력까지 올려
야 한다.

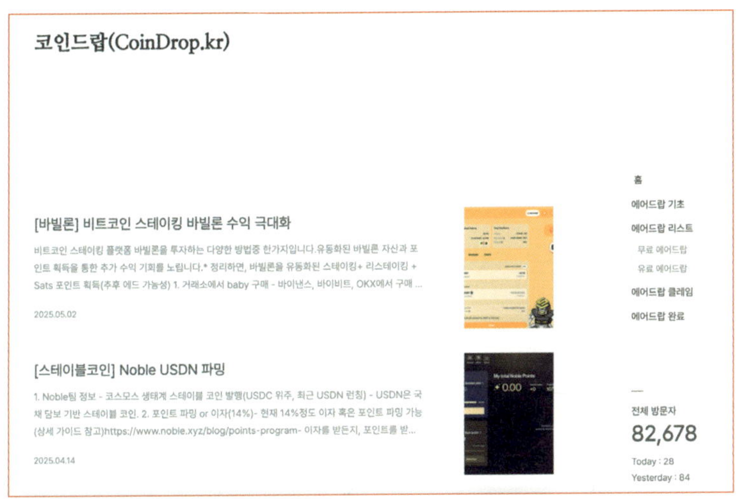

코인드랍 에어드랍 리스트(출처: 코인드랍)

텔레그램 및 커뮤니티 활용법

에어드랍 프로젝트에 대한 가장 빠른 정보는 텔레그램과 트위터를 통해서 확산한다. 크립토 정보를 다루는 많은 인플루언서들이 다양하게 에어드랍에 관해 텔레그램 및 트위터 채널을 통해서 정보를 공유하기 때문에 자신이 선호하는 인플루언서 텔레그램과 트위터를 팔로우하여 정보를 계속 받는 것이 중요하다.

데이터맥시(datamaxiplus.com/) 사이트를 활용하면 국내 및 국외 텔레그램 인플루언서 정보를 찾을 수 있다. 데이터맥시 홈페이지의 '소셜 트렌드 메뉴-텔레그램에서 국내 및 국외 텔레그램 주요 채널'을 검색할 수 있다.

텔레그램은 일반적으로 하나의 채널만 구독하더라도 해당 채널에서 다른 좋은 정보를 공유한다. 하나의 채널을 구독하여 관련 채널 위주로 추천해주기 때문에 에어드랍 관련 정보를 주로 올리는 채널을 구독해서

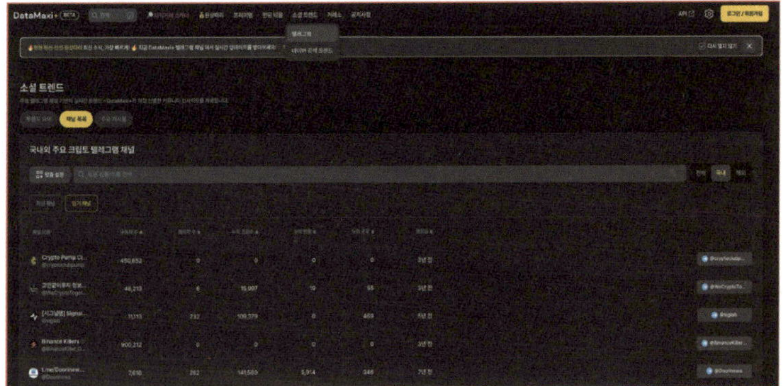

국내외 주요 크립토 텔레그램 채널(출처: 데이터맥시)

실시간 정보를 활용하는 것이 중요하다.

국내에서 트위터에서도 에어드랍 정보를 공유하긴 하지만 아직은 많은 편은 아니므로 텔레그램을 중심으로 정보를 활용하는 것이 좋다. 에어드랍 관련주요 플랫폼과 인플루언서 중심의 텔레그램 정보를 충분히 활용하면 에어드랍 작업을 수행하는 데 큰 어려움은 없다. 많은 정보 중에서 옥석을 가려낼 수 있는 실력이 중요하다. 초반에는 대부분이 에어드랍 작업을 하겠지만 시간이 지나면서 모든 에어드랍 미션을 수행할 수 없다는 것을 알게 된다. 시간과 실력이 제한적이기 때문에 선별해서 에어드랍 미션을 수행할 수밖에 없다. 그래서 정보를 잘 정리해 주고 좋은 에어드랍 미션들을 선별해 주는 텔레그램 채널을 구독해 두면 시간과 노력을 아낄 수 있다.

인플루언서로 성장하기

에어드랍 시장은 여전히 초기 시장이다. 정보가 부족하고 잘 정리된 가이드가 없다. 도전하고 싶은 사람은 많지만 친절히 알려주는 곳은 없기 때문에 대부분 중간에 포기하는 경우가 많다. 그래서 여전히 에어드랍 미션을 수행할 수 있게 도움을 주는 이들이 시장에 필요하다. 도움을 주는 건 어렵지 않다. 에어드랍 미션을 해 본 사람은 도움을 줄 수 있다. 내가 수행했던 에어드랍 미션과 방법을 조금 자세하게 블로그나 SNS 등에서 공유하면 된다. 그렇게 다른 사람에게 좋은 정보를 제공해 주면 된다. 아직은 이런 에어드랍 미션을 상세히 알려주는 이들이 없기 때문에 여전히 인플루언서 시장도 초기 시장이다. 에어드랍 미션 중 많은 경우 레퍼럴 활동을 통한 추가 에어드랍 기회가 주어진다.

앞서 언급했듯, 에어드랍 미션을 수행하는 프로젝트도 초기 스타트업이 많기 때문에 마케팅에 비용을 쓰기가 어렵다. 투자를 많이 받은 프로젝트들이라도 마케팅 비용을 최소화로 하는 것이 프로젝트가 롱런하기에 유리하다. 그래서 크립토 시장에는 레퍼럴 코드를 활용한 마케팅 전략이 일반적이다. 모든 국외 거래소가 이러한 레퍼럴 제도를 활용하여 시장을 키웠다. 동일하게 개별 프로젝트들도 레퍼럴을 활용해서 시장을 빠르게 키워가고 있다. 그래서 이를 잘 활용해야 한다.

프로젝트마다 모두 다르기는 하지만 대부분은 레퍼럴 제도를 활용하는 것이 일반적이다. 그러므로 이 레퍼럴 활동을 통해서 에어드랍 수량을 최대한 극대화하는 것이 중요하다. 1년에 1,000만 원이 목표라면 이 레퍼럴 활동까지는 하지 않아도 되지만 1년에 1억 원이 목표라면 이러한 활동 없이 하기는 어려울 수 있다. 그러므로 에어드랍 미션을 수행하면서 최소한 블로그나 SNS 하나를 제대로 운영하는 것이 중요하다. 다행히 블로그나 SNS는 익명으로도 운영할 수 있기 때문에 직장인이라도 큰 부담은 없다. 크립토 시장은 익명으로 활동한다고 해서 불이익이 없기 때문에 오히려 장점이 될 것이다.

시가총액 1위인 비트코인의 창시자인 사토시 나카모토 역시 익명으로 활용했고 지금도 그가 누구인지 우리는 알지 못한다. 시작이 이러한 익명성을 기반으로 했기 때문에 익명으로 활동하는 유명한 인플루언서들도 많이 있다. 에어드랍 미션을 수행하고 자신이 수행한 에어드랍 미션을 잘 알려주는 블로그나 SNS를 운영하는 데는 익명으로도 충분하므로 하나의 채널을 개설해서 자신이 수행하고 있는 에어드랍 종류와 방법을 잘 정리해서 공유하면 천천히 인플루언서로 성장할 수 있다.

인플루언서로 성장하지 않더라도 블로그나 SNS를 운영하는 것은 여러 가지로 도움이 된다. 처음에는 에어드랍 미션을 하나둘씩 수행하면서 어느 정도 정리가 가능하지만 그 수가 많아지면 에어드랍 작업했던 것 중에서 클레임 기간을 놓치거나, 자신이 어떤 에어드랍 미션을 수행했는지 기억하지 못해서 에어드랍을 받지 못하는 경우도 생길 수 있다. 따라서 계속 강조하지만 블로그나 SNS에 자신이 에어드랍 작업을 했던 목록 정리만 해두더라도 유용한 도움이 된다. 분명히 에어드랍 미션에 대해서 정리하는 작업이 필요한데, 개인공간이 아니라 공개된 공간에 정리해 두면 자신에게도 도움이 되며, 이를 보고 활용할 수 있는 타인에게도 도움이 된다. 정보는 공개될 때 의미가 있으므로 자신이 하는 에어드랍 미션을 수행하고 간단하게 정리해서 공유하는 개념으로만 활용해도 좋다. 해당하는 프로젝트가 극초기의 프로젝트라면 누군가를 통해 정보의 레퍼럴이 조금이라도 활용되는 것을 경험할 수 있을 것이다.

에어드랍 시장은 초기 시장이기도 하고 여전히 사기가 많은 곳이다. 그래서 정보를 공유하면서 교차 검사도 중요하다. 누군가는 내가 올린 정보에 댓글로 해당 프로젝트에 대한 유의미한 정보에 대해서 의견을 남길 수도 있다. 따라서 정보를 공유하고 많은 투자자의 의견을 듣는 것도 도움이 된다. 실제 에어드랍이 진행되었을 때 다른 투자자는 에어드랍을 어느 정도 받았는지에 대한 정보도 공유할 수 있다. 사후 평가가 가능하기 때문에 이런 정보 공유가 에어드랍 미션을 하는 데 실력을 올릴 수 있는 좋은 정보가 된다.

처음에는 에어드랍 미션을 하기에도 어렵고 이를 공유하는 것은 조금 버거울 수 있다. 그러나 조금씩 진행하다 보면 생각보다 어렵지 않다고 설명하면서 자신의 실력이 향상되는 것도 확인할 수 있다. 어떤 정보에 대해서 가장 빠르게 학습하는 것은 다른 누군가를 가르치는 행위를 할 때다. 일반적으로 내가 정보를 들을 때는 안다고 생각하지만 막상 그 정보를 글이나 말로 설명하려고 하면 중간중간 막히는 것을 경험했을 것이다. 그랬다면 그 부분에 관해 잘 알지 못하고 있다는 뜻이다. 그래서 정보를 글이나 말로 전달하는 행위는 중요하다. 내가 어느 정보를 이해하고 있으며 어느 정보를 이해하지 못하는지를 가장 정확히 알 수 있기 때문이다. 따라서 정보를 공유하고 전파하는 인플루언서의 위치까지 성장하면 레퍼럴 활동을 통한 추가 수익뿐만 아니라, 프로젝트를 이해하고 시장에서 수익성 높은 프로젝트를 선별할 수 있는 실력까지 얻게 된다.

CHAPTER 4
진짜 고수의
에어드랍 전략

프로젝트를 보는 눈 키우기

에어드랍 작업을 하기 위해선 프로젝트를 선별해야 한다. 시장에서는 지속해서 프로젝트가 출시되고 프로젝트마다 다양한 에어드랍 미션이 주어진다. 팀이나 회사 형태로 운영하지 않는 이상 개인이 이 모든 프로젝트 미션들을 다 할 수는 없다. 그러므로 수익을 낼 프로젝트를 선별할 수 있는 능력이 결국 에어드랍에서 높은 수익을 낼 수 있는 비결이기도 하다. 그렇다면 어떤 프로젝트가 좋은 프로젝트이며 시장에서 어떤 기준으로 프로젝트를 선별해야 할까?

다음 페이지의 이미지는 크립토 랭크에서 확인할 수 있는 에어드랍 프로젝트 리스트 중 일부다. 이 프로젝트에서 1,2개를 선택해야 한다면 어떤 걸 선택할 것인가? 여기서 에어드랍 작업에 대한 노하우와 효율이 결정된다. 초반에 잘못 선택하면 시간과 노력이 낭비되고 유의미한 결과를 얻을 수 없다. 물론 에어드랍 작업 초보라면 결과를 고려하지 않고 처음에는 모든 에어드랍 작업을 해봐야 한다. 시장을 이해하고 자신이 어디까지 할 수 있는지를 파악하기 위해서다. 그러나 시간이 지나고 어느 정도 시장을 이해한 뒤에는 프로젝트를 잘 선별하는 게 가장 중요하다. 아래 이미지에서 프로젝트를 선별해야 한다면 기본적으로 펀딩 규모와 프로젝트가 어느 카테고리에 속해 있는지를 확인해야 한다. 메인넷 에어드랍 작업이 일반적으로 효율이 높다.

아래의 이미지에서는 인피넥스**Infinex**와 모나드**Monad**가 에어드랍 프로젝트 중 하나로 선별하기에 좋은 프로젝트다. 투자 규모도 크고 둘 다 메인넷이기 때문이다. 인피넥스는 뉴**New**라는 프로젝트 표시가 있어서 더 좋다. 에어드랍 프로젝트는 극초기에 선정하는 것이 가장 효율이 좋고 높은 에어드랍을 기대할 수 있다.

위의 프로젝트에서 모나드를 선택해서 에어드랍 리스트를 확인해 보

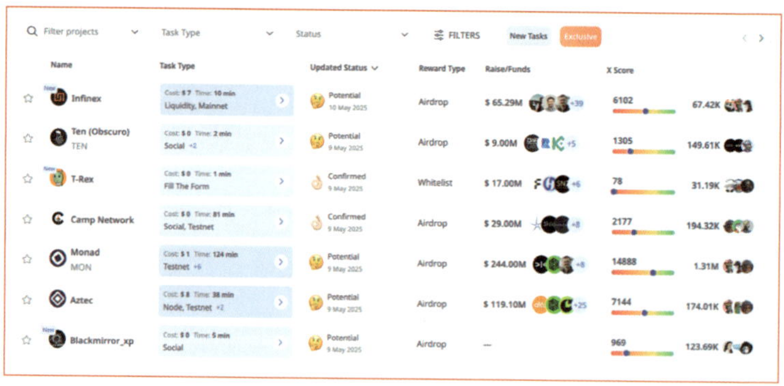

에어드랍 리스트(출처:크립토 랭크)

면 아래 이미지와 같다. 모나드는 레이어1 메인넷이기 때문에 다양한

Dapp^댑 프로젝트들이 포함되어 있다. 기본적인 레이어1에 대한 테스트

부터 디파이를 포함한 모나드 생태계에서 출시 예정인 Dapp들을 모두

모나드 테스트넷 에어드랍 작업 리스트(출처:크립토랭크)

테스트할 수 있고 나중에 각 Dapp별로 에어드랍 토큰에 대해서 기대해 볼 수 있다. 신규 프로젝트이므로 프로젝트가 출시되기 전에 미리 사용해서 다음에 프로젝트 론칭 시 디파이에서 출시되는 높은 이자를 빠르게 얻어 갈 수 있는 이점이 있다. 이러한 메인넷1 카테고리를 선택해서 에어드랍 작업을 하는 경우 기본적인 디파이 생태계에 대한 이해가 필수적이다. 디파이 전체 시장은 트렌드가 있는데, 이를 알고 있으면서 기본적인 개념에 대해 알아야 한다. 기본 지식이 없더라도 메인넷 에어드랍 작업을 하나둘씩 하다 보면 자연스럽게 디파이에 대한 이해가 깊어진다. 이 책을 기본으로 실전 에어드랍 작업을 병행하면 빠르게 디파이에 대해서 학습하고 실전 투자에서 높은 수익을 올릴 수 있다.

레이어1 테스트넷 에어드랍 작업은 대부분 많은 시간과 노력을 요구한다. 그래서 핵심적인 레이어1 몇 개만 선택해서 집중해야 한다. 무조건 에어드랍 리스트가 있다고 작업하는 것이 아니라 사전에 시장 조사를 충분히 한 후에 테스트넷 작업을 해야 한다. 테스트넷 작업이 끝난 이후에는 실제 해당 메인넷에서 새로운 서비스가 출시될 때마다 빠르게 초반에 투자하고 다양한 디파이 수익을 낼 것을 목표로 해야 한다. 레이어1 선택은 무료 에어드랍과 프로젝트 론칭 후 초반 디파이 수익을 최대한 많이 얻는 것이 목표가 되어야 한다. 그래서 서비스가 실제 출시되었을 때 타인의 정보에 의지하지 않고 가장 빠르게 초반에 높은 이자 수익을 얻는 것을 목표로 한다.

메인넷 테스트넷 에어드랍 작업은 시간이 많이 소요되므로 많이 선택하면 효율이 좋지 못하다. 그래서 선별해서 중요한 레이어1을 3, 4개 정도 선택하고 나머지는 가볍게 할 수 있는 에어드랍 리스트들로 선정해야 한다. 가벼운 에어드랍 리스트는 시간이 짧으면서 빠르게 에어드랍을 받을 수 있는 프로젝트로 선별한다. 최소한의 검증만 되었으면서 투자 규모가 크지 않고 시장에서 많은 참여자가 있기 보다는 소수의 난도 있는 에어드랍 리스트를 선택하는 것이 시간과 노력 대비 괜찮은 성과를 얻을 수 있다.

나에게 맞는 전략,
선택과 집중

에어드랍을 통해서 높은 수익을 얻기 위해서는 선택과 집중 전략이 필수적이다. 에어드랍으로 진행할 수 있는 프로젝트는 매일 새롭게 출시된다. 프로젝트 종류도 다양하고 조건도 모두 다르기 때문에 개인이 모든 에어드랍 리스트 프로젝트를 진행할 수 없다. 게다가 진행한 에어드랍 리스트에서 모두 높은 수익을 보장하지는 않는다. 그러므로 에어드랍에서 목표한 수익을 거두기 위해서는 프로젝트를 잘 선정하고 중요한 에어드랍 프로젝트 중심으로 선택해서 집중하는 전략이 필수적이다.

에어드랍 작업을 처음 할 때는 에어드랍 리스트를 확인하고 경험 삼아 대부분 해볼 필요가 있다. 메인넷 에어드랍 부터 소셜 작업 디파이 및 RWA 분야까지 다양한 카테고리로 확장해서 암호화폐 프로젝트 카테고리들을 대부분 섭렵해야 한다. 에어드랍은 기본적으로 무료 에어드랍부터 유료 에어드랍까지 다양하게 존재한다. 일반적으로 무료로 진행하는 에어드랍은 투자한 시간 대비 높은 에어드랍 수익을 얻기는 어렵다. 반면에 유료로 진행하는 에어드랍은 투자 대비 높은 수익을 얻을 가능성이 높다.

그러나 개인이 에어드랍 작업을 하기 때문에 시간과 자본은 한정되어 있다. 한정된 시간과 자본 안에서 가장 좋은 효율을 내야 하므로 선택과 집중이 필요하다. 무엇보다 내가 잘할 수 있는 에어드랍 작업을 파악하는 것이 가장 중요하다. 사실 이것이 가장 중요한 부분이기 때문에 어떤 에어드랍이 가장 효율이 좋은지 객관적으로 알려주는 데에는 한계가 있다. 개인마다 잘할 수 있는 영역이 모두 다르기 때문에 자기 자신의 능력부터 제대로 파악해야 한다.

예를 들어 디파이를 잘할 수 있는 투자자가 있고 그렇지 않은 투자자가 존재한다. 어떤 투자자는 SNS를 잘 활용하는데 그렇지 못한 투자자도 있다. SNS 역시 다양하다. 일반적으로 네이버 블로그부터 페이스북, 인스타그램, X, 스레드 등 다양한 SNS가 있다. 네이버 블로그를 잘한다고 페이스북과 X를 잘하지 못할 수도 있다. X에서 많은 팔로우가 있음에도 불구하고 다른 SNS에서는 잘 활동하지 못하기도 한다. 이건 모두 플랫폼의 특성이 다르고 거기에 맞는지 여부도 다르기 때문이다. 일반적으로 암호화폐는 X가 가장 중요하다.

그렇다고 다른 플랫폼도 중요하지 않은 것은 아니다. 조금 전문적인 영역은 X이지만 네이버 블로그나 페이스북, 스레드 등에서 많은 팔로우를 보유한다면 다른 관점에서 SNS를 활용할 수 있다. 예를 들어 조금 전문적인 영역을 다룬다면 X가 유리하지만, 대중적인 콘텐츠라면 네이버 블로그나 스레드 등이 훨씬 유리하다. 자신이 진행하고 있는 에어드랍에 대해서 사람들에게 알려줄 때 디파이라면 X가 유리하겠지만, 단순히 거래소에서 어떤 종목을 사고, 파는 행위에 대해서 에어드랍을 주는 정보를 공유하기에는 페이스북이나 스레드가 더 유리할 수 있다.

이런 다양한 특성과 조건들 때문에 에어드랍 작업 역시 개인에게 제일 잘 맞는 에어드랍 리스트를 선정하는 게 중요하다. 어떤 에어드랍 작업의 경우는 다계정이 유리할 수도 있고, 다계정을 하면 오히려 손해가 되는 일도 있다. 모든 에어드랍 작업마다 종류와 방법이 다르기 때문에 이러한 특성을 먼저 이해하는 것이 제일 중요하다. 안타깝지만 여기에 지름길은 존재하지 않는다. 이 책이 조금 더 빠르게 에어드랍 작업을 할 수 있도록 도와주는 역할을 하는 것은 분명하지만, 자신이 어떤 에어드랍 작업이 잘 맞는지를 파악하는 것은 스스로 다양한 에어드랍 작업을 해보면서 직접 깨달아야 한다.

각자가 처한 환경마다 에어드랍 작업에 대한 효율이 모두 다르기 때문에 가장 잘 맞는 에어드랍 작업을 최대한 빨리 찾는 게 중요하다. 시장 상황이 변할 때마다 빠르게 적응하는 능력도 중요하다.

투자도 자신에게 맞는 투자 방법을 찾는 것이 가장 중요한 것처럼, 에어드랍 역시 동일하다. 에어드랍 작업에는 트레이딩 결과에 따라서 좋은 수익을 주는 것도 많이 있다. 대표적으로 이러한 에어드랍을 '퍼프덱스PerpDex에어드랍'이라고 이야기한다.

탈중앙화 거래소가 토큰을 론칭했을 때 탈중앙화 선물 거래소를 이용한 투자자들에게 에어드랍으로 코인을 준다. 보통 이러한 에어드랍 작업을 진행할 때 자신이 투자한 금액을 잃는 일도 많지만, 일부 트레이더들은 트레이딩을 성공적으로 수행해 수익도 올리고 트레이딩에 사용한 금액 대비 에어드랍까지 추가로 받는다. 이러한 에어드랍은 트레이딩 실력이 좋은 투자자들에게 가장 적당한 에어드랍 작업이 된다. 내가 트레이딩 실력이 전혀 없다면 이런 에어드랍 작업은 피하는 게 더 좋을 수 있다. 그러므로 에어드랍 작업은 모두에게 동일하지 않고 개인마다 차이가 있을 수 있다. 따라서 이런 사실을 이해하고 자신에게 가장 잘맞는 에어드랍 프로젝트를 발견하게 된다면 빠르게 시드를 모을 수 있을 것이다.

수익률 높은
알짜 프로젝트 찾는 법

에어드랍 프로젝트를 100개 해서 1억 원을 달성할 수도 있지만 10개만 제대로 해서 1억 원을 달성하거나 혹은 1개로 1억 원을 달성할 수도 있다. 여기에는 어떤 차이가 있을까? 어떻게 하면 고수익 에어드랍을 찾을 수 있을까? 기본적으로 고수익 에어드랍을 찾기 위해서는 시장을 이해하는 것이 필수적이다. 시장에서 기회가 있는 것을 가장 먼저 발견하는 것이 중요하다. 아직 남들에게 잘 알려지지 않은 프로젝트이면서 시장에서 새로운 네러티브를 이끌 만한 프로젝트를 찾아내야 한다. 그렇게 잘 찾은 에어드랍 프로젝트 몇 개만 잘 진행해도 충분히 괜찮은 수익을 얻을 수 있다. 대부분의 에어드랍 프로젝트는 기존에 유명했던 프로젝트를 따라 하는 수준이 대부분이다. 예를 들어 2024년 연말에 시장에서 괜찮은 수익을 냈던 것은 하이퍼리퀴드Hyperliquid, HYPE 에어드랍이다. 적게는 1억 원부터 크게는 10억 원 가까이 에어드랍 수익을 받은 인증자들이 많이 나왔다. 대표적인 것은 '퍼프텍스'라고 불리는 에어드랍 리스트였는데 유명해지기 전까지는 많은 시장 참여자가 없었다. 시간도 오래되었던 프로젝트 중 하나였다. 그러나 일부 소수 참여자들은 이 가치를 알고 처음부터 열심히 에어드랍 작업을 해서 큰 성과를 거두었다.

이 성과에 시장은 과열되었고 이 하이퍼리퀴드를 따라 하는 수많은 에어드롭 프로젝트들이 시장에 지금은 넘쳐난다. 물론 이러한 프로젝트도 어느 정도는 유의미한 에어드랍 수익을 안겨줄 수 있다. 그러나 고수익은 기대하기 어렵다. 고수익은 아직 사람들이 잘 알지 못할 때 시장에서 큰 변화를 일으킬 만한 프로젝트를 초반에 선정해서 꾸준히 에어드랍 작업을 진행한 소수의 참여자들에게 주어진다.

투자하고 에어드랍은 다른 것 같지만 유사한 측면이 꽤 많다. 그래서 투자 감각이 에어드랍에도 필요하다. 반대로 이야기하면 에어드랍에서 어느 정도 성과를 거둘 수 있다면 투자에서도 의미 있는 수익을 거둘 가능성이 높아진다. 주식 투자는 아직 그 가치를 알지 못한 수익을 낼만한 주식을 저렴하게 사서 가치가 시장에서 뜨거워질 때 시장에서 괜찮은 가격에 파는 것이다. 그런데 대부분은 이와 반대로 한다. 에어드랍 시장도 같다. 많은 인플루언서들에 의해서 이미 많이 언급되고 있는 에어드랍 프로젝트는 생각보다 수익을 내기가 힘들다. 아직 언급되지 않으면서 조금 난도가 있음에도 불구하고 가치가 있는 프로젝트를 찾아내야 한다.

그렇다면 어떻게 그런 프로젝트를 찾을 수 있을까? 결국 시간과 노력이 답이다. 에어드랍 기초적인 작업부터 꾸준히 진행하고 시장에서 알트코인 투자도 병행하면서 알트코인 시장에 대한 전체 시장을 이해해야 한다.

현재 내러티브가 어떤 건지도 확인해야 한다. 시장에서 괜찮은 네러티브가 등장했을 때 그때 집중해서 해당 프로젝트를 선별하고 초기에 에어드랍 작업을 진행해야 한다. 그렇게 진행한 우량 프로젝트에서 좋은 성과가 나온다.

고수익 에어드랍은 아무도 알려주지 않는다는 것을 이해할 필요가 있다. 그렇다고 인플루언서들이 추천하는 에어드랍 리스트를 모두 하지 말아야 한다는 의미가 아니다. 인플루언서들이 소개해 주는 에어드랍 작업들을 진행하면서 자신만의 노하우를 발견하고 스스로 에어드랍을 찾고 발견하는 단계까지 나아가야 한다. 자신만의 채널도 운영하면서 이를 성장시킬 수 있다면 함께 하면서 에어드랍 작업을 하는 것이 필요하다. 그렇게 실력을 쌓다 보면 시장에서 수익을 낼 기회가 오게 되고 그 기회를 볼 수 있는 안목이 생긴다. 그런 본인만의 안목에서 선택한 에어드랍 프로젝트 중에서 목표한 수익을 거둘 수 있게 된다. 남들이 추천하는 것을 따라하는 입장에서는 절대 좋은 수익을 낼 수는 없다. 자신만의 관점과 시장을 이해하는 폭이 넓어진 상태에서 선택된 프로젝트가 투자 성과를 보장한다.

그러므로 시장에 대해서 이해하고 자신만의 관점을 찾아내는 데까지 계속 나아가야 한다. 그 시간은 개인마다 차이가 있지만 반드시 오랜 시간이 걸린다고 이야기할 수는 없다. 필자의 경우도 2018년도에 암호화폐를 처음 알게 되었고, 2019년에 무료로 시작하는 에어드랍 작업을 알게 되어 2020년에 하나의 프로젝트에서 1억 원에 해당하는 에어드랍을 받았기 때문이다. 좋은 투자자는 누군가가 알려주는 대로 해서는 절대 이룰 수 없듯이 에어드랍으로 고수익을 올리는 것 역시 마찬가지다. 자신만의 방법을 찾게 된다면 누구나 에어드랍으로 고수익을 올릴 수 있다는 것을 잊지 말자.

다중 계정 운영,
조심할 점

에어드랍 프로젝트 중에는 다중 계정을 사용해서 많은 수익을 보는 일이 있다. 이를 일반적으로 다 계정이라고 이야기하는데 특히 지갑으로 하는 디파이 작업은 다계정이 가능하기 때문에 과거부터 많이 에어드랍 작업 시 활용되는 방법이다. 어떤 경우는 봇을 활용하기도 하고 다양한 방법으로 한 개의 계정이 아닌 다계정으로 에어드랍 작업을 진행하기도 한다. 예를 들어 한 개의 계정으로 에어드랍 작업을 했을 때 10만 원의 수익이 100개의 계정이라면 1,000만 원이 된다.

에어드랍 금액이 100만 원이고 다계정 100개를 작업했으면 1억 원이 되는 이치다. 그래서 많은 에어드랍 헌터들이 이러한 다계정을 에어드랍에 활용한다. 그런데 다계정은 리스크가 많이 있음을 알아야 한다. 다계정으로 작업하는 게 쉽지도 않지만, 2024년도부터 많은 프로젝트에서 이러한 다계정 에어드랍 계정들을 체크하기 시작했기 때문이다. 다양한 방법으로 다계정을 체크해서 에어드랍을 주지 않는 경우가 많이 생겼다. 100개의 계정으로 동일한 에어드랍 작업을 하는 것은 상당히 어려운 일인데 그 결과가 0원이라면 너무나 허탈할 수밖에 없다. 그러므로 다계정은 추천하지 않는다.

그럼에도 불구하고 간헐적으로 다계정을 하면 유리한 때도 있다. 이는 조금 실력이 있는 상황에서 진행이 필요한데 기본적으로 IT 지식을 갖추어야 한다. VPN 사용법과 IP의 개념 에어드랍 작업을 하는 사이트에 로그인할 때 다계정임을 알지 못하게 하는 방법이 필요하다. 혹은 프로젝트가 이러한 다계정을 문제 삼지 않는 프로젝트일 수도 있다. 초기 프로젝트거나 펀딩 규모가 작다면 다계정을 체크하는데 한계가 있을 수 있다. 유명한 프로젝트는 일반적으로 다계정 체크를 많이 하지만 프로젝트 규모가 작거나 에어드랍 작업의 특징이 다계정을 하더라도 큰 문제가 없는 프로젝트들도 존재한다. 예를 들어 예치작은 다계정하고 큰 상관이 없는 경우도 있다. 이러한 예치작에 적정선의 금액으로 다계정 예치를 한다.

분명한 것은 다계정은 리스크가 크고 시간과 노력 대비 얻는 효율이 떨어진다는 것을 알아야 한다. 우리가 하는 프로젝트 에어드랍은 에어드랍 수익도 중요하지만 다양한 프로젝트를 초기에 발견하고 나중에 프로젝트가 서비스를 론칭하고 나서 좋은 수익을 내는 것을 목표로 한다. 다계정 에어드랍 작업은 시간 대비 노력이 많이 들어가지만 단순 반복 작업이 많고 실제 다양한 프로젝트를 파악하는데 시간과 에너지 낭비가 심하다. 그래서 다계정 에어드랍 작업은 리스크를 고려했을 때 하지 않는 것을 추천한다.

그런데도 간헐적으로 일부 다계정을 할 때 유리한 경우가 있다. 이건 프로젝트 에어드랍 작업을 다양하게 진행하다 보면 알 수 있다. 다계정을 하더라도 문제가 없는 에어드랍 프로젝트는 의미 있는 수익을 얻을 수 있다. 100개의 다계정을 하는 것을 추천하지는 않지만, 일부 괜찮은 프로젝트에 4~5개 혹은 10개까지는 다계정 작업이 가능하다면 하는 것도 목표한 에어드랍 수익을 빠르게 낼 수 있는 방법이다. 다만 리스크가 많이 있으므로 다계정 작업에는 반드시 다양한 경로를 통해서 문제가 없는지 사전에 확인해 본다. 그 리스크를 온전히 감내하는 마음으로 진행한다면 다계정 작업도 간헐적으로 좋은 수익을 거둘 수 있는 한 가지 방법이 될 수 있다.

분명한 것은 다계정은 리스크가 크고 시간과 노력대비 얻는 효율이 떨어진다는 것을 알아야 한다. 우리가 하는 프로젝트 에어드랍은 에어드랍 수익도 중요하지만 다양한 프로젝트를 초기에 발견하고 추후에 프로젝트가 서비스를 론칭하고 나서 좋은 수익을 내는 것을 목표로 한다. 다계정 에어드랍 작업은 시간대비 노력이 많이 들어가지만 단순 반복 작업이 많고 실제 다양한 프로젝트를 파악하는데 시간과 에너지 낭비가 심하다. 그래서 다계정 에어드랍 작업은 리스크를 고려했을 때 하지 않는 것을 추천한다.

CHAPTER 5
에어드랍 받은 코인,
알차게 활용하는 법

어느 거래소에서 매도할까?

에어드랍은 토큰이 거래소에 상장되는 시점에 어떻게 수익을 실현하는지가 중요하다. 에어드랍 작업 후 받은 코인을 언제 어떤 거래소에서 팔아야 하며 얼마나 팔아야 하는지가 관건이다. 결국 이 부분에서 어떤 결정을 할지는 에어드랍 작업을 하면서 이미 어느 정도 정해진다. 프로젝트를 얼마큼 깊이 있게 봤으며 해당 프로젝트가 시장에서 거래가 되는 시점에 어느 정도까지 오를 수 있을지도 미리 파악이 되어 있어야 한다.

에어드랍은 노동력을 투입해서 코인을 수익으로 얻는다고 볼 수 있지만 투자 영역이 더 중요하다. 받은 코인이 시장에서 가치가 일정하지 않기 때문에 높은 가격에 자신이 받은 코인을 매도하는 실력이 정말 중요하다. 결국 투자의 영역인데 초기 투자의 영역이기 때문에 다른 투자보다 더 어려울 수 있다. 초기에 거래소에 상장하는 시기에는 많은 변동성을 가지기 때문에 언제 어떻게 팔지는 어려운 숙제다. 그래도 기본적으로 프로젝트가 괜찮다면 어떤 거래소에 상장되는지에 따라서 에어드랍 받은 코인을 어떻게 매도할지, 얼마에 매도할지를 대략 정할 수 있다.

기본적으로 에어드랍 코인은 글로벌 거래소에 먼저 상장된다. 탑티어 거래소로 알려진 바이낸스, 바이비트, OKX, 비트겟 등에 자신이 작업한 에어드랍 코인이 상장되는 건 좋은 소식이다. 그렇다면 이렇게 탑티어 거래소에 상장되었을 때 언제 코인을 팔아야 할까? 기본적으로 프로젝트를 어느 정도 검증했다면 모든 물량을 다 정리하기보다는 순차적으로 정리한다. 에어드랍 받은 코인 중 일부는 초기에 매도하고 나머지는 3~6개월 정도 단기로 보유하면서 적절한 시점에 분할 매도한다. 정말 괜찮은 에어드랍 프로젝트였다면 1년 정도 투자해 본다. 이는 프로젝트가 얼마나 괜찮았는지에 따라서 다르기 때문에 모두 같이 적용할 수는 없다.

기본적으로 프로젝트가 괜찮았다면 보통은 국외 거래소에 상장된 이후 국내 거래소 빗썸과 업비트 등에도 상장된다. 이때가 일반적으로는 가장 코인 가격이 단기적으로 고점일 수 있다. 물론 이 이후 조정과 함께 더 성장하기도 하지만, 거래소 상장 이후 매도 전략을 가진다면 국내 거래소에 상장하는 시점을 매도 시점으로 정하는 것도 좋은 방법의 하나가 된다. 아직까지는 국내 거래소 상장 이후를 매도 시점으로 정하는 전략이 유효하지만 시간이 지나면 또 트렌드가 변할 수는 있다. 시장의 트렌드 변화에 민감하게 반응하면서 해당 프로젝트의 코인을 가장 높은

     원화스테이블 코인이 바꾸는 돈의 판

가격에 매도하는 전략을 잘 세워야 한다.

에어드랍 프로젝트 토큰이 디파이도 같이 있다면 스테이킹이나 유동성으로 초반에 제공하면 높은 이자로 추가적인 에어드랍을 주는 경우가 많다. 이런 프로젝트라면 초반에 이자를 많이 받을지 거래소에서 바로 팔아야 할지가 고민이 되는데, 필자는 이럴 때 반반 전략을 사용한다. 에어드랍 받은 코인의 물량 반은 거래소에서 상장 후 바로 정리하고 나머지 반을 스테이킹이나 유동성으로 제공해서 추가적인 에어드랍을 받는다. 보통 프로젝트가 약간 애매하거나 시장 상황이 좋지 않을 때 이러한 전략을 사용하는 편이다.

만약에 시장 상황이 최악이라면 에어드랍 받은 코인을 거래소에서 바로 매도하는 것이 가장 좋다. 시장이 좋지 않다면 신규 상장하는 코인이 단기적으로는 잠깐 괜찮을 수 있지만 대부분은 시장의 영향을 받아서 급격한 하락을 경험하는 일이 많기 때문이다.

결국 에어드랍 받은 토큰을 거래소에 매도하는 게 가장 중요한 지점이다. 에어드랍으로 받은 토큰을 가장 비싼 시기에 팔 수 있는 능력이 에어드랍으로 큰 수익을 낼 수 있는 실력이다. 이를 파악하기 위해서는 에어드랍 작업 시 해당 프로젝트를 지속해서 분석하고 시장의 반응을 살피면서 프로젝트가 거래소 상장 후 꾸준히 우상향할 수 있는 자산임을 빠르게 파악하는 게 중요하다. 장기적으로 조금 더 물량을 들고 갈지, 아니면 빠르게 거래소 상장과 동시에 모두 정리할지를 결정하는 것이야말로 에어드랍 수익에서 큰 차이를 발생하게 한다. 일반적으로 신규 상장 코인은 거래소 상장 후 급격한 변동성을 겪기 때문에 이는 많은 수익으로 직결되기도 하지만 큰 손실이 되기도 한다. 에어드랍에서 의미 있는 결과를 만들어 내기 위해서는 거래소 상장 후 최대한 수익을 내는데 목표를 가져야 한다. 그러므로 에어드랍에서는 기본적인 간단한 트레이딩 기술도 갖춰야 하는 실력 중 하나다.

팔 물량, 남길 물량 전략 세우기

TGE란 에어드랍 받은 코인이 거래소에 상장하는 것을 말한다. 이는 토큰 제너레이션 이벤트Token Generation Event의 약자로, 코인이 처음 생성되거나 발행되는 이벤트를 의미한다. TGE 이후 바로 중앙화 거래소에 상장되기도 하지만 일부는 탈중앙화 거래소에 상장되기도 한다. 초반에는 일반적으로 탈중앙화 거래소에 유동성을 제공하거나 스테이킹을 한다면 높은 이율로 추가적인 보상을 받을 수 있다. 그래서 매도 물량과 이후에 활용할 물량을 정해야 한다. 에어드랍 작업 시 괜찮은 프로젝트로 평가를 했다면 일부는 매도하고 일부는 계속 유지해야 한다. 초반에 높은 수익률을 제공하는 디파이 서비스가 많기 때문에 이때 수익을 극대화하는 전략이 중요하다.

예를 들어 에어드랍 받은 토큰이 1,000개인데 시장에 토큰이 상장했을 때 거래 가격이 10달러라면, 1만 달러의 가치를 바로 시장에서 수익화할 수 있다. 이 때 프로젝트가 괜찮았다면 500개만 정리해서 5천 달러를 수익화 하고 나머지 500개는 초반에 디파이나 스테이킹 서비스에 예치하는 전략을 수행할 수 있다. 프로젝트 마다 다르지만 일반적으로 초반에는 디파이 및 스테이킹 서비스에 예치했다면 최소 100퍼센트 이상의 연 수익을 제공한다. 3~4개월 안에 다시 처음에 받은 토큰의 수량만큼 늘릴 수 있다. 해당 생태계가 크고 다양한 디파이 서비스가 존재한다면 수량을 극대화하면서 수익도 더 늘릴 수 있다. 프로젝트 론칭 이후 우상향하는 서비스라면 초반에 5천 달러를 수익화한 다음의 수량으로 얻는 수익이 적게는 1만 달러, 많게는 그 이상도 가능한 경우가 많다. 물론 이러한 가능성에 대해서 에어드랍 작업시 충분히 검증이 마친 상태여야 한다.

중요한 것은 좋은 프로젝트일수록 초기 시장 론칭과 함께 매도하는 물량이 적어야 한다는 점이다. 기간을 정해서 홀딩하고 생태계 내에서 다양한 활용처를 적극적으로 찾아서 수익을 극대화해야 한다. 시장의 시기와 상황마다 다르지만 일반적으로 6개월을 목표로 해서 2차 매도 시점을 정한다. 프로젝트가 시장에서 뜨거운 반응을 일으킨다면 6개월이 지난 시점에서는 시장에서 높은 가격을 형성하게 된다. 시간이 지날수록 더 높은 가격을 달성할 수도 있지만, 욕심을 어느 정도 버리고 수익을 실현하는 것이 더 바람직하다. 다음 프로젝트를 찾아서 시드를 옮기는 것이 장기적으로 손실을 최소화하면서 수익을 극대화하기에 좋은 전략이다. 최장 1년을 그 기간으로 한다.

프로젝트를 평가하는 기준은 어떻게 정하면 좋을까? 기본적으로 해당 프로젝트를 가장 정확히 평가할 수 있는 것은 자신이 직접 그 프로젝트를 깊이 분석하는 경우다. 다른 사람의 평가도 참고할 수 있지만 왜 이 프로젝트가 지금 시장에서 상장 이후에도 시장에서 큰 반응을 기대할 수 있을지에 대한 평가가 있어야 한다.

그렇게 자기 자신만의 평가가 끝났다면 시장 상황을 파악해야 한다. 비트코인 시장의 추세와 알트코인 시즌 인덱스 등을 통해서 알트코인에 자금이 얼마큼 유입되고 활성화되어 있는지도 살펴본다. 전반적인 불장일수록 신규 알트코인에 대한 시장의 기대감은 크기 때문이다. 이런 기본적인 평가가 끝났다면 트위터에서 해당 프로젝트에 대한 시장 참여자들의 평가와 텔레그램 커뮤니티 반응 등도 지켜본다. 가장 마지막으로 대중적인 지표로 활용할 수 있는 것은 유튜브에서의 언급을 참고해 볼 수 있다. 일반적으로 가장 먼저 반응하는 건 트위터, 텔레그램, 마지막이 유튜브라는 것을 기억하고 시장의 반응을 살펴본다.

이 프로젝트,
더 파고들 가치가 있다면?

대부분은 에어드랍 작업 이후 무료로 코인을 받아서 시장에서 바로 매도하여 수익을 얻기를 원한다. 에어드랍 작업을 하는 대다수가 코인을 받자마자 시장에서 매도한다. 이 방법도 나쁘지 않지만 더 큰 수익을 내기 위해서는 조금 다른 접근이 필요하다. 그건 바로 프로젝트에 실제로 투자하기 위해서 에어드랍 작업을 하는 것이다. 에어드랍 작업의 기본은 서비스가 시장에 실제로 사용되기 전에 미리 사용해 볼 수 있다. 미리 사용하면서 버그도 팀에 알려주고 서비스가 기존 서비스와 어떤 차이가 있는지를 경험해 본다. 생태계가 큰 경우 새롭게 론칭된 서비스가 어떤 특징을 가지고 있고, 어떤 디파이에 자금을 넣었을 때 가장 높은 수익을 주는지를 사전에 충분히 테스트해 볼 수 있다.

에어드랍 작업의 기본은 실제 프로젝트를 검증하고, 괜찮은 프로젝트가 시장에 나왔을 때 다른 투자자들보다 빠르게 서비스에 진입해서 높은 수익을 올리는 것이 진정한 목표라고 할 수 있다. 사전 테스트 과정에서 버그가 많고 기존에 나온 서비스와 큰 차이가 없다면 빠르게 그 에어드랍 작업은 정리하거나 시간을 줄이는 것이 좋다. 그런데 가끔 기존에 있는 서비스와 완전히 차별이 뚜렷하면서 수익모델도 훌륭하고 최소한 서비스가 론칭하고 최소 6개월 정도는 괜찮은 성과를 보여줄 만한 서비스를 발견할 수 있다. 에어드랍 작업은 사실 이러한 프로젝트를 발견하기 위해서 진행하는 작업이다. 그렇게 발견한 에어드랍 서비스에 대해서는 시간을 좀 더 들여서 생태계를 최대한 많이 파악해 두는 것이 매우 중요하다.

이미 사전에 충분히 테스트하고 검증하고 다양한 서비스의 구조를 이해한 검증자와 이제 시장에서 인기가 생겨서 관심을 가지고 참여한 투자자는 큰 격차가 발생할 수밖에 없다. 보통 디파이 초기 투자에는 실수도 많이 하고 어떤 서비스가 좋은지 파악하기 힘들어서 시간도 많이 소모된다. 일부 디파이 서비스는 해킹 위험이나 러그풀 염려로 인해서 적극적으로 투자하기도 어렵다. 그런데 사전에 충분히 테스트하고 정보를 수집한 투자자는 이런 부분에서 우위에 있다.

실제 서비스가 론칭되고 나서 투자할 때도 조금 더 과감하게 진행할 수 있고 빠르게 투자 결정을 할 수 있다. 디파이 서비스 중에서 높은 이율을 제공하는 서비스를 가장 먼저 선점하면서 언제 수익을 실현하고 나와야 하는 시기도 대략 파악한다. 사전 테스트를 열심히 하면서 프로젝트를 충분히 파악한 투자자는 에어드랍 이후 프로젝트가 론칭하면 에어드랍으로 받은 토큰을 시장에 매도하지 않고 최대한 생태계 내에서 활용해서 수익을 극대화한다. 실제 시장에서 크게 성공하는 에어드랍 프로젝트는 많지 않지만, 크게 성공한다면 한번의 프로젝트로 최소한 1억 원 이상의 수익을 달성할 수 있기 때문에 사전에 프로젝트를 잘 검증하는 것은 매우 중요하다. 결국 목표 수익을 달성하기 위해서는 프로젝트를 충분히 이해하는 것이 선행되어야 한다. 적은 돈은 여러 번의 시간과 노력으로 벌 수 있지만 많은 수익을 내기 위해서는 과감함이 필요한데, 그것은 프로젝트를 정확히 이해하고 파악하지 못하면 하기 힘든 행동이기 때문이다. 이로써 에어드랍 받은 코인을 시장에 하나도 매도하지 않고 전부를 다시금 해당 프로젝트에 재투자해서 수익을 최대한 극대화하는 전략을 적용할 수 있다.

이런 프로젝트 중 하나로 '하이퍼리퀴드'를 예로 들 수 있다. 하이퍼 리퀴드 프로젝트는 실제 에어드랍 만으로 1억 원에서 10억 원 이상 수익을 냈다. 그런데 이들 중 일부는 하이퍼리퀴드로 받은 에어드랍을 그대로 하이퍼리퀴드 생태계에 재투자했다. 2025년 12월 기준, 하이퍼리퀴드는 시가총액 24위까지 올라온 핵심적인 레이어1 생태계로 성장했다. 에어드랍으로 받은 수익 10억 원을 그대로 재투자했으면 100억 원이 되었을 것이고, 1억 원을 재투자 했으면 10억 원이 되었을 것이다. 이렇게 과감하게 에어드랍 받은 코인을 해당 생태계에 집중해서 투자할 수 있는 이는 해당 생태계에 대해서 분명한 차별점과 가능성을 충분히 인지하고 있었기 때문에 가능한 일이다.

결국 에어드랍만을 목표로 하지 않고 '시장에서 어떤 생태계가 다시 시장에서 네러티브를 이끌 것인가'라는 관점으로 에어드랍 작업을 해야 한다. 그렇게 충분히 프로젝트를 검증하는 차원에서 에어드랍 작업을 하면 프로젝트가 론칭된 이후에도 더 깊숙이 해당 생태계에서 투자를 진행하여 하나의 프로젝트만으로도 많은 수익을 올릴 수 있다. 결국 이 하나의 제대로 된 프로젝트를 찾기 위한 과정이라는 생각을 잊지 않길 바란다.

에어드랍 코인으로 디파이에 재투자하기

에어드랍은 누구나 0원에서 시작할 수 있기 때문에 손실에 대한 부담 없이 시작할 수 있다. 그래서 무료로 하는 에어드랍만으로 충분히 한 달에 100만 원까지는 벌 수 있다. 그런데 한 달에 1,000만 원을 벌기 위해서는 무료로 하는 에어드랍만으로는 부족하다. 일정 부분 시드가 투입이 되어야 하고 이 시드는 대부분 디파이 투자로 직결된다. 디파이에 대한 이해 없이는 에어드랍으로 0원에서 1억 원까지는 쉽지 않을 수 있다. 장기적인 관점에서 1억 원을 10억 원까지 늘리기 위해서도 이 디파이에 대한 이해가 필수적이다. 디파이는 영역이 광범위하고 주식 투자나 다른 투자에 비교해서 조금 어려울 수 있다. 다양한 리스크도 존재하기 때문에 리스크에 대한 이해도 필수적으로 필요하다. 그러나 무료 에어드랍 작업을 진행하면서 다양한 디파이를 활용해야 하므로 처음부터 디파이를 투자하는 리스크를 일정 부분 해결할 수 있다. 디파이 투자 방법과 사용법은 다양한 에어드랍 작업을 진행하다 보면 자연스럽게 배울 수 있다. 무료로 진행하는 에어드랍 작업 중에 디파이 파트를 진행했다면 기본적인 디파이 사용법은 어렵지 않게 배울 수 있다.

무료와 유료의 차이는 크게 없지만 리스크 측면에서 차이가 있다. 무료 에어드랍 작업은 어떠한 작업을 진행하더라도 손실이 없다. 리스크를 크게 고민할 필요 없이 다양한 작업을 진행할 수 있다. 그러나 유료로 진행하는 디파이 에어드랍은 리스크에 대한 고민이 중요해진다. 해당 디파이가 신뢰할 만한 지가 가장 중요하고 디파이 내에서 다양한 상품을 어떻게 예치하고 활용하는지가 손실과 수익을 바로 결정하기 때문에, 기존에 무료로 진행했던 디파이 에어드랍 작업과는 조금 차이가 있다. 그래서 무료로 진행하는 디파이 에어드랍 작업 시 충분히 해당 서비스를 이해하고 디파이가 어떻게 운용되고 수익 및 손실이 어떻게 발생하는지에 대한 이해가 필요하다.

대부분은 무료로 에어드랍 작업을 할 때는 자신의 자금이 투입되지 않았으므로 수익 및 손실에 대해서 크게 신경 쓰지 않고 진행한다. 하지만 적은 금액이라도 자기 자본이 들어가면 디파이에 대한 이해가 더 깊어진다. 실시간으로 자신이 투입한 자금이 늘고 줄어드는 과정을 통해서 디파이에 예치하거나 활용한 자금이 어떤 식으로 수익과 손실을 발생하는지 이해하게 된다. 이는 실전 경험을 통해서만 얻을 수 있기 때문에 디파이 서비스를 활용하기 위해선 적은 금액이라도 투자해 봐야 한다.

지금까지 기본적인 에어드랍 방법에 대해서 다루었다. 챕터 6에서는 디파이 기본 개념 및 실제 시장에서 활용할 수 있는 플랫폼에 대해서 소개한다. 여기에서 소개하는 디파이에서 실전 투자를 진행하면서 수익을 극대화 할 수 있다. 무료로 얻은 작은 에어드랍이라도 시드로 활용해서 계속 시드를 늘려가야 한다. 이 과정에서 일부 손실이 발생할 수 있지만 경험의 축적으로 삼고 서비스를 이해해서 다음에 조금 더 많은 자금이 투입될 때 리스크 관리와 투자 수익의 극대화 전략의 한 방편으로 삼아야 한다. 앞으로 다룰 디파이를 통해서 기본적인 개념을 이해하고 실전 사례 경험을 축적하는게 중요하다. 시장이 지속해서 변하고 있으므로 기본 개념에서 최신 트렌드까지 결합할 때 수익을 극대화할 수 있다.

예를 들어 무료로 에어드랍으로 100만 원을 얻었다면 이를 디파이에 조금씩 활용해서 200만, 300만 원으로 늘려가야 한다. 잘 분석되고 리스크를 높이면서 좋은 기회를 포착하면 단번에 100만 원을 1,000만 원까지 늘릴 수도 있고, 시장 상황이 좋고 최신의 트렌드를 잘 파악한 디파이에 참여했을 경우는 100만 원으로 단번에 1억 원까지 갈 수 있는 사례도 꽤 있다. 일반적으로는 커뮤니티 등에서 수익 인증한 것만 보고 무작정 따라 하지만 실제 결과는 좋지 못한 경우가 대부분이다.

왜냐하면 디파이에 대한 기본적인 이해 없이 단순히 유명한 프로젝트의 결과만 보고 따라 해서는 좋은 실적을 거둘 수 없기 때문이다. 단기간 약간의 수익은 볼 수 있지만 큰 수익은 기대하기 힘들다. 그래서 기본기가 정말 중요하다. 이것이 수익을 보장하진 않지만, 기본기 없이는 높은 수익은 불가능하다는 것을 알고 있어야 한다. 디파이의 기본 개념 및 실전 경험을 통해서 무료로 받은 에어드랍으로 1억 원까지 시드를 늘릴 수 있길 바란다.

CHAPTER 6
디파이 세계
입문자를 위한 핵심

디파이,
왜 다들 열광하나?

디파이DeFi는 탈중앙화 금융Decentralized Finance의 줄임말로 블록체인 기술을 활용한 금융 서비스를 의미한다. 암호화폐 투자자는 많지만 디파이 투자자는 소수다. 왜 그럴까? 디파이는 기본적으로 투자자가 이해하는 데 어려움이 있다. 방법 역시 일반적인 투자 방법보다 더 어렵다. 알수록 난해하고 해킹의 위험 등으로 리스크를 감수하면서 투자하는 투자자가 아니라면 접근에 제한이 많다. 그런데 이 모든 것은 사실 정확히 알지 못하기 때문에 발생하는 두려움이다. 디파이에 대해 확실하게 이해한다면 이 모든 것이 사실상 문제가 되지 않는다. 그러므로 파트2에서 다루는 디파이에 대한 내용에 대한 이해를 바탕으로 디파이 투자의 진입장벽을 허물게 되는 계기가 되기를 바란다. 어렵게만 느껴졌던 디파이 투자에서 수익을 극대화할 수 있는 디파이 투자 기술을 터득해서 포트폴리오에 디파이 투자를 넣길 바란다.

디파이 투자가 어려운 이유는 전통적인 주식 투자하고 다르기 때문이다. 비트코인을 포함한 알트코인도 사실은 전통적인 투자와 다르지만 투자자가 느끼기에 큰 차이가 없을 수 있다. 거래하는 방법에 있어서 같다는 뜻이다. 물론 24시간 거래소가 운영되는 점과 변동성이 크고 주식과 달리 수량을 구매하는 데 있어서 소수점까지 허용되는 점에서 약간의 차이는 있다. 하지만 주식을 거래소에서 사고팔듯이 비트코인을 포함한 대부분의 알트코인을 암호화폐 거래소에서 매수 및 매도하는 방법은 같다. 거래소 계좌를 만들고 계좌에서 현금을 이체한 다음에 원하는 코인을 매수 버튼을 통해서 구매하면 된다. 주식 거래를 하는 사람도 비트코인을 포함한 암호화폐에 투자하는 방법을 배울 필요는 없다. 기존의 방법을 그대로 적용하면 되기 때문에 암호화폐 투자가 어렵지 않은 것이다.

그런데 디파이 투자는 전통적인 투자와 다르다. 디파이 투자를 하기 위한 플랫폼도 다양하고 디파이 투자를 위해서는 거래소에서 지갑으로 코인을 이동하는 방법을 배워야 한다. 디파이에서는 전통적인 시장에 없던 새로운 개념이 많은데, 이를 알지 못하고 디파이 투자를 하게 되면 이유도 알지 못한 채 손실을 보는 어려움에 부닥치게 된다. 단순히 높은 이자를 보고 투자했는데 결과는 손실이 생기는 것을 보면서 디파이 투자를 두려워하게 된다. 혹은 디파이 투자를 진행했지만, 지갑 관리나 디파이 관리를 제대로 배우지 못해서 해킹을 당하기도 한다. 이런 경험을 하고 나면 더 이상 디파이 투자를 할 수 없게 된다. 혹은 이런 경험을 당한 걸 보거나 일부 투자자의 경험을 듣고 두려움에 이 디파이 투자를 꺼릴 수도 있다. 이유는 다양하지만 디파이 투자는 분명 일반 투자보다 어려움이 존재한다. 이 말은 또 다른 이야기로 그만큼 더 기회의 시장이라는 뜻이다. 조금만 노력해서 디파이 개념을 정확히 이해하고 디파이 투자에 발생하는 리스크를 이해한 다음에 투자한다면 생각보다 어렵지 않고 사람들이 이야기하는 것처럼 해킹을 당해서 자산을 잃어버리는 리스크에서 조금 자유로워질 수 있다.

디파이는 쉽게 설명하면 코드로 구현한 금융 서비스다. 이 코드는 블록체인 인프라 위에서 동작한다. 한번 만들어진 코드는 변경이 어렵고 모든 코드의 소스는 오픈되어 있다. 실제 비트코인과 이더리움은 코드로 존재한다. 코드는 돈이 된다. 디파이는 코드로 구현되어 있지만 전통 금융 서비스와는 달리 블록체인 위에 코드로 구현되어 있으므로 실제 코드에 비트코인과 이더리움을 담을 수 있다. 이는 코드를 해킹하면 코드에 담긴 이더리움을 해킹할 수 있다는 의미이기도 하다. 반대로 코드가 오픈되었고 오랫동안 서비스되었음에도 불구하고 한 번도 해킹 당하지 않았다면 해당 디파이 서비스는 매우 견고하다고도 이해할 수 있다. 코드로 구현되어 있고 누구나 볼 수 있기 때문에 해킹의 위험성도 있지만 또 누구나 볼 수 있기 때문에 전문가에 의해서 계속 검증되고 발전할 수 있다. 오랫동안 오픈되어 있는 코드가 해킹을 한 번도 당하지 않았다면 해당 디파이 서비스는 꽤 신뢰할 수 있음을 증명하기도 한다.

디파이 투자자가 투자 시 활용할 수 있는 좋은 사이트가 있다. 디파이 라마 DeFiLlama라는 사이트인데, 여기서 디파이 현재 현황 및 서비스 별 순위와 신생 디파이 등 대부분의 디파이 관련 서비스를 확인할 수 있 다. 디파이 투자자라면 이를 활용하여 디파이의 리스크도 체크해 볼 수 있고 새롭게 떠오르는 디파이도 찾을 수 있다. 매번 순위는 바뀌지만 상 위권에 있는 디파이 서비스일수록 조금 더 안정적인 서비스로 인정할 수 있다. 디파이 투자 시 리스크가 고민된다면 상위 10위권 안에 있는 디파이만 투자하는 방법도 있다. 조금 더 발전하면 디파이 종류와 특성 을 이해하면서 해킹이나 디파이만의 독특한 리스크 순위도 체크할 수 있게 된다.

디파이 투자가 초보자에게는 어려울 수 있지만 그래도 시장은 꽤 성 숙해서 이제는 어느 정도 안정적인 디파이 서비스와 리스크가 높은 디파

디파이 현황(출처: 디파이라마)

원화스테이블 코인이 바꾸는 돈의 판

이 서비스를 객관적인 지표를 통해서 선별할 수 있게 되었다. 그래서 무조건 두려워하기보다는 리스크를 관리하면서 지금까지 문제없이 서비스가 운용되고 있는 디파이 서비스는 충분히 이용하기에 리스크가 크지 않다는 것을 이해하고 투자에 임하는 것이 좋다. 물론 오랫동안 안정적인 서비스였을지라도 알지 못하는 리스크는 존재할 수 있고 거래소에 보관하는 것에 비해서는 조금 더 리스크가 증대하기도 한다. 그런데 조금 더 깊이 생각해 보면 거래소에 보관하는 것 역시 리스크는 있다. 거래소가 해킹 당할 수도 있기 때문이다. 이렇듯 투자는 원래 리스크를 동반한다. 그렇지만 그 리스크가 크지 않다면 충분히 공부하고 이해한 상태에서 투자를 진행하는 것이 좋은 투자 성적을 올리기 위한 기본 자세인 것은 변함이 없다.

디파이 시장의
트렌드를 읽는 지표들

디파이 지표를 가장 잘 알려주는 디파이 라마에서 처음으로 배워야 할 개념은 TVL**Total Value Locked**이다. TVL은 블록체인 기반 디파이 서비스에 예치된 총 토큰의 가치를 의미한다. 전통적인 금융 서비스와 비교하면 은행에 총 예치된 예금과도 같다. 다만 블록체인 기반에서 예치된 금액이기 때문에 통화가 아닌 암호화폐로 모두 예치되어 있다. 이 지표가 중요한 이유는 실제 디파이 서비스에 예치된 총 암호화폐를 의미하고 있으며, 시장에서 디파이 서비스에 얼마나 많은 자금이 유입되고 있거나 빠지는지를 알려주고 있기 때문이다. 일반적으로 상승장 때 TVL이 같이 많이 상승하고 하락장 때는 TVL도 같이 하락한다.

디파이 투자를 직접 하지 않더라도 디파이라마에서 TVL 지표를 확인하면 기본적인 비트코인과 알트코인 투자에도 많은 도움이 된다. 이는 시장에서 가장 객관적으로 확인되는 지표이므로 투자자는 이 지표를 중요한 매수, 매도 시점에 확인해야 한다. 아래 이미지를 살펴보면 TVL에 1,130억 달러가 예치된 것을 알 수 있다. 스테이블 코인의 마켓캡이 2,470억 달러인 것도 같이 확인이 가능하다. 디파이에서 중요한 지표인 TVL과 함께 살펴봐야 하는 지표는 Dex데스 볼륨과 Perpdex퍼프덱스 볼륨을 같이 확인해야 한다. DexDecentralized Exchange은 블록체인 기반에서 운용되는 거래소를 의미한다. 조금 쉽게 설명하면 개인 지갑에 있는 이더리움을 중앙화 거래소가 아닌 블록체인 기반에서 스테이블 코인으로 교환하는 행위를 할 수 있게 도와주는 거래소다. 디파이 투자 시 기본적으로 이해해야 하는 것이 바로 이 탈중앙화 거래소다. Perpdex 거래량은 탈중앙화 거래소에서 발전된 형태인 선물 거래소로 중앙화 거래소가 아니라 블록체인 기반에서 운용된다. 이 선물거래소 거래량 역시 디파이 서비스에 예치된 금액에 큰 영향을 주기 때문에 Dex 거래량과 함께 기본적으로 체크해야 하는 중요한 지표 중 하나다.

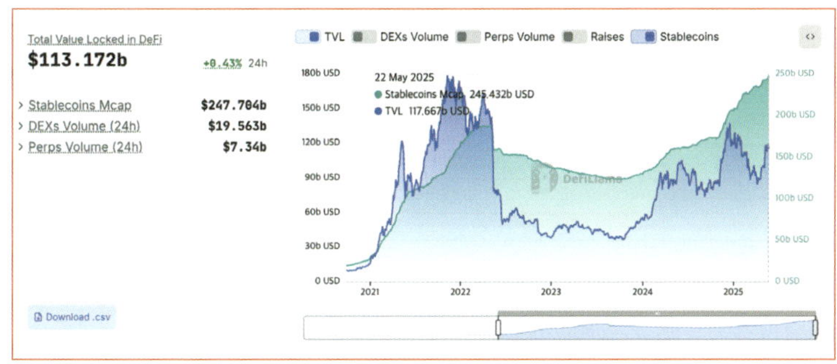

TVL 지표 및 스테이클 코인 마켓캡(출처:디파이라마)

디파이라마에서 TVL 변화율을 기준으로 성장하고 있는 디파이 서비스 및 시장의 트렌드를 빠르게 파악할 수 있다. TVL 변화는 1일, 7일, 1개월 기준으로 확인이 가능하다. 디파이라마에서 프로젝트별로 변화하는 TVL을 기준으로 투자자는 신뢰도 있는 디파이와 가장 최근에 트렌드로 자리잡고 있는 디파이 서비스를 확인할 수 있다. 디파이 서비스마다 지원되는 레이어1 체인을 확인할 수 있다. 이는 디파이 TVL 10위 권 내에 어떤 레이어1이 가장 많이 사용되는지를 통해서 레이어1 메인넷 투자를 보수적으로 투자하는 데 도움을 줄 수 있다.

아래의 이미지에서 디파이 서비스 순위를 살펴보면 상위권 10위에

Name	Category	TVL ⇕	1d Change ⇕	7d Change ⇕	1m Change ⇕
> 1 AAVE 17 chains		$24.95b	+0.85%	-0.24%	+21.39%
2 Lido 6 chains	Liquid Staking	$23.232b	+2.16%	+0.75%	+37.01%
3 EigenLayer 1 chain	Restaking	$11.17b	+2.46%	-0.90%	+39.60%
> 4 ether.fi 3 chains		$6.666b	+1.80%	+2.83%	+29.51%
5 Binance staked ETH 3 chains	Liquid Staking	$6.243b	+1.88%	+5.34%	+53.75%
> 6 Spark 3 chains		$6.021b	+5.20%	+5.56%	+38.43%
> 7 Ethena 1 chain		$5.751b	+4.27%	+9.27%	+21.80%
> 8 Sky 1 chain		$5.24b	-3.37%	-2.89%	-13.53%
9 Babylon Protocol 1 chain	Restaking	$4.925b	-2.40%	-8.63%	+1.97%
> 10 Uniswap 35 chains		$4.889b	+0.51%	-1.93%	+17.75%

디파이 최근 TVL 변화지표(출처: 디파이라마)

있는 디파이 서비스의 메인넷이 기본적으로 이더리움임을 확인할 수 있다. 시가총액 9위에 있는 바빌론 프로토콜은 이더리움이 아닌 비트코인 네트워크인 것도 확인이 가능하다. 이러한 변화는 시장에서 비트코인 기반의 디파이 서비스들이 진출하고 있고, 시장에서 투자자들의 관심과 자금이 유입되는 것을 의미한다. 1개월 디파이 TVL 변화율을 살펴보면 상위권 서비스들의 변화율이 20~50퍼센트까지 높다는 사실을 확인할 수 있다. 이는 시장에서 알트코인 시장으로 단기자금이 유입되고 있는지를 확인할 수 있는 중요한 변화율이다. 알트코인 투자자라면 디파이 시장에서 단기로 유입되는 자금 여부를 확인해서 매수, 매도 타이밍을 정하는데, 보조 지표로도 활용이 가능하다.

디파이라마에서 확인해야 하는 중요한 지표 중 하나는 체인별 점유율이다. 아래의 이미지를 보면 체인별 점유율이 표시되는데 이더리움이 가장 많고 그다음 솔라나, BSC, 비트코인, 트론, 베이스, 아비트럼, 수이, 하이퍼리퀴드, 아발란체 순서다. TVL 순위별로 나열된 순서다. 단순하게 이 지표만 확인해도 레이어1 메인넷을 투자하는 데 도움을 많이 얻을 수 있다. 시장에서 레이어1 메인넷이 어떻게 변화하고 있는지 트렌드를 파악하는데도 좋은 지표로 활용할 수 있다. 상위권 10개를 보면 2025년 이후 두드러진 변화는 '비트코인 네트워크가 추가된 것과 이더리움 레이어2인 베이스, 아비트럼이 상위권에 있는 것'이다.

수이, 하이퍼리퀴드라는 새로운 레이어1 메인넷이 TVL 순위 8, 9위에 나란히 있다. 이 지표를 통해서 이더리움 및 솔라나가 시장에서 가장 안정적으로 많이 사용되고 활용되고 있다고 해석할 수 있다. 보수적인 디파이 투자자라면 이더리움 위에서 운용되는 디파이 서비스를 활용하는 것이 바람직하다. 시장에서 새로운 내러티브로 등장한 비트코인과 수이, 하이퍼리퀴드라는 변화를 읽을 수 있어야 한다. 비트코인을 활용한

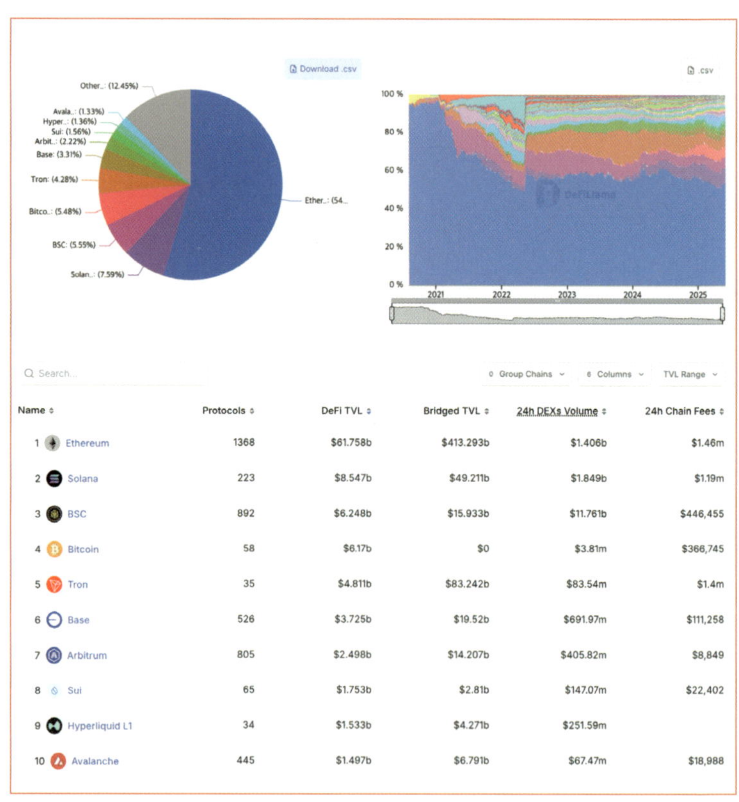

	Name	Protocols	DeFi TVL	Bridged TVL	24h DEXs Volume	24h Chain Fees
1	Ethereum	1368	$61.758b	$413.293b	$1.406b	$1.46m
2	Solana	223	$8.547b	$49.211b	$1.849b	$1.19m
3	BSC	892	$6.248b	$15.933b	$11.761b	$446,455
4	Bitcoin	58	$6.17b	$0	$3.81m	$366,745
5	Tron	35	$4.811b	$83.242b	$83.54m	$1.4m
6	Base	526	$3.725b	$19.52b	$691.97m	$111,258
7	Arbitrum	805	$2.498b	$14.207b	$405.82m	$8,849
8	Sui	65	$1.753b	$2.81b	$147.07m	$22,402
9	Hyperliquid L1	34	$1.533b	$4.271b	$251.59m	
10	Avalanche	445	$1.497b	$6.791b	$67.47m	$18,988

체인별 TVL 순위(출처:디파이라마)

디파이 서비스 및 수이와 하이퍼리퀴드라는 새로운 메인넷의 특징을 이해하고 조금 더 공격적인 디파이 투자를 하는 투자자는 이 세 가지 레이어1에서 새롭게 서비스하는 디파이를 활용할 수 있다. 이런 디파이는 변동성은 크고 리스크도 기존 서비스보다는 증대하지만 단기간에 높은 수익률과 다양한 에어드랍 기회를 노릴 수 있는 장점을 가진다.

옆 페이지 이미지에서 추가로 확인할 수 있는 지표는 브릿지 TVL과 24시간 거래량, 체인 수수료다. 브릿지 TVL은 해당 레이어1 체인과 다른 체인간에 얼마나 많은 자금 이동이 일어나는지 확인할 수 있는 중요한 지표 중 하나다. 24시간 볼륨은 실제 거래량을 의미하기 때문에 체인에서 디파이 투자자들이 얼마나 많이 탈중앙화 거래소를 활용하는데 확인할 수 있다. 마지막으로 체인 수수료는 해당 체인에서 발생하는 수수료를 검증인(채굴자)이 획득하는 수수료이므로 중요한 수치다. 레이어1 메인넷의 활성지표로 해석할 수도 있고 지속가능성의 지표로도 체크해볼 수 있다. 가장 중요한 수치는 TVL이지만 브릿지 TVL, Dex 볼륨, 체인 수수료도 같이 점검해 보면 조금 더 레이어1 메인넷을 선택하는데 도움을 얻을 수 있다.

에어드랍 기회 많은 서비스 찾는 법

디파이라마에서 에어드랍 메뉴(defillama.com/airdrops)에서 에어드랍 가능성 높은 디파이 서비스를 찾을 수 있다. 디파이라마를 활용하면 TVL 기준 및 최근 자금 유입 및 이탈 여부를 확인할 수 있기 때문에 리스크 관리와 서비스를 선별하는 데 도움을 얻을 수 있다. 레이어1 체인별로 서비스를 선택할 수 있기 때문에 레이어1 생태계에서 어떤 디파이 서비스가 에어드랍 가능성이 높은지를 알 수 있다.

디파이 라마에서 에어드랍 메뉴를 통해서 확인할 수 있는 토큰이 없는 디파이 서비스 종류다. TVL 순위로 확인할 수 있고 각 디파이 서비스의 종류를 표시해 준다. 서비스가 언제 출시되었는지도 조회 시점 기준으로 확인할 수 있다.

옆 페이지의 이미지를 예로 살펴보면 4위에 있는 롬바드 체인을 확인할 수 있다. 카테고리는 비트코인을 리스테이킹 하는 디파이 서비스이

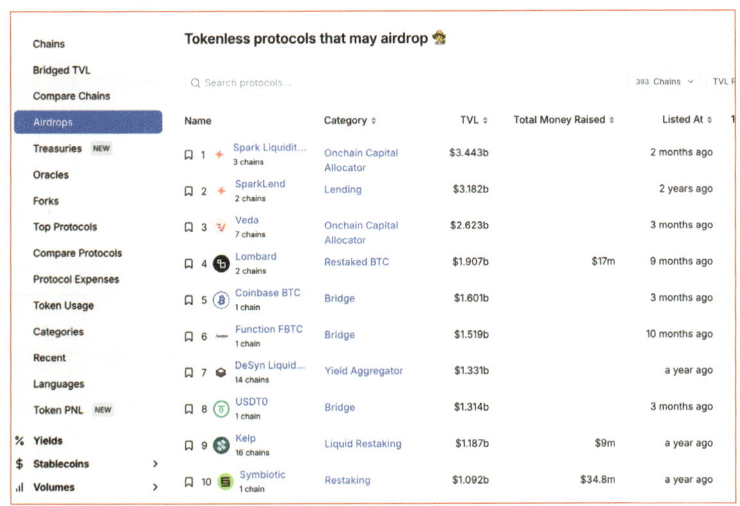

디파이 라마 에어드랍 가능성 높은 체인 리스트(출처:디파이라마)

며 체인은 비트코인과 이더리움으로 표시된 것을 확인할 수 있다. 9개월 전에 서비스가 출시되었기 때문에 토큰 에어드랍 가능성이 머지않았음을 어느 정도 예측해 볼 수 있다. 해당 서비스는 비트코인을 활용한 디파이 서비스이므로 비트코인을 해당 서비스에 예치하고 추가적인 롬바드 에어드랍을 기대해 볼 수 있다.

시장에서 새롭게 성장하고 있는 레이어1 블록체인 서비스 생태계를 집중적으로 공략할 때 디파이라마 에어드랍 메뉴를 활용하면 많은 부분에서 유용하다. 2025년 이후 시가총액 10위권 TVL 순위로 올라온 하이퍼리퀴드와 수이 생태계의 디파이 서비스를 선택할 수 있다. 일반적으로 하나의 생태계는 다양한 디파이 서비스가 존재하고 해당하는 디파이 서비스마다 일정 시점을 기준으로 각자의 토큰이 출시된다. 레이어1 메인넷 에어드랍 작업 이후 생태계별 디파이를 다양하게 투자하고 활용함으로써 투자자가 선택한 레이어1 생태계에서의 에어드랍 및 투자수익을 극대화할 수 있다.

디파이라마에서 에어드랍 메뉴에서 체인별로 선택해서 디파이 서비스를 확인할 수 있다. 아래 이미지에서는 하이퍼리퀴드 생태계를 선택한 예시다. 하이퍼리퀴드에서 TVL 순위 및 서비스가 출시된 시점을 알 수 있다. 새로운 레이어1 생태계가 출시되고 난 이후 디파이 서비스들이 차례대로 출시된다. 해당 디파이 서비스에서는 종류별로 투자자들로부터 해당 디파이 서비스를 활용할 수 있는 서비스를 제공해 주고 추가적인 에어드랍 가능성을 제공해 준다.

아래 이미지에서 하이퍼리퀴드의 예를 보면, 예금 및 대출 서비스인

Name	Category	TVL	Total Money Raised	Listed At	1d Change	7d Change	1m Change
1 HyperLend 1 chain	Lending	$299.31m		2 months ago	+7.41%	+2.28%	+109%
2 Felix CDP 1 chain	CDP	$218.19m		2 months ago	+8.79%	+4.56%	+15.05%
3 HypurrFi Poo… 1 chain	Lending	$120.69m		3 months ago	+9.58%	+1.59%	+102%
4 Hyperbeat 2 chains	Yield Aggregator	$88.51m		a month ago	+6.99%	+20.47%	
5 HyperSwap V3 1 chain	Dexs	$59.17m		3 months ago	+0.58%	-24.78%	+12.21%
6 Upshift 5 chains	Onchain Capital Allocator	$44.95m		6 months ago	+8.10%	+2.69%	+160%
7 Felix Vaults 1 chain	Onchain Capital Allocator	$44.09m		6 days ago	+8.19%	+53.51%	+53.31%
8 Valantis 1 chain	Dexs	$43.74m		2 months ago	+5.86%	-4.84%	+264%
9 Kittenswap CL 1 chain	Dexs	$32.41m		2 months ago	+3.44%	-9.75%	-1.68%
10 HypurrFi Iso… 1 chain	Lending	$28.92m		2 months ago	+4.63%	-1.22%	+143%

하이퍼리퀴드 에어드랍 가능성이 있는 디파이 서비스 종류(출처:디파이라마)

하이퍼랜드로부터 탈중앙화 거래소인 하이퍼스왑을 비롯한 다양한 종류의 디파이 서비스가 있다. 신규 생태계는 각 디파이 서비스가 리스크가 존재하기 때문에 TVL이 가장 높은 디파이 서비스를 종류별로 선택하는 것이 유용하다. 하이퍼리퀴드를 예로 들면 하이퍼랜드에 자금을 예치하고 대출하는 서비스를 활용하고 토큰 교환이 필요할 때는 하이퍼스왑을 활용할 수 있다. 서비스마다 상세히 들어가면 디파이 서비스를 활용한 내역에 따라서 포인트를 제공해 주는 서비스가 존재한다. 포인트를 기준으로 다음에 디파이 서비스에서 토큰을 론칭하면 자신들의 토큰을 에어드랍으로 제공해주는 게 일반적이다.

하이퍼리퀴드는 사전에 에어드랍을 기본적으로 받는다. 그렇게 받은 에어드랍을 하이퍼리퀴드 생태계에 추가로 투자한다. 생태계가 잘 성장한다면 다양한 디파이 서비스에서 토큰 에어드랍이 있기 때문에 투자 수익은 극대화된다. 대부분의 신규 레이어1은 참여자 많지 않고 극초기 투자이므로 서비스를 잘 활용하고 메인넷 레이어1을 잘 선택한다면 하나의 생태계 만으로 수억 원 이상의 수익 달성이 가능하다. 하이퍼리퀴드는 작은 시드로 단번에 원하는 수익을 거둘 수 있는 바람직한 예시다. 또한 시장에서 주목받고 있는 수이 생태계 역시 디파이 서비스들을 확인할 수 있다.

다음 페이지의 이미지는 수이 생태계에서 활용되는 디파이 서비스이며 에어드랍 가능성이 높은 서비스들이다. 하이퍼리퀴드와는 달리 디파이 서비스가 출시 이후 꽤 오래된 것도 많이 있다. 수이 생태계는 이미 어느 정도 디파이 서비스에서 토큰이 론칭된 것도 더러 있다. 그러나 여전히 발전하고 있는 생태계이므로 이 서비스 중에서 최근에 서비스가 출시된 것 위주로 투자자는 디파이 서비스를 선택해 볼 수 있다. 아래 이미지에서는 서비스가 출시된 지 2개월이 지난 Momentum^{모멘텀} 같은 탈중앙화 거래소를 활용해 보는 것도 한 가지 방법일 수 있다.

Name	Category ⇅	TVL ⇅	Total Money Raised ⇅	Listed At ⇅	1d Change ⇅	7d Change ⇅	1m Change ⇅
1 Haedal Proto... 1 chain	Liquid Staking	$140.43m		2 years ago	+1.55%	+6.57%	-19.47%
2 Bucket CDP 1 chain	CDP	$74.86m		2 years ago	-0.02%	+4.74%	+9.44%
3 Momentum 1 chain	Dexs	$70m	$10m	2 months ago	+5.66%	+16.32%	+78.12%
4 Kai Finance 1 chain	Leveraged Farming	$45.42m		2 years ago	+3.16%	+37.60%	+30.96%
5 Aftermath af... 1 chain	Liquid Staking	$31.32m		2 years ago	-0.69%	-7.20%	-6.87%
6 Aftermath A... 1 chain	Dexs	$28.28m		2 years ago	+2.75%	-5.84%	-3.91%
7 Bucket Farm 1 chain	Farm	$27.73m		5 months ago	+0.53%	+4.33%	+49.56%
8 Libre Capital 10 chains	RWA	$20.25m		4 months ago	0%	0%	-0.01%
9 Kriya CLMM 1 chain	Dexs	$12.13m		a year ago	+4.92%	+43.53%	-13.46%
10 Magma 1 chain	Dexs	$9.95m		4 months ago	+3.01%	-0.40%	+2.94%

수이 생태계 디파이 서비스 중 에어드랍 가능성 높은 서비스(출처:디파이라마)

디파이라마에서는 기본적인 신규 서비스와 출시일 TVL의 변화를 보여주고 각 생태계의 디파이 서비스들은 구체적으로 커뮤니티 중심으로 조금 더 확인이 필요하다. 서비스가 시장에 이미 출시되고 나서 해당 서비스를 파악하는 것은 조금 늦을 수도 있다. 그래서 사전에 에어드랍 작업을 하면서 생태계에서 출시되어 사전에 테스트할 때 충분히 서비스를 파악하는 게 중요하다. 사전에 해당 생태계와 각 디파이 서비스의 장·단점을 알아두면 실제 메인넷이 출시되고 디파이 서비스들이 차례대로 시장에 출시될 때 빠르게 초반에 진입하여 더 높은 에어드랍을 받을 가능성이 커진다.

디파이 속 스테이블 코인의 역할

디파이 시장에서 중요한 코인은 스테이블 코인이다. 이름에서 알 수 있듯이 가격이 안정적으로 유지되도록 설계된 암호화폐를 모두 스테이블 코인이라고 이야기한다. 가장 대표적인 스테이블 코인은 테더 사에서 발행한 USDT와 서클 사에서 발행한 USDC가 있다. 이 대표적인 스테이블 코인은 미국 달러와 동일한 가치를 유지하도록 설계되어 있으며, 그 설계의 배경에는 법정화폐를 담보로 동일하게 코인을 발행하도록 설계되었다. 그래서 다른 암호화폐와는 달리 스테이블 코인은 변동성이 없다. 기존 주식시장과 달리 스테이블 코인으로 인해서 암호화폐 시장은 새로운 금융시장을 선도해 나갈 수 있다. 기본적으로 스테이블 코인을 결제에도 자유롭게 쓸 수 있지만, 그 이전에 금융 인프라 및 금융상품으로 활용하면 전통 금융상품이 하지 못했던 다양한 금융상품의 탄생이 가능하다. 여기에 디파이 시장의 비밀이 숨겨져 있고 디파이 시장을 투

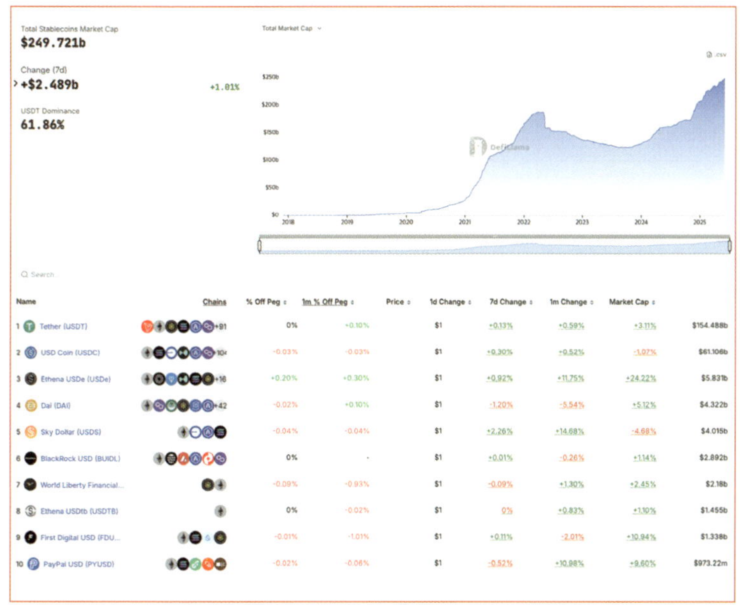

스테이블 코인 종류 및 시가총액 순위(출처: 디파이라마)

자자가 이해하고 활용해야 하는 중요한 부분이다.

위의 이미지는 스테이블 코인의 종류 및 시가총액 순위다. 전체 스테이블 코인의 시가총액이 2,490억 달러다. 이 중에서 스테이블 코인 시가총액 1, 2위인 USDT와 USDC가 대부분의 시가총액을 차지하고 있다. 전체 암호화폐 시장의 시가총액이 성숙하는 성숙도와 유사하게 스테이블 코인의 시가총액도 같이 증가하고 있는 모습을 그래프를 통해서 확인할 수 있다.

디파이 시장과 전통 금융시장은 다양한 차이가 있다. 그중에서 디파이 시장에 관심을 가져야 하는 주요한 이유는 디지털 시장에 디파이가 가장 적합하고 모든 금융 서비스가 실시간으로 추적되고 관리된다는 점 때문이다. 인프라가 전통 금융과 달리 블록체인 기반이기 때문에 그 확장성과 가능성은 큰 차이가 있다. 디파이 시장은 전통 금융 시장에 있던 상품을 디지털화하는 것이 아니라 새로운 시장을 개척하는 것이고 전통 금융시장이 하지 못했던 다양한 서비스가 가능해지는 시장이다. 그 중심에 레이어1 메인넷 블록체인 인프라가 있고 활용할 수 있는 자원에 스테이블 코인이 존재한다.

스테이블 코인은 달러와 유사해 보이지만 활용 면에서는 큰 차이가 있다. 디파이는 미래로 생각하는 경향이 있지만 현재에 있고, 이미 다양하게 활용되고 있다. 실제 달러와 스테이블 코인을 비교해 보면 디파이 시장의 잠재 성장 가능성을 예측해 볼 수 있다. 전통 금융 시장에서 달러는 송금에 시간이 오래 걸리고 수수료도 비싸다. 달러는 무역과 금융에는 활용되지만, 미국과 일부 여행지를 제외하고 일상에서 결제 수단으로 빈번하게 사용되지는 않는다. 그런데 스테이블 코인은 다르다. 기본적인 달러와 동일한 기능을 하면서 송금이 빠르고 제한이 없으며 수수료가 저렴하다.

은행 계좌가 없어도 스테이블 코인은 누구나 보내고 받을 수 있기 때문에 금융 인프라가 취약한 국가에서 쉽게 적용하고 빠르게 활용될 수 있다. 이 잠재력을 무시할 수 없는데 중국을 떠올려 보면 쉽게 이해할 수 있다. 중국은 금융 결제 발전 단계에서 카드 결제라는 중간단계가 없었다. 그 덕분에 중국은 우리나라보다 결제 시스템이 더욱 잘 구축되어 있다. 모든 결제에 카드 없이 스마트폰의 QR코드로 모든 것이 결제가 가능한 나라다. 단순 상품 구매부터 부동산 구매부터 월세를 납부하는 것까지 모든 것이 페이 결제로 가능하다.

우리나라에서는 상상할 수 없고 노력하지만 이루기 힘든 영역이다. 이런 변화가 은행 인프라가 약한 나라부터 빠르게 전개될 수 있다. 스테이블 코인이 은행 인프라가 취약한 나라들부터 신속하게 일상에 침투할 수 있다는 것이다. 그래서 결제가 변화되면 그 근본 기반까지 위협을 준다. 전통 금융 시스템이 더 이상 필요 없게 되면 자연스럽게 인프라의 교체가 가능해지는 수준까지 위협할 수 있다. 물론 전통 금융과 블록체인 기반 인프라가 공존할 거라고 예상하지만 그 변화는 막을 수 없다는 뜻이다.

이런 일상의 변화가 스테이블 코인이 전통 달러와는 차이가 생기는 부분이다. 여기에서 조금 더 깊이 들어가서 금융 서비스로 들어가면 이야기가 완전히 달라진다. 전통 금융 시장에서는 시스템을 유지하고 운영하고 관리하기 위한 비용이 많이 발생한다. 이 비용이 블록체인 기반에서는 혁신적으로 줄어든다. 스테이블 코인을 운영하고 관리하는 테더사는 2024년 기준, 100여 명의 직원이 130억 달러(원화로 약 18조 원)의 순이익 2024년에 달성했다. 직원 1명당 1억 달러의 순이익을 달성했으니 전통 금융시장에서는 절대로 이룰 수 없는 수치다. 이러한 혁신적인 수치를 달성할 수 있는 이유는 블록체인 기반 기술의 놀라운 잠재력 때문이다.

실제 스테이블 코인은 현재까지는 블록체인 기반 금융 서비스인 디파이 시장에서 다양하게 활용되고 있다. 기본적으로 거래소에서 거래를 위한 수단으로 가장 많이 활용된다. 따라서 시장에서 수요가 많다. 그러므로 달러에 비하여 예금 이자도 더 높은 게 시장의 상황이다. 시장에서 수요가 많아질 때는 스테이블 코인 대출 이자도 많이 높아진다. 스테이블 코인만 잘 활용해도 전통 금융시장에서 기대할 수 없는 수익률을 지속해서 손실 없이 창출할 수 있는 시장이다.

디파이 시장에서 스테이블 코인이 어떻게 활용되는지에 대해서는 이후 챕터에서 하나씩 서비스를 살펴보면 조금 더 이해가 될 것이다. 디파이 서비스는 이 책에서 다루고 있는 기본적인 서비스도 있지만 아직 시장에 출현되지 않은 신규 서비스도 다양하다. 누군가에 의해서 더 혁신적인 금융 서비스가 탄생할 가능성이 무궁무진하기 때문에 현재보다 앞으로가 더 기대되는 영역이 디파이 시장이고, 여기에서 가장 중요한 자산 역할을 하는 것이 스테이블 코인이다.

탈중앙화 거래소 유니스왑 살펴보기

디파이는 다양한 서비스가 존재한다. 그중에서 가장 먼저 이해해야 하는 서비스는 탈중앙화된 거래소다. 이를 이해하기 위해서는 중앙화된 거래소와 비교하면 좋다. 중앙화된 거래소의 특징은 중개인이 존재하고 중개인이 코인과 현금 혹은 코인과 코인을 거래하는데 핵심적인 역할을 한다. 국내 거래소라면 원화를 기준으로 원하는 코인을 사고팔 수 있도록 거래소가 중개인 역할을 한다. 국외 거래소라면 거래소가 중개인 역할을 하지만 코인을 사고팔 수 있는 매개체가 일반적으로 스테이블 코인이다.

코인 투자자라면 국내 거래소와 국외 거래소를 다 이용할 수 있다. 국내는 원화로 거래하는 것이고 국외는 스테이블 코인으로 거래한다. 스테이블 코인은 국내 거래소에서 구매해서 국외 거래소로 송금 후 다양한 코인을 구매하는데 활용할 수 있다. 중앙화된 거래소는 중개인이 코인을 사고파는 행위의 중개인이 되어서 자금을 관리한다. 그래서 투자자는 중앙화된 거래소를 신뢰하고 자금을 이체하며 코인을 매수, 매도하는 행위를 할 수 있다.

탈중앙화된 거래소는 중개인이 존재하지 않고 블록체인 기반의 탈중앙화된 형태로 운영된다. 조금 더 직접적으로 이야기하면 중개인이 코드로 대체된다. 일반적인 중앙화된 거래소는 회사가 존재하며 회사에서 임직원이 코인 매수와 매도를 중간에서 관리한다. 관리하는 시스템이 존재하지만 그 시스템은 회사에 종속되어 있다. 탈중앙화된 거래소는 시스템을 관리하는 중개인이 없다. 최초에 해당 탈중앙화된 거래소를 만든 개발자는 존재하지만, 해당 거래소를 운영하고 관리하는 주체가 블록체인 기반에서 코드로 작성되어 자동으로 운영된다. 이 부분에 관해서는 조금 더 구체적인 예를 들어 설명하겠다.

가장 대표적인 블록체인 서비스 플랫폼은 이더리움이다. 이더리움은 '스마트 컨트랙트'라는 블록체인 기반 프로그래밍이 가능한 플랫폼이다.

이더리움은 누구나 노드 운영자가 될 수 있다. 노드 운영자는 기존 시스템에서는 서버 운영자와 개념이 비슷하다. 하지만 수많은 서버 운영자가 동시에 이더리움 블록체인 서비스를 운영하고 관리하는 개념이다. 투명하고 오픈되어 있으며 누구에게나 공개되어 있다.

노드 운영자는 이더리움 블록체인을 운영하고 관리하는 역할을 한다. 이 노드 운영자들은 이더리움에서 배포된 스마트 컨트랙트를 운영하고 유지하며 관리한다. 이 스마트 콘트랙트가 디파이 서비스의 핵심이다. 탈중앙화된 거래소는 이 스마트 컨트랙트로 이더리움 블록체인에 배포된다. 한번 배포된 스마트 컨트랙트는 수정 및 변경이 불가능하다. 심지어 스마트 컨트랙트를 개발하여 배포한 회사도 이 프로그램을 수정하거나 변경하는 일이 불가능하다. 탈중앙화된 거래소는 이더리움 블록체인에 배포가 되고 난 이후는 그 누구도 수정 및 변경이 불가능한 형태로 이더리움 노드에 의해서 운영되고 관리된다.

이를 중앙화된 거래소와 비교해 보면 차이점을 쉽게 이해할 수 있다. 중앙화된 거래소는 언제든지 시스템 관리자가 거래소의 로직을 변경할 수도 있으며, 거래소에 있는 코인을 언제든지 외부로 유출할 수도 있다. 거래소의 시스템 통제권이 거래소 관리자에게 있는 것이다. 하지만 탈중앙화된 거래소는 통제권을 가지고 있지 않다. 물론 탈중앙화된 거래소를 어떻게 개발했는지에 따라서 통제권의 여부가 조금 다를 수는 있지만 기본적으로 탈중앙화된 거래소는 통제권을 가지고 있지 않는 게 기본이다. 이러한 탈중앙화된 거래소는 소스가 모두에게 오픈되어 있다. 탈중앙화된 거래소의 소스가 오픈되어 있기 때문에 누구나 해당 시스템의 로직을 정확히 분석하고 판단할 수 있다. 중앙화된 거래소의 서비스는 오픈되어 있지 않고 폐쇄적인 구조를 가진다.

물론 소스가 오픈되어 있다는 것은 소스 코드에 취약점이 있으면 해킹의 리스크가 존재한다. 이런 이유로 디파이 서비스가 많이 해킹되는 이유이기도 하다. 그런데도 기본적으로 탈중앙화된 거래소가 안전하게 설계되어 만들어졌다면 투명성은 가장 좋다.

중앙화된 거래소와 탈중앙화된 거래소에서 코인을 사는 행위를 비교해 보면 조금 더 깊이 이해할 수 있다. 중앙화된 거래소에서는 호가창이 존재한다. 비트코인을 사기 위해서 원화로 구매할 때 호가창에 비트코인을 팔기 원하는 물량만큼 비트코인을 구매할 수 있다. 원하는 호가창에 비트코인을 매수하는 사람과 매도하는 사람이 일치할 때 구매가 이루어지고 그 구매 결과를 거래소에서 데이터베이스에 관리한다. 매수자와 매도자는 거래소 데이터베이스에 자신이 가진 자산 현황이 기록되고 관리된다. 모든 자금은 거래소가 관리하고 사용자들이 원할 때 데이터베이스에서 해당 내용을 업데이트 하고 코인과 원화를 이체해 준다.

탈중앙화된 거래소는 중앙화된 거래소와는 달리 말 그대로 탈중앙화된 프로그램에 의해서 이 과정이 진행된다. 한가지 가장 큰 차이점은 탈중앙화된 거래소는 유동성 풀Liquidity Pool이라는 새로운 개념이 등장한다. 탈중앙화된 거래소에서 거래자가 거래하기 위해서는 거래소를 가입하는 행위가 필요하지 않다. 개인 지갑을 보유하고 해당 지갑에 코인을 가지고 있으면 거래에 참여할 수 있다. 개인 지갑은 블록체인 기반에서 만들어진 것이므로 이 지갑을 만드는데도 신분인증이라든지 별도의 절차가 필요하지 않다. 누구나 자유롭게 지갑을 만들고 코인을 보유할 수 있다. 거래에 있어서 이 지갑이 기본적인 필요한 사항이다. 예를 들어 거래자가 지갑에 이더리움을 보유하고 있는데 이 이더리움으로 스테이블 코인인 USDT를 구매하려고 한다. 이러한 경우에 탈중앙화된 거래소에 접속해서 자신이 가지고 있는 이더리움으로 USDT를 구매할 수 있다.

그 반대로도 가능하다. USDT로 이더리움을 구매할 수 있다. 구매 방법은 지갑에 해당하는 코인을 보유하고 탈중앙화된 거래소에 접속해서 거래 요청을 진행하면 된다. 이 과정은 블록체인 상에서 진행되며 블록체인 위에 있는 스마트 컨트랙트 프로그램에 의해서 자동으로 진행된다. 여기서 기존 중앙화 거래소처럼 데이터베이스에 기록을 한다든지, 별도로 중앙의 관리자가 자금을 이체해 주는 행위는 없다. 탈중앙화된 환경에서 스마트 컨트랙트 프로그램에 의해서 자동으로 코인이 거래되고 거래자 지갑으로 코인은 자동으로 전송된다.

탈중앙화된 거래소에서 거래자가 코인을 거래하는 행위에서 누군가는 해당 코인을 주고받아야 한다. 이 코인을 주고받는 핵심이 되는 역할이 유동성 풀이다. 유동성 풀은 탈중앙화된 거래소에서 다양한 코인으로 거래할 수 있도록 작은 거래소 역할을 할 수 있다. 이더리움에서 스테이블 코인인 USDT로 교환하거나 그 반대 행위를 할 때 누군가는 교환을 해주어야 한다. 이를 위해서 해당 코인을 보유하고 있어야 하는데 그 코인을 제공하는 이들을 '유동성 풀 제공자'라고 한다. 기본적으로 이들은 두 코인을 같이 제공한다. 이더리움과 USDT를 교환하기 위해서는 이더리움과 USDT 풀이 있어야 하는데, 유동성 제공자들은 자신이 가진 이더리움과 USDT를 1:1 비율로 유동성 풀에 제공한다. 이를 LP^{liquidity} Provider라고 한다. 유동성 풀을 제공하면 유동성 지분을 받게 된다. 유동성 풀에서 거래자들이 거래할 때마다 수수료를 제공한다. 누군가가 내가 제공한 유동성 풀에서 서로 다른 코인을 교환할 때마다 수수료를 내고 이를 유동성 제공자들이 받게 된다. 기존에 중앙화 거래소가 가져가는 수수료를 탈중앙화된 거래소에서는 유동성 제공자들이 같이 받는 것이다. 조금 더 쉽게 설명하면 소액 개인 투자자도 유동성 제공자가 될 수 있고, 이는 한 마디로 작은 거래소가 된다는 의미다. 내가 제공한 유동성에서 거래가 발생할 때마다 지속적으로 거래 수수료를 누구나 받을 수 있는 게 유동성 제공 풀이다.

디파이 투자를 위한 첫 번째 관문이 이 탈중앙화된 거래소의 유동성 풀에 대한 이해다. 이를 기본으로 다양한 디파이 상품을 심도 있게 이해할 수 있다. 거래는 모든 금융상품의 기본이므로 디파이에 있어서도 이 거래의 기본이 되는 탈중앙화된 거래소와 유동성 풀에 대한 이해가 필수적이다. 282페이지의 이미지는 탈중앙화된 거래소의 가장 대표가 되는 유니스왑의 유동성 풀이다.

풀 메뉴를 살펴보면 풀, 프로토콜, 수수료 등급, TVL, 풀 APR, 리워드 ARP, 1일 거래량, 30일 거래량, 1일 볼륨/TVL이 있다. 기본적으로 풀 메뉴에는 다양한 토큰이 페어로 엮어 있는 것을 확인할 수 있다. 중앙화된 거래소와는 달리 이 토큰 풀이 존재하지 않는 풀이 있다면 기본적으로 해당 토큰은 거래할 수 없다. 그래서 이 풀의 종류가 다양한 것이 필수적이다. 두 번째 프로토콜은 탈중앙화된 거래소마다 다른데 아래 예는 유니스왑의 경우다. 프로토콜 버전이 V1부터 V4까지 있다.

앞에서 언급했듯이 스마트 컨트랙트는 한번 배포되면 수정 및 변경이 불가능하다. 이 특징 때문에 유니스왑이 배포된 버전별로 프로그램이 존재하는 것을 확인할 수 있다. 우리가 일반적으로 프로그램을 업그레이드 하면 기존 버전은 사용되지 않거나 더 이상 활용할 수 없지만, 유니스왑 같은 스마트 컨트랙트로 배포된 프로그램은 기존 버전도 계속 사용할 수 있고 지속적으로 유지되고 관리된다. 한번 배포된 프로그램은 폐기가 불가능하므로 계속 사용되는 것이다. 그래서 유니스왑은 V1부터 V4까지 모두 사용이 가능하고 버전별로 약간의 사용법에 차이가 있고 유동성 풀의 크기와 종류마다 차이점이 존재한다. 수수료 등급은 유동성 제공자들이 받게 되는 수수료 비율이다.

TVLTotal Valued Lock은 해당하는 풀에 예치된 총 금액을 의미한다. 첫 번째 USDC/USDT 풀에 TVL이 1,566만 달러가 예치되어 있으므로 USDT가 783만 달러, USDC가 783만 달러 예치된 것을 확인할 수 있다. 풀 APR은 해당 풀에 예치된 유동성 공급자들이 1년간 받게 되는 변동 이율이다. 그 오른쪽에 있는 리워드 APR은 유니스왑에서 제공해 주는 추가적인 인센티브 토큰에 대한 이자다. 이들은 이 두 가지 이율을 보고 자신이 가지고 있는 유동성을 제공한다. 첫 번째 풀인 USDC/USDT는 스테이블 코인을 제공한 유동성 제공자들이 1년에 얻을 수 있는 기대수익이 4.306퍼센트가 된다. 1일 거래량 및 30일 거래량은 중요하다. 거래량은 유동성 제공자 및 거래자에게도 중요한 수치인데 거래량이 많아야지 유동성 제공자는 거래 수수료 수익을 많이 얻을 수 있고, 거래자는 거래량이 많다면 '슬리피지'라고 불리는 유동성 부족으로 인해서 생겨나는 가격 차이를 최소화할 수 있다.

1일 거래량	총 Uniswap TVL	v2 TVL	v3 TVL	v4 TVL
$43.20억	$37.12억	$14.58억	$14.58억	$7.96억
▲ 41.59%	▲ 0.93%	▲ 3.24%	▼ 2.00%	▲ 2.36%

토큰 풀 트랜잭션

#	풀	프로토콜	수수료 등급	TVL	풀 APR	Reward APR	↓ 1일 거래량	30일 거래량	1D 볼륨/TVL
1	USDC/USDT	v4	0.00%	$1566.5만	4.306%		$1.8억	$66.4억	11.80
2	ETH/USDC	v3	0.05%	$5875.6만	49.661%		$1.6억	$62.2억	2.72
3	ETH/USDC	v4	0.05%	$7586.5만	28.627%	+ 17.6%	$1.2억	$51.0억	1.57
4	USDC/ETH	v3	0.05%	$1.1억	12.826%		$7651.7만	$48.4억	0.70
5	ETH/USDC	v3	0.05%	$2208.5만	49.593%		$6001.6만	$24.3억	2.72
6	WBTC/ETH	v3	0.05%	$4019.2만	26.1%		$5748.0만	$25.4억	1.43
7	USDC/USD₮0	v4	0.01%	$1.1억	1.869%	+ 9.04%	$5532.3만	$10.3억	0.51
8	ETH/USD₮0	v4	0.05%	$4770.3만	20.574%	+ 19.33%	$5377.9만	$24.5억	1.13

유니스왑 풀(출처:유니스왑)

위의 이미지에서 3번째 풀인 USDC/ETH는 기본 APR이 24퍼센트이고 리워드 APR이 17퍼센트다. 합산하면 APR이 41퍼센트가 된다. 1번 풀에 비하여 이자가 높은 이유는 다양하지만 기본적으로 풀의 특성을 이해하는 것이 필요하다. 1번 풀은 스테이블과 스테이블을 제공하므로 토큰 가치의 하락과 비영구적 손실이라는 탈중앙화된 거래소의 취약점이 거의 없다. 손실 없이 지속해서 수익을 낼 수 있지만 그에 비하여 이자수익은 낮은 편이다. 3번째 풀인 USDC/ETH는 이자수익은 높지만 풀에 유동성을 제공한 시점과 마지막으로 유동성을 제거하고 받게 되는 코인과 이자를 합하면 시장 상황에 따라서 손실이 발생할 가능성도 어느 정도 존재한다. 이더리움 가격이 급락하거나 시장 변동성이 극대화되는 시점에서는 단순히 홀딩하는 것 대비 일부 이더리움 수량이 줄어들 수 있다. 이를 비영구적 손실Impermanent Loss라고 이야기한다. 유동성 풀에 서로 다른 코인을 제공하는 유동성 제공자는 기본적으로 이 비영구적 손실에 대해 이해해야 한다.

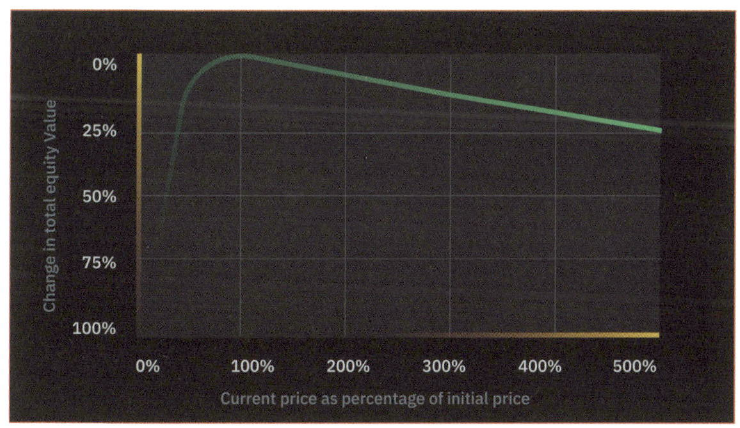

비영구적 손실 그래프(출처: 바이낸스 아카데미)

전 페이지 이미지는 기본적인 비영구적 손실에 대한 그래프다. 100퍼센트를 기준으로 시장이 왼쪽으로 하락하는 경우와 오른쪽으로 상승하는 상황에 대한 그래프다. 그래프를 보면 왼쪽으로 시장이 하락할 때 비영구적 손실에 대한 부분도 급격하게 커지는 것을 확인할 수 있다. 일반적으로 시장이 상승하면 이익을 볼 것이라고 기대하지만 유동성 풀에 넣은 자금은 시장이 200퍼센트, 300퍼센트 상승할 때 비영구적 손실도 같이 발생하는 것을 확인할 수 있다. 그러므로 일반적으로 유동성 풀에 서로 다른 토큰을 제공할 때는 받게 되는 이자가 이 비영구적 손실을 충분히 커버하지 못하면 오히려 풀에 토큰을 넣지 않은 것보다 손실을 볼 수 있다. 따라서 풀에 토큰을 넣는 유동성 제공자는 이자와 비영구적 손실에 대한 부분을 고려해서 유동성 풀에 토큰을 제공해야 한다.

물론 조금 정교한 설계를 통해서 비영구적 손실을 거의 제거하고 관리하는 방법도 있다. 이는 고급 스킬로 기본적으로 단순히 유동성 풀에 제공한다면 이 비영구적 손실이 발생할 수 있음을 사전에 알고 있어야 한다. 하지만 용어가 비영구적 손실이라 손실이 발생하는 것 같지만 실제는 조금 다를 수도 있다. 손실의 범위가 가만히 해당 토큰을 가지고 있을 때 비해서 많이 생기는 것을 손실로 가정하기 때문에 시장 상황과 내가 어떤 토큰에 어떻게 풀에 넣는지에 따라서 결과는 다양할 수 있다. 기본적인 비영구 손실에 대한 범위를 간단하게 설명하면 다음과 같다.

USDC/ETH 풀에 1,000달러, 1,000달러의 가치에 해당하는 USDC와

ETH를 풀에 제공한다. 제공되는 시점에서 내가 가진 USDC는 1,000달러였고 ETH는 1,000달러였다. 그런데 시간이 지나서 시장이 상승했고 내가 풀에서 유동성을 제거하는 시점에서 받게 되는 토큰은 USDC가 1,100달러에 해당하고 ETH 역시 1,100달러에 해당할 수 있다. 이때 실제 수익은 200달러가 된다. 그런데 ETH 가격이 많이 상승했기 때문에 유동성 풀에 제공하지 않고 ETH만 홀딩하고 있었으면 이더리움의 가격이 1,300달러가 될 것이다. 유동성 풀에 제공하지 않고 그냥 이더리움을 홀딩하고 있었으면 300달러의 수익을 낼 수 있었는데 유동성 풀에 제공하면서 200달러의 수익에 그치는 것이다. 이는 상승장일 때이지만 반대로 하락장이면 이 풀에 넣었을 때 오히려 방어에 좋을 수도 있다. 이더를 홀딩하고 있었으면 이더는 700달러가 되어서 300달러의 손실이 발생했는데, 풀에 넣었을 때 스테이블 코인 덕분에 200달러 정도의 손실만 발생했을 가능성도 있기 때문이다. 이렇듯 시장 상황에 따라서 유동성 풀에 넣은 결과는 다르므로 단순히 비영구적 손실을 손실의 의미로만 해석하기에는 조금 무리가 있다. 하지만 분명히 시장에서 변동성과 풀에 넣은 토큰의 종류 및 이자 비율에 따라서 다양할 수 있기 때문에 단순히 이자만 보고 투자하기보다는 기본적인 유동성 풀에 대한 특징과 비영구적 손실에 대한 기본 개념은 알고 있어야 한다.

탈중앙화 거래소 유니스왑 실전투자

탈중앙화 거래소 유니스왑에서 실전 투자를 위한 핵심적인 내용 몇 가지를 소개한다. 기본적으로 메타마스크와 같은 지갑을 보유하고 있으며 중앙화 거래소에서 메타마스크 지갑으로 이더리움을 송금하고 관리하는 부분을 알고 있어야 한다. 유니스왑 홈페이지(app.uniswp.org)를 접속하고 메타마스크와 연결한다. 그런 다음 탐색-풀 메뉴를 확인하면 유니스왑에서 거래 가능한 다양한 풀을 확인할 수 있다.

옆 페이지의 이미지를 보면 2번 ETH/USDC풀이 있다. 프로토콜이 V4이며 TVL은 1.2억 달러다. 풀 APR이 29.49퍼센트에 보상 APR이 5.38퍼센트로 표시되어 있다. 1일 거래량과 30일 거래량도 함께 표시된다. 4번 역시 ETH/USDC풀이다. 프로토콜은 V3이며 TVL은 9031만 달러 풀 APR이 20.73퍼센트다. 8번 역시 ETH/USDC풀이고 V3에 TVL이 7033만 달러다. 9번 ETH/USDC풀은 V4에 6940만 달러 TVL을 가지고

#	풀	프로토콜	수수료 등급	↓ TVL	풀 APR	보상 APR	1일 거래량	30일 거래량	1D 볼륨/TVL
1	WISE/ETH	v2	0.3%	US$2.2억	0.01%		US$2.1만	US$39.4만	<0.01
2	ETH/USDC	v4	0.05%	US$1.2억	29.49%	5.38%	US$2.0억	US$48.4억	1.62
3	WBTC/ETH	v3	0.3%	US$1.0억	2.6%		US$246.0만	US$8746.8만	0.02
4	USDC/ETH	v3	0.05%	US$9031.5만	20.73%		US$1.0억	US$26.1억	1.14
5	ETH/USDT	v4	0.05%	US$7495.1만	9.38%	1.1%	US$3851.5만	US$15.5억	0.51
6	ETH/USDT	v3	0.3%	US$7492.0만	69.83%		US$4777.7만	US$8.4억	0.64
7	WBTC/USDC	v3	0.3%	US$7059.9만	14.17%		US$913.3만	US$4.0억	0.13
8	ETH/USDC	v3	0.05%	US$7031.0만	71.38%		US$2.8억	US$56.5억	3.91
9	ETH/USDC	v4	0.05%	US$6938.2만	22.64%	3.22%	US$8606.8만	US$21.0억	1.24
10	ETH/wstETH	v4	0.01%	US$6176.0만	0.16%	1.89%	US$273.2만	US$1.4억	0.04

유니스왑 거래소 풀 현황(출처: 유니스왑)

있다. 기본 풀 보상 22.63퍼센트에 보상 APR 3.22퍼센트가 추가로 주어진다.

여기까지 보면 같은 풀인데 종류가 다양하고 이자 보상도 다른 것을 확인할 수 있다. 유니스왑 탈중앙화거래소의 특징을 먼저 이해하고 원하는 풀에 참여해야 한다. 유니스왑은 V1부터 V4까지 있다. 2025년 12월 기준, 많이 활용되고 있는 버전은 V3와 V4다. 참여를 원한다면 V3과 V4 중 선택할 수 있다. 기본적으로 V3은 비영구손실이 발생할 수 있는 풀이며 V4는 유동성 가격을 선택할 수 있기 때문에 비영구 손실을 제한할 수도 있다. 이렇듯 두 풀의 차이점을 이해하고 유니스왑을 활용해야 한다.

위에 소개된 ETH/USDC풀마다 체인이 다르다. 2번 ETH/USDC풀은 유니스왑에서 론칭한 L2 유니스왑 체인이다. 이더리움 메인넷이 아닌 유니스왑 체인에서 거래가 이루어진다. 이를 활용하기 위해서는 이더리움이 이더리움 메인넷이 아니라 유니스왑 체인에 존재해야 한다. 4번 풀은 이더리움 체인이다. 8번은 아비트럼이라는 레이어2체인이다. 이는 레이어2 체인 중에서 가장 대표적이다. 마지막으로 9번은 이더리움 체인이다. 정리해 보면 USDC/ETH 풀이지만 이더리움 메인넷에서 활용되는 체인은 4번과 9번이며 4번은 V3버전 9는 V4다. 이더리움 체인에서 USDC와 ETH를 공급하기 위해서는 4번과 9번 중에서 선택해야 하며, 비영구 손실을 감안하더라도 높은 이자와 수수료 보상을 받으려면 4번을 선택할 수 있다. 만약 비영구 손실을 줄이고 선택적인 가격대를 설정해서 유동성을 공급하려면 9번을 선택할 수 있다. 동일한 개념을 적용하여 레이어2인 유니스왑 체인과 아비트럼 체인을 활용하려면 2번과 8번을 선택할 수 있다.

자세히 보면 풀 아이콘에 작은 아이콘으로 레이어2 체인(유니스왑, 아비트럼 등)은 표시가 된다. 이더리움 메인넷에 비하여 레이어2는 수수료(가스비)가 저렴한 편이지만, 초보 사용자에게는 거래소에서 이더리움을 레이어2 체인으로 보내는 방법이 조금 까다로울 수 있다. 시장 상황에 따라서 이더리움 메인넷에서 거래가 많이 이루어진다면 수수료와 이자수익이 이더리움 메인넷이 더 높을 수도 있다. 시장 상황에 따라서 이자수익이나 수수료 수익도 다르므로, 이더리움 메인넷과 유니스왑 같은 레이어2에서 비중을 조절하여 유동성을 제공하는 방법을 선택할 수도 있다.

이더리움 메인넷 기준으로 유동성을 공급하기 위해서는 ETH와 USDC가 동일한 비중으로 지갑에 있어야 한다. ETH만 지갑에 존재하면 간단하게 ETH를 USDC로 일정 비율 교환해서 사용할 수 있다. 금액이 많다면 교환시 수수료가 중앙화 거래소보다는 높으므로 중앙화 거래소에서 USDC를 구매하여 이더리움 메타마스크 지갑으로 송금해서 사용하는 게 더 유리할 수 있다. V3는 ETH와 USDC 동일한 비중으로 유동성

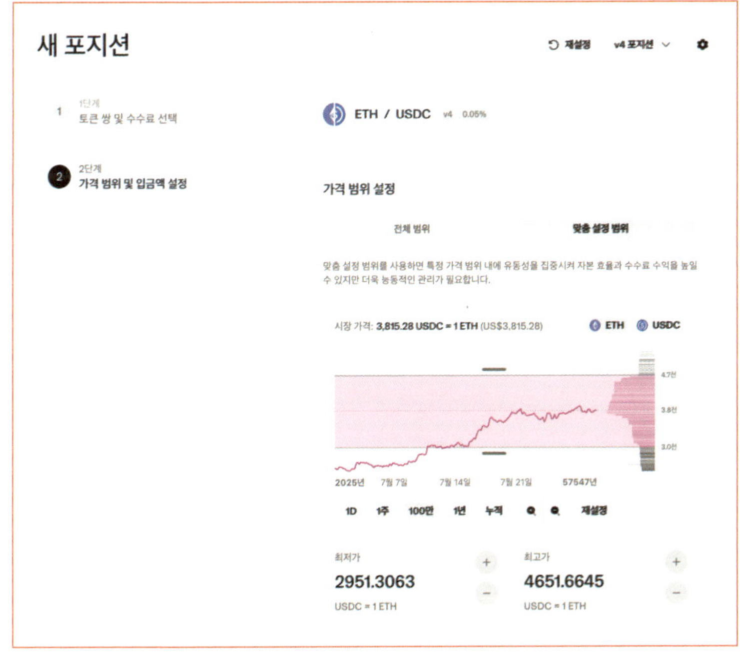

유니스왑 V4 유동성 공급 가격 설정(출처:유니스왑)

을 공급하면 된다. V4는 가격을 맞춤으로 설정할 수 있다.

전 페이지의 이미지는 유니스왑 V4에서 USDC와 ETH를 유동성으로 공급할 때 가격을 맞춤으로 설정하는 화면이다. 유니스왑 V3는 자동으로 가격이 결정되기 때문에 동일한 가격의 수량으로 USDC와 ETH를 공급하면 된다. 하지만 유니스왑 V4는 가격을 설정할 수 있다. USDC 가격을 기준으로 ETH의 가격 범위를 최저가와 최고가로 설정한다. 이렇게 가격 범위를 설정하면 그 안에서만 내가 제공한 유동성 토큰에 대해서 교환이 이루어지고 해당 교환 시 수수료를 받는다. 이렇듯 가격의 범위를 정했기 때문에 일반적으로 탈중앙화 거래소에서 유동성 공급자가 겪게 되는 비영구 손실은 최소화 할 수 있다.

가격범위를 좁힐수록 비영구 손실의 가능성이 줄어들고 가격의 범위를 넓히면 비영구 손실의 가능성이 늘어난다. 다만 가격 범위가 좁게 설정했는데 실제 시장 가격이 해당 가격 범위를 벗어나면 거래가 이루어지지 않기 때문에 수수료 및 보상도 없다. 반대로 가격 범위를 넓히면 대부분의 가격대에서 거래가 이루어지기 때문에 수수료 및 보상은 많지만 비영구 손실 가능성도 늘어난다.

결론적으로 V4를 사용하려면 가격 범위를 주기적으로 조정해 주거나 조금 의미 있는 가격대로 초반에 설정해 두는 게 중요하다. 시장이 급격하게 변동하는 시장에서는 비영구 손실을 일정 부분 막아줄 수 있는 효과가 있으나 거래가 이루어지지 않아서 보상을 받지 못하게 된다. 반면에 V3는 모든 가격에서 거래가 이루어지기 때문에 비영구 손실 발생 가능성은 있으나 보상은 지속적으로 받을 수 있다. 주기적으로 가격대를 설정해서 관리할 수 있다면 V4가 더 유용할 수 있고, 지속적인 관리가 어렵다면 V3가 더 편하다. 사용자의 환경과 유니스왑 사용 경험과 투자 시드에 따라서 사용 방법은 달라지기 때문에 충분히 테스트를 해 본 다음에 실제 자금을 투자해서 운용해야 한다.

예금, 대출은 어디서? 에이브 활용법

디파이 시장에서 제일 중요한 역할을 하는 것은 탈중앙화 거래소다. 거래가 모든 것의 기본이기 때문이다. 그 순위를 정하기 어려울 정도로 중요한 또 하나는 예금 및 대출 플랫폼이다. 에이브라는 가장 대표적인 이더리움 기반 예금, 대출 서비스에서 사용자는 지갑에 있는 다양한 종류의 암호화폐를 예금하고 이자를 받을 수 있으며, 맡긴 예금을 담보로 하여 원하는 암호화폐를 대출할 수도 있다. 예를 들어 옆 페이지 이미지에서 보면 이더리움은 Supply^{서플라이} APY가 1.92퍼센트, Borrow^{바로우} APY가 2.63퍼센트로 나온다. 이더리움을 에이브에 예금을 맡기면 1년에 1.9퍼센트에 해당하는 이자를 받을 수 있다. 맡긴 이더리움을 담보로 하여 이더리움을 빌려 갈 수도 있다. 그 이자는 2.63퍼센트다. 일반적으로는 이더리움을 예치해 놓고 긴급하게 자금이 필요할 때 스테이블 코인을 임시로 빌려서 사용할 수 있다. 테더 USDT는 옆 페이지의 이미지를 기준으로는 5.15퍼센트의 대출 이자가 발생한다.

반대로 테더 USDT를 예금으로 맡기고 이더리움을 대출할 수도 있다. 이런 경우 테더는 3.87퍼센트의 이자가 발생하고 이더리움은 대출로 2.63퍼센트가 생기므로, 이더리움 가격이 큰 변동이 없다면 일시적으로는 손실이 없다. 이를 잘 활용하면 담보로 맡긴 예금을 기준으로 적절히 잘 대출하여 짧은 트레이딩이나 자금 활용으로 인하여 추가적인 수익을 올리는 것도 가능하다. 일반적으로 디파이를 다양하게 활용하는 투자자는 이 예금 및 대출 플랫폼을 잘 활용하여 적은 금액으로 최대한 레버리지를 일으켜서 수익을 극대화하는 전략을 세울 수 있다.

예금 및 대출 플랫폼을 활용한 디파이 수익 극대화는 초보자에게는 어려우므로 일반 투자자라면 본인이 가지고 있는 암호화폐를 에이브 플

Asset	Total supplied	Supply APY	Total borrowed	Borrow APY, variable	
Ethereum ETH	**2.63M** $6.89B	1.92 %	**2.27M** $5.95B	2.63 %	Details
Wrapped eETH weETH	**1.83M** $6.13B	< 0.01 % 3x	**1.53K** $4.29M	1.02 %	Details
Wrapped BTC WBTC	**41.70K** $4.46B	< 0.01 %	**2.58K** $276.28M	0.31 %	Details
Tether USDT	**4.40B** $4.40B	3.87 %	**3.69B** $3.69B	5.15 %	Details
Wrapped liquid sta... wstETH	**1.31M** $4.14B	0.06 %	**223.62K** $706.86M	0.34 %	Details
USD Coin USDC	**2.47B** $2.47B	4.65 %	**2.27B** $2.27B	5.65 %	Details
Coinbase Wrapped... cbBTC	**12.39K** $1.33B	0.02 %	**981.59** $105.10M	0.40 %	Details

에이브 플랫폼 예금 및 대출 현황(출처: 에이브)

랫폼에 예치해 둔다. 그러면 이자수익이 발생하기 때문에 단순히 지갑에 가지고 있는 것보다 더 수익을 높일 수 있다. 에이브는 이더리움 플랫폼 위에서도 운용되지만 다른 레이어2에서도 동일하게 운용된다. 예를 들어 베이스나 아비트럼 같은 레이어2에서도 이 서비스를 이용할 수 있다. 서비스를 이용하는 수수료는 더 저렴하나 리스크는 이더리움 메인넷보다는 조금 더 올라간다. 그런 약간의 위험성 때문에 초반에는 레이어2에서 에이브를 활용한 예치 이자가 이더리움보다 더 높다. 그래서 신규 레이어2나 아직 활용성이 낮은 레이어2에서는 일반적으로 스테이블 코인 이자가 10퍼센트 이상인 것을 많이 찾아볼 수 있다. 보통 국외 거래소에서 스테이블 코인을 예치하는 경우 이자가 4~5퍼센트 정도 발생한다.

디파이는 이것보다 조금 더 높고 레이어2는 조금 더 높아진다. 신생 디파이는 15~20퍼센트 이상 이자를 주는 경우도 많다. 물론 그만큼 리스크는 더 크기 때문에 투자자는 신중하게 판단하고 신규 서비스를 이용해야 한다. 이더리움 에이브는 가장 오래되었고 견고하기 때문에 보수적인 성향의 투자자라면 이더리움 메인넷에 있는 이더리움, 비트코인, 스테이블 코인을 에이브에 예치해 두는 것이 비교적 안정적이다. 그래도 지갑에 단순히 이더리움과 스테이블 코인을 두는 것 보다는 리스크가 조금 더 증가한다. 이 리스크는 디파이에 모두 생길 수 있는 기본적인 디파이 코드 결함에 따른 해킹 리스크가 있다. 지갑에 자신의 자산을 두는 것은 지갑 관리만 잘한다면 해킹 리스크가 거의 없는 편이지만 디파이는 코드 결함이라는 것이 있을 수 있으므로, 어느 정도 리스크 범위 내에서 예치하는 것을 추천한다.

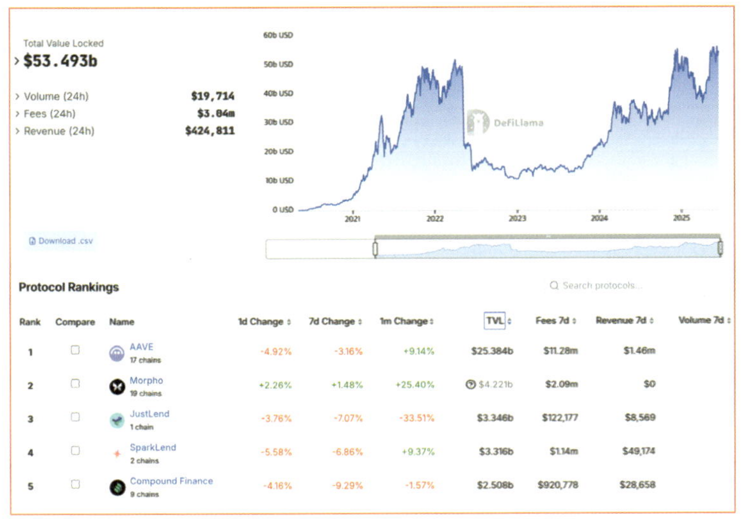

예금 및 대출 서비스 순위(출처: 디파이라마)

디파이 라마에서 랜딩Lending 서비스 카테고리를 통해서 TVL별 예금 및 대출 서비스 순위를 확인할 수 있다. 일반적으로 투자자가 리스크를 고려할 때 직접 코드 결함이나 서비스를 만든 팀의 신뢰를 체크하기는 쉽지 않다. 그래서 가장 신뢰할 만한 TVL 순위로 상위에 있는 예금 및 대출 서비스를 선택하면 리스크 대비 수익률을 선정하는 데 도움을 얻을 수 있다.

앞 페이지의 이미지를 보면 가장 순위가 높은 것은 에이브다. 가장 오래 되었으면서도 시장에서 보수적으로 예금 및 대출 서비스를 활용하기에 가장 안정적이면서 리스크가 적다. 예치된 자산에 대한 수익율을 고려했을 때 기존 금융권과 비교해 본다면 1금융권으로 이해할 수 있다. 순위 2위부터는 투자자가 다양한 리스크 및 예금 및 대출 서비스에 대한 활용도를 높일 수 있다. 가장 단순하면서도 안전한 구조의 에이브를 기반으로 하지만 좀더 다양한 상품이 있고, 시장에서 약간의 기능적 차이로 인해서 에이브보다는 높은 수익률을 일반적으로 제공한다. 그중에서 2번째로 보이는 모르포Morpho를 확인해 보면 옆 페이지와 같은 예금 수익률을 확인할 수 있다.

두 번째 MEV Capital캐피털 USDC 상품을 보면 연간 수익률Annual Percentage Yield이 7.2퍼센트로 에이브에서의 USDC APY 4.65퍼센트보다 훨씬 높은 것을 확인할 수 있다. 이렇게 수익률이 서비스마다 다른 이유는 시장에서 새롭게 출시되는 서비스일수록 다양한 전략을 활용하고 기존 서비스 대비 더 높은 수익을 발생시킬 수 있는 구조를 만들기 때문이다. 그래서 일반적으로 신규 서비스일수록 예금에 대한 수익률은 높고 리스크는 조금씩 더 생긴다. 그러나 디파이라마에서 TVL 순위권에 있는 서비스들은 기본적으로 큰 리스크 없이 사용할 수 있다.

투자자가 예금 및 대출 서비스 활용시 알아야 할 중요한 체크포인트

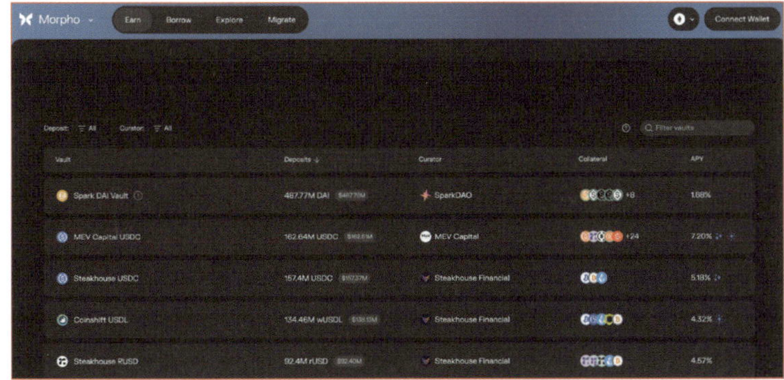

예금수익률(출처:디파이라마)

가 있다. 일반적으로 디파이 서비스에서 1년 수익률을 APR이나 APY로 표시한다. 이 둘을 같이 인식하는 오류를 범할 수 있는데 엄연히 다르다. 직관적으로 수치가 같다면 APR이 더 높은 수익률을 제공해 주는 것으로 이해할 수 있다. APR은 연간 이자율Annual Percentage Rate이고, APY는 연 수익률Annual Percentage Yield이다. 디파이 서비스 입장에서는 APY로 제시하는 게 더 높은 이자를 주는 것처럼 보여줄 수 있다. 같은 이자라면 APR로 표시하는 것보다 APY로 표시하는 게 숫자가 더 올라간다. 연 이자율은 정해져 있지만 연 수익률은 복리로 이자가 증대하는 것이 포함되기 때문이다. 그래서 디파이 서비스 중에서 APR, APY로 표시된 두 가지 다른 서비스가 있다면 실제 이자율을 반드시 사전에 계산해 보고 서비스에 예치금을 넣어야 한다.

또 한 가지, APR이나 APY는 매번 변동된다. 해당하는 이율에는 다양한 포인트에 대한 이자도 포함되어 있다. 이자를 USDC로 주거나 자체 토큰으로 준다. 이 경우는 토큰에 대한 변동성이 있으므로 이자의 변동 폭이 심해진다. 토큰 가격에 따라서 APY나 APR이 크게 변동할 가능성이 있다. 그러므로 투자자는 이 APY, APR에 세부적인 항목을 체크한 이후 안정적으로 얻을 수 있는 수익률과 변동성 있는 자산으로 얻을 수 있는 수익률을 어느 정도 계산하고 예치금을 입금해야 한다. 그렇지 않으면 나중에 예금에 대한 이자를 계산할 때 예상보다 이자가 적은 것을 확인하고 실망할 수도 있다. 혹은 변동 폭이 큰 자체 토큰을 지급받았는데 해당 서비스가 시장에서 주목을 받아서 더 높은 수익률을 얻기도 한다. 그러므로 기본적으로 안정적인 수익률과 추가되는 서비스 토큰에 대한 예상 수익률도 같이 고려해야 한다.

디파이라마에서 순위권에 있는 랜딩 서비스를 잘 활용하면 투자자는 스테이블 코인을 활용하여 안정적인 수익을 올릴 수 있다. 비트코인이나 이더리움 같은 비교적 안정적인 자산을 예금으로 맡겨놓고 추가적인 이자 수익을 내거나 일시적으로 비트코인과 이더리움을 담보로 하여 자산이 활용 범위를 넓힐 수 있다.

디파이 서비스는 아직 초기 시장이지만 지속해서 발전 가능한 시장이고 금융의 변화를 일으킬 수 있는 핵심 시장이므로 지속해서 투자자가 관심을 가지고 활용하여 시장을 이해하는 것이 중요하다. 더불어 디파이 시장에서 폭발적인 성장이 일어나는 분야가 잠재되어 있으므로 시장에서 다양한 기회를 초기에 잡기 위해서는 디파이 시장에 대한 폭넓은 이해가 필요하다.

리스크에 대한 충분한 이해가 선행된 뒤 에이브 같은 안정적인 디파이 서비스를 통해 지속적인 수익을 내는 투자자가 되기를 진심으로 기원한다.

지금 준비해야 할 디지털 자산의 새 물결

원화스테이블 코인이
바꾸는 돈의 판

1판 1쇄 펴낸 날 2026년 1월 5일

지은이 김동환

펴낸이 유지은
펴낸 곳 옐로우바스켓

책임편집 유지은
디자인 BIG WAVE

팩스 02-6020-8533
전자우편 yellowbasket1010@naver.com
ISBN 979-11-990298-8-0 (13320)